"十二五"普通高等教育本科国家级规划教材辅导用书
本科生复习考试用书 / 研究生入学考试用书

医学免疫学应试习题集
第 2 版

主　审　安云庆

主　编　王月丹　王　炜　刘　平

副主编　马翠卿　张须龙　初　明　赵铁锁
　　　　庞　慧　高　翔　李　娟

编　委（按姓名汉语拼音排序）

白　虹（天津医科大学）	苏士成（中山大学孙逸仙纪念医院）
车昌燕（山西医科大学汾阳学院）	王大军（宁夏医科大学）
陈　全（重庆医科大学）	王　佳（长治医学院）
初　明（北京大学）	王　利（内蒙古医科大学）
笪宇蓉（天津医科大学）	王　琪（齐齐哈尔医学院）
高　翔（青海大学医学院）	王　炜（首都医科大学）
高亚贤（承德医学院）	王　仙（石河子大学）
高　燕（西南医科大学）	王艳芳（包头医学院）
官　杰（齐齐哈尔医学院）	王月丹（北京大学）
黄彬红（赣南医科大学）	魏　晶（大连医科大学）
黄　鹤（北京协和医学院）	肖丽君（承德医学院）
鞠环宇（哈尔滨医科大学）	徐　雯（哈尔滨医科大学）
孔庆利（首都医科大学）	袁慧慧（首都医科大学）
李成文（西南医科大学）	张　涛（佳木斯大学）
李　娟（天津医科大学）	张须龙（首都医科大学）
刘　平（哈尔滨医科大学）	赵晋英（邵阳学院医学技术学院）
刘晓霞（河北工程大学）	赵铁锁（河南医药大学）
刘　媛（北京大学）	周玉洁（首都医科大学）
马翠卿（河北医科大学）	朱　璨（北京大学）
庞　慧（长治医学院）	朱一蓓（苏州大学）

北京大学医学出版社

YIXUE MIANYIXUE YINGSHI XITIJI

图书在版编目（CIP）数据

医学免疫学应试习题集 / 王月丹，王炜，刘平主编.
2版. -- 北京 ：北京大学医学出版社，2025. 8.
ISBN 978-7-5659-3459-9

Ⅰ. R392-44

中国国家版本馆CIP数据核字第2025RM1896号

医学免疫学应试习题集（第2版）

主　　编：王月丹　王　炜　刘　平
出版发行：北京大学医学出版社
地　　址：(100191) 北京市海淀区学院路 38 号　北京大学医学部院内
电　　话：发行部 010-82802230；图书邮购 010-82802495
网　　址：http：//www.pumpress.com.cn
E-mail：booksale@bjmu.edu.cn
印　　刷：北京瑞达方舟印务有限公司
经　　销：新华书店
责任编辑：郭　颖　　责任校对：靳新强　　责任印制：李　啸
开　　本：787 mm×1092 mm　1/16　印张：15　字数：380千字
版　　次：2015年3月第1版　2025年8月第2版　2025年8月第1次印刷
书　　号：ISBN 978-7-5659-3459-9
定　　价：48.00元
版权所有，违者必究
（凡属质量问题请与本社发行部联系退换）

前　　言

医学免疫学是基础医学的主干桥梁课程之一，也是生命科学和医学领域中一门重要的基础前沿学科。现代免疫学理论和技术迅猛发展，已广泛渗透到临床医学、预防医学和生命科学的各个领域。然而，免疫学概念抽象、术语繁杂、机制复杂，对医学生而言始终是一门兼具挑战性与实用性的课程。医学免疫学发展日新月异，及时更新教材内容、提高教材质量是促进医学免疫学教育教学发展的重要工作之一。本书作为由安云庆教授主编、北京大学医学出版社出版的《医学免疫学》（第5版）的配套习题集，旨在通过系统化的习题训练，帮助医学生巩固理论知识、提升逻辑思维，并培养他们解决临床实际问题的岗位胜任力。本书的习题题型主要包括名词解释、选择题和问答题，既与执业医师考试的形式接轨，也与医学免疫学课程常用的考试形式相符合。本书可作为医学本科生、研究生及执业医师资格考试备考的辅助工具，亦可供临床医生和科研工作者参考。

"夯实基础、强化应用、接轨临床"是本习题集编写的核心理念。本书编写紧扣《医学免疫学》（第5版）教材的主要内容和"医学免疫学"课程的教学要求与大纲，在题目设计方面，严格遵循主教材与国家执业医师资格考试的要求，内容涵盖抗原、免疫系统组成、固有免疫与适应性免疫、超敏反应、自身免疫病等医学免疫学的核心知识点。本书中的题目采用梯度化设计的组织方式，从基础识记到综合分析，题目难度循序渐进，既包含经典的名词解释和选择题，也融入案例分析题，满足不同层次学习目标的需求，并在书后附两套模拟试卷，试卷答案参见封底二维码。本书关注医学生的思维培养，对书中的每道题目均依据第5版教材的内容提供了参考答案与解析，尤其对易混淆考点进行对比辨析，从而引导医学生从"记忆知识"转向"理解本质"，逐步掌握免疫学的知识和逻辑框架。在本书的应用过程中，建议读者能够结合第5版教材进行分章节练习，查漏补缺，对照习题参考答案和解析，对错题进行归因分析，培养将基础免疫学理论转化为临床思维的能力。为了突出临床岗位胜任力的训练目标，本书通过基于情景化病例的题目及其解析，揭示免疫学原理与临床诊疗的紧密联系，并兼顾疫苗研发、免疫检查点抑制剂治疗癌症等免疫学的前沿进展。

本书的编写得到了安云庆教授的悉心指导，安教授作为本书的主审，对内容编写提出了宝贵的建议和意见，使本书在知识和学术层面都得到了极大的提升。同时，本书也得到了全体参编老师及其所在院校师生的大力支持，在此向所有参与本书编写及提出宝贵意见的同仁致以诚挚感谢。

　　医学免疫学的发展永无止境。本书力求严谨，但仍可能存在疏漏，恳请广大读者批评指正，共同推动免疫学教育的进步。愿本书成为各位读者攀登医学高峰的阶梯，助力大家在医学免疫学的浩瀚知识海洋中游刃有余！

王月丹　王　炜　刘　平

2025 年 5 月于北京

目　录

第一章　绪论 ··· 1

第二章　抗原 ··· 10

第三章　抗体 ··· 21

第四章　补体系统 ··· 31

第五章　细胞因子 ··· 42

第六章　白细胞分化抗原和黏附分子 ··· 53

第七章　主要组织相容性复合体及其编码产物 ······························ 61

第八章　免疫器官和组织及其主要作用 ······································ 73

第九章　固有免疫系统及其介导的免疫应答 ································· 85

第十章　适应性免疫细胞及其介导的免疫应答 ······························ 101

第十一章　免疫耐受 ·· 121

第十二章　免疫调节 ·· 132

第十三章　抗感染免疫 ··· 138

第十四章　超敏反应 ·· 148

第十五章　自身免疫病 ··· 161

第十六章　免疫缺陷病 ··· 171

第十七章　肿瘤免疫 ·· 181

第十八章　移植免疫 ·· 194

第十九章　免疫学检测及其应用 ··· 206

第二十章　免疫学防治 ··· 215

模拟试卷一 ··· 225

模拟试卷二 ··· 229

第一章 绪 论

一、名词解释

1. 免疫（immunity）
2. 免疫防御（immune defense）
3. 免疫监视（immune surveillance）
4. 免疫自稳（immune homeostasis）
5. 医学免疫学（medical immunology）
6. 免疫诊断学（immunodiagnostics）

二、选择题

A 型题

1. 现代免疫的概念是
   A．机体对非己抗原产生免疫应答的能力
   B．机体抗感染免疫防御能力
   C．机体识别和清除自身突变细胞的能力
   D．机体清除损伤和衰老细胞的能力
   E．机体对自身成分产生免疫耐受，对非己抗原性异物产生清除作用的生理反应
2. 机体抗病原体感染的能力称为
   A．免疫监视　　　　　　B．免疫自稳　　　　　　C．免疫耐受
   D．免疫防御　　　　　　E．免疫调节
3. 机体免疫防御反应异常增高易引发
   A．严重感染　　　　　　B．自身免疫病　　　　　C．恶性肿瘤
   D．免疫缺陷病　　　　　E．超敏反应
4. 机体免疫防御功能低下易引发
   A．反复感染　　　　　　B．恶性肿瘤　　　　　　C．超敏反应
   D．自身免疫病　　　　　E．免疫增生性疾病
5. 机体识别和清除突变细胞的能力称为
   A．免疫监视　　　　　　B．免疫自稳　　　　　　C．免疫耐受
   D．免疫防御　　　　　　E．免疫调节
6. 机体免疫监视功能低下易引发的疾病是

A．肿瘤　　　　　　　　B．超敏反应　　　　　　C．移植排斥反应
D．免疫缺陷病　　　　　E．自身免疫病

7．机体清除体内损伤、凋亡或坏死组织细胞的能力称为
A．免疫监视　　　　　　B．免疫自稳　　　　　　C．免疫耐受
D．免疫防御　　　　　　E．免疫调节

8．机体免疫自稳功能失调易引发
A．严重感染　　　　　　B．自身免疫病　　　　　C．免疫缺陷病
D．病毒持续性感染　　　E．恶性肿瘤

9．下列疾病中，与机体免疫自稳功能异常最相关的是
A．流行性感冒　　　　　B．肺结核　　　　　　　C．艾滋病
D．移植物抗宿主病　　　E．类风湿关节炎

10．免疫系统的主要功能是
A．保持体内的水分和营养物质不向外界丢失
B．识别、抵抗和清除病原体类抗原性异物以及异常细胞，以维持机体健康
C．调节体温和维持体内环境的稳定
D．促进营养物质的吸收和代谢
E．调节机体的感觉和运动功能

11．医学免疫学的研究内容不包括
A．人体免疫系统的组成和功能　　　　B．免疫应答的规律和效应
C．免疫功能异常所致疾病及其发生机制　D．免疫学诊断与防治
E．微生物的型别与免疫

12．机体执行免疫功能的物质基础是
A．免疫系统　　　　　　B．免疫器官　　　　　　C．组织屏障
D．免疫细胞　　　　　　E．免疫分子

13．固有免疫细胞不包括
A．中性粒细胞　　　　　B．αβ T 细胞　　　　　 C．巨噬细胞
D．B1 细胞　　　　　　 E．NK 细胞

14．执行适应性免疫应答的细胞是
A．B1 细胞　　　　　　 B．αβT 细胞　　　　　　C．NK 细胞
D．NKT 细胞　　　　　 E．γδT 细胞

15．属于非专职抗原提呈细胞的是
A．树突状细胞　　　　　B．巨噬细胞　　　　　　C．B 细胞
D．病毒感染的靶细胞　　E．NK 细胞

16．固有免疫分子不包括
A．模式识别受体　　　　　　　　　　B．病原体相关模式分子
C．主要组织相容性复合体编码分子　　D．补体
E．细胞因子

17．适应性免疫细胞的主要特点不包括
A．细胞群体高度多样性　　　　　　　B．抗原性异物识别高度特异性
C．具有免疫耐受性　　　　　　　　　D．具有免疫记忆性

E．免疫应答有限多样性
18．《肘后备急方》记载"乃杀所咬之犬，取脑敷之，后不复发"是用于防治
   A．狂犬病　　　　　　　B．脑膜炎　　　　　　　C．森林脑炎
   D．丹毒　　　　　　　　E．出血热
19．最早创造用人痘苗接种预防天花的国家是
   A．中国　　　　　　　　B．朝鲜　　　　　　　　C．英国
   D．俄国　　　　　　　　E．日本
20．我国免疫学专家余㵑于1928年发表论文提出了
   A．风湿热发生的变态反应学说　　　B．调整菌群用以治疗菌群失调症
   C．多种感染性疾病的免疫学机制　　D．确定国内霍乱弧菌血清学型别
   E．用巨噬细胞防治肿瘤的可行性
21．首次采用鸡胚成功培育出斑疹伤寒立克次体的中国科学家是
   A．魏曦　　　　　　　　B．谢少文　　　　　　　C．林飞卿
   D．刘思聪　　　　　　　E．叶天星
22．在国内首次用猴肾细胞培养法分离出脊髓灰质炎病毒的科学家是
   A．张乃峥　　　　　　　B．吴安然　　　　　　　C．杨贵贞
   D．郑武飞　　　　　　　E．顾方舟
23．接种牛痘苗预防天花的医师是
   A．Koch　　　　　　　　B．Jenner　　　　　　　C．Pasteur
   D．von Behring　　　　　E．Bordet
24．提出原始细胞免疫学说的学者是
   A．Koch　　　　　　　　B．Jenner　　　　　　　C．Metchnikoff
   D．Ehrlich　　　　　　　E．Bordet
25．提出克隆选择学说的科学家是
   A．Chase　　　　　　　B．Owen　　　　　　　　C．Burnet
   D．Kabat　　　　　　　E．Claman
26．长期住院患者容易发生院内细菌感染，可能的原因是
   A．免疫自稳功能失调　　　　　　　B．免疫防御功能低下
   C．免疫监视功能失调　　　　　　　D．免疫监视功能过强
   E．免疫防御功能过高
27．气泡男孩症（bubble-boy disease）患者的骨髓不能制造正常白细胞，必须生活在无菌舱内，可能的原因是
   A．免疫自稳功能失调　　B．免疫防御功能过高　　C．免疫监视功能失调
   D．免疫监视功能过强　　E．免疫防御功能缺失
28．容易发生过敏反应的体质被称为过敏体质，可能的原因是
   A．免疫应答功能正常　　B．免疫防御功能低下　　C．免疫监视功能失调
   D．免疫监视功能过强　　E．免疫防御功能过高
29．免疫功能正常的人不易患恶性肿瘤，艾滋病等免疫功能低下或缺陷的人患恶性肿瘤的概率大幅度上升，这是因为免疫系统具有以下哪种功能
   A．免疫监视　　　　　　B．免疫自稳　　　　　　C．免疫耐受

D．免疫防御 E．免疫调节

30．患者，男，35岁。确诊艾滋病5年。近1年反复发生口腔念珠菌感染，最可能的原因是
　　A．HIV感染导致患者免疫监视功能增强
　　B．HIV感染导致患者免疫防御功能过强
　　C．HIV感染导致患者免疫自稳功能失调
　　D．HIV感染导致患者免疫防御功能低下
　　E．HIV感染导致患者免疫应答功能过强

31．患者，男，30岁。乙型病毒性肝炎急性感染，经规范治疗病毒依然存在，可能的原因是患者
　　A．免疫自稳功能失调　　　　B．免疫防御功能过强
　　C．免疫监视功能不足　　　　D．免疫监视功能过强
　　E．免疫应答功能过强

32．新型冠状病毒感染作为传染性较高的疾病，在老年人中病情表现较重，可能的原因是患者
　　A．免疫自稳功能失调　　　　B．免疫耐受功能失调
　　C．免疫监视功能不足　　　　D．免疫监视功能过强
　　E．免疫应答功能过强

33．将癌症患者的肿瘤细胞注射到免疫功能正常的人体内，被注射者通常不会患这种癌症，这是因为免疫系统具有
　　A．免疫监视功能　　B．免疫自稳功能　　C．免疫耐受功能
　　D．免疫防御功能　　E．免疫调节功能

34．患者，女，25岁。因皮肤紫癜入院，确诊为系统性红斑狼疮，可能的原因是患者
　　A．免疫自稳功能失调　　　　B．免疫防御功能低下
　　C．免疫监视功能失调　　　　D．免疫监视功能过强
　　E．免疫应答功能过强

35．某些人容易患花粉过敏等过敏反应性疾病，可能的原因是
　　A．免疫自稳功能失调　　B．免疫防御功能低下　　C．免疫监视功能失调
　　D．免疫监视功能过强　　E．免疫应答功能过强

B型题

(36～40题共用备选答案)
　　A．免疫缺陷病　　B．适度免疫应答　　C．自身免疫病
　　D．病毒持续感染　　E．抗感染免疫作用

36．免疫防御功能低下，可引发
37．免疫自稳功能正常，可产生
38．免疫监视功能低下，可引发
39．免疫防御功能正常，可产生
40．免疫自稳功能失调，可引发

（41～45题共用备选答案）
  A．免疫防御功能正常 B．免疫防御功能过低 C．免疫监视功能低下
  D．免疫自稳功能正常 E．免疫自稳功能失调
41．清除病原微生物
42．肿瘤
43．超敏反应
44．病原体高度易感
45．清除自身坏死组织细胞

（46～50题共用备选答案）
  A．Hoffmann B．Steinman C．Jerne
  D．Tonegawa E．Honjo
46．发现并证实树突状细胞是抗原提呈能力最强的抗原提呈细胞的是
47．发现程序性死亡分子-1（PD-1）的是
48．提出Ig基因重排理论的是
49．提出免疫网络学说的是
50．发现Toll基因编码产物在果蝇识别病原体激发固有免疫应答中发挥重要作用的是

（51～55题共用备选答案）
  A．Drew Weissman B．James P. Allison C．George D. Snell
  D．Jules Bordet E．Peter C. Doherty
51．发现补体的是
52．发现小鼠H-2系统的是
53．提出T细胞双识别模式的是
54．发现免疫抑制分子CTLA-4的是
55．推动了新冠病毒感染大流行期间mRNA疫苗的研发和应用的是

三、问答题
1．简述免疫的主要功能及其生理和病理表现。
2．简述固有免疫应答和适应性免疫应答的概念。

参考答案与解析

一、名词解释
1．免疫（immunity）：是机体免疫系统识别"自己"和"非己"，对自身成分产生免疫耐受，对非己抗原性异物或体内改变的物质产生清除作用的一种生理反应。
2．免疫防御（immune defense）：是机体抗御病原体侵袭和清除体内入侵病原体及其有害产物的一种免疫保护功能，即抗感染免疫作用。免疫防御反应异常增高或持续时间过长均可能引发超敏反应，反应过低或缺失则可引发免疫缺陷病或对病原体高度易感。

3. 免疫监视 (immune surveillance)：是机体免疫系统及时识别、清除体内基因突变产生的肿瘤细胞和病毒感染细胞的一种生理性保护作用。免疫监视功能失调可引发肿瘤或病毒持续性感染。

4. 免疫自稳 (immune homeostasis)：是机体免疫系统通过自身免疫耐受和免疫调节机制，对自身成分产生免疫耐受，对非己抗原性异物刺激产生适度免疫应答和清除体内损伤、凋亡或坏死组织细胞的一种生理功能。免疫自稳功能失调可引发自身免疫病或超敏反应。

5. 医学免疫学 (medical immunology)：是研究人体免疫系统的组成和功能、免疫应答的规律和效应、免疫功能异常所致疾病及其发生机制，以及免疫学诊断与防治的一门基础医学学科。

6. 免疫诊断学 (immunodiagnostics)：是应用免疫学理论、技术和方法对相关疾病进行诊断和对机体免疫状态进行测定和评估的一门学科。

二、选择题

1．E 2．D 3．E 4．A 5．A 6．A 7．B 8．B 9．E 10．B 11．E
12．A 13．B 14．B 15．D 16．B 17．E 18．A 19．A 20．A 21．B
22．E 23．B 24．C 25．C 26．B 27．E 28．E 29．A 30．D 31．C
32．C 33．A 34．A 35．A 36．A 37．B 38．D 39．E 40．C 41．A
42．C 43．E 44．B 45．D 46．B 47．E 48．D 49．C 50．A 51．D
52．C 53．E 54．B 55．A

解析：

1. 现代免疫的概念是指机体免疫系统识别自己和非己，对自身成分产生免疫耐受，对非己抗原性异物或体内改变的物质产生清除作用的一种生理反应。

2. 免疫防御是机体抗御病原体侵袭和清除体内入侵病原体及其有害产物的一种免疫保护功能，即抗感染免疫作用。

3. 机体免疫防御反应异常增高或持续时间过长均可能引发超敏反应。

4. 机体免疫防御反应过低或缺失可引发免疫缺陷病或对病原体高度易感。

5. 免疫监视是机体免疫系统及时识别、清除体内基因突变产生的肿瘤细胞和病毒感染细胞的一种生理性保护作用。

6. 免疫监视功能失调可引发肿瘤或病毒持续性感染。

7. 免疫自稳是机体免疫系统通过自身免疫耐受和免疫调节机制，对自身成分产生免疫耐受，对非己抗原性异物刺激产生适度免疫应答和清除体内损伤、凋亡或坏死组织细胞的一种生理功能。

8. 机体免疫自稳功能失调可引发自身免疫病或超敏反应。

9. 机体免疫自稳功能异常，可导致针对自身正常组织细胞的免疫病理损伤，引发自身免疫病。类风湿关节炎是一种自身免疫病。

10. 免疫系统是机体执行免疫功能的物质基础，由免疫器官、组织屏障、免疫细胞和免疫分子组成。机体免疫系统不仅能够识别并清除病原体等外来入侵的抗原性异物，还能及时识别并清除体内发生突变的肿瘤细胞和损伤、凋亡或坏死的组织细胞，从而产生对机体有益的保护作用。

11. 医学免疫学是研究人体免疫系统的组成和功能、免疫应答的规律和效应、免疫功能异常所致疾病及其发生机制，以及免疫学诊断与防治的一门基础医学学科。

12. 免疫系统是机体执行免疫功能的物质基础，由免疫器官、组织屏障、免疫细胞和免疫分子组成。

13. 固有免疫细胞包括经典固有免疫细胞（单核-巨噬细胞、树突状细胞、中性粒细胞、嗜酸性/嗜碱性粒细胞、肥大细胞）、固有（样）淋巴细胞（γδT 细胞、NKT 细胞、B1 细胞）、固有淋巴样细胞（ILC1、ILC2、ILC3 和自然杀伤细胞）。适应性免疫细胞包括在胸腺发育成熟的 αβT 细胞和在骨髓发育成熟的 B2 细胞。

14. 适应性免疫细胞包括在胸腺发育成熟的 αβT 细胞和在骨髓发育成熟的 B2 细胞。

15. 非专职抗原提呈细胞包括某些肿瘤或病毒感染的靶细胞。

16. 固有免疫分子种类很多，主要包括固有免疫细胞表达的模式识别受体、主要组织相容性复合体编码分子、黏附分子、补体系统和细胞因子及其相关受体等。

17. 适应性免疫细胞具有以下主要特性：①细胞群体的高度多样性和对抗原性异物识别/应答的高度特异性；②对自身组织细胞成分不产生应答，具有天然免疫耐受性；③在免疫应答过程中可产生长寿记忆免疫细胞，它们接受相同抗原刺激后可迅速应答产生免疫效应，即具有免疫记忆性。

18. 东晋葛洪所著《肘后备急方》记载的采用狂犬脑组织防治狂犬病，即"乃杀所咬之犬，取脑敷之，后不复发"的方法。

19. 我国 16 世纪接种人痘预防天花的方法比西方 18 世纪接种牛痘预防天花的方法提早了 200 年。

20. 1928 年，余㵑和其导师秦思尔联名撰写的"风湿热的细菌学和变态反应学说"一文发表在《美国内科学杂志》上，他们从患者血液中培养链球菌进行"风湿热的病因"研究，提出了风湿热可以由不同种类链球菌引起，进而提出链球菌的抗原物质可使人体组织致敏发生关节炎等变态反应的新理论，成为目前世界医学界公认的"风湿热变态反应学说"的基础。

21. 谢少文在国际上首次采用鸡胚成功培育出斑疹伤寒立克次体。

22. 顾方舟在国内首次用猴肾细胞培养法分离出脊髓灰质炎病毒，并对其型别做了鉴定。

23. Jenner 接种牛痘苗预防天花获得成功。

24. Metchnikoff 提出原始细胞免疫学说，认为吞噬细胞是执行抗感染免疫作用的细胞。

25. Burnet 在天然免疫耐受和人工诱导免疫耐受研究结果的基础上，结合 Ehrlich 的抗体生成侧链学说和 Jerne 的抗体生成"天然"选择学说，提出了抗体生成的克隆选择学说。

26. 免疫防御是机体抗御病原体侵袭和清除体内入侵病原体及其有害产物的一种免疫保护功能，即抗感染免疫作用。免疫防御反应异常增高或持续时间过长均可能引发超敏反应，反应过低或缺失则可引发免疫缺陷病或对病原体高度易感。

27. 免疫防御反应异常增高或持续时间过长均可能引发超敏反应，反应过低或缺失则可引发免疫缺陷病或对病原体高度易感。

28. 参考 27 题解析。

29. 免疫监视是机体免疫系统及时识别、清除体内基因突变产生的肿瘤细胞和病毒感染细胞的一种生理性保护作用。免疫监视功能失调可引发肿瘤或病毒持续性感染。

30. 免疫防御功能过低或缺失可引发免疫缺陷病或对病原体高度易感。

31．免疫监视功能失调可引发肿瘤或病毒持续性感染。

32．参考 31 题解析。

33．参考 29 题解析。

34．免疫自稳是机体免疫系统通过自身免疫耐受和免疫调节机制，对自身成分产生免疫耐受，对非己抗原性异物刺激产生适度免疫应答和清除体内损伤、凋亡或坏死组织细胞的一种生理功能。免疫自稳功能失调可引发自身免疫病或超敏反应。

35．免疫自稳功能失调可引发自身免疫病或超敏反应。

36．参考 27 题解析。

37．参考 34 题解析。

38．参考 29 题解析。

39．参考 26 题解析。

40．参考 35 题解析。

41．参考 26 题解析。

42．参考 29 题解析。

43．参考 35 题解析。

44．参考 27 题解析。

45．参考 34 题解析。

46．Steinman 发现树突状细胞，并证实树突状细胞是抗原提呈能力最强的抗原提呈细胞，可有效激活初始 T 细胞。

47．Honjo 发现表达于活化 T 细胞表面具有负向免疫调节作用的程序性死亡分子-1（PD-1），该分子与肿瘤细胞表面相应配体（PD-L1）结合可触发肿瘤免疫逃逸。

48．Tonegawa 等应用分子杂交技术揭示了免疫球蛋白（Ig）的基因结构；提出 Ig 基因重排理论，阐明了抗体多样性的遗传学基础。

49．Jerne 根据现代免疫学对抗体分子独特型的认识，提出了免疫网络学说。

50．Hoffmann 等发现 Toll 基因编码产物在果蝇识别病原体激发固有免疫应答中发挥重要作用。

51．Jules Bordet 发现了补体及其与抗体协作产生的溶菌作用，建立了补体结合实验。

52．George D. Snell 发现了小鼠 H-2 系统。

53．Peter C. Doherty 提出了 MHC 限制性和 T 细胞双识别模式。

54．James P. Allison 发现免疫抑制分子 CTLA-4，建立了通过阻断免疫调节负调节机制治疗肿瘤的新方法。

55．Drew Weissman 发现核苷碱基修饰的效应，推动了新冠病毒感染大流行期间 mRNA 疫苗的研发和应用。

三、问答题

1．简述免疫的主要功能及其生理和病理表现。

【参考答案】

主要功能	生理表现	病理表现
免疫防御	抗感染免疫作用	超敏反应 免疫缺陷病
免疫监视	清除肿瘤等突变细胞 清除病毒感染细胞	发生肿瘤 病毒持续性感染
免疫自稳	对自身成分产生免疫耐受 清除损伤、凋亡或坏死组织细胞 对非己抗原产生适度免疫应答	自身免疫病 超敏反应

2. 简述固有免疫应答和适应性免疫应答的概念。

【参考答案】固有免疫应答是指固有免疫细胞在外来入侵病原体表达或体内损伤、凋亡、坏死组织细胞表达、分泌和释放的某些特定分子模式，病毒感染和畸变肿瘤细胞表面某些特定蛋白或磷脂/糖脂类抗原，及杀伤活化/抑制受体相关配体或某些特定细胞因子的刺激作用下迅速活化，将病原体或体内损伤、凋亡、坏死组织细胞及某些病毒感染或畸变肿瘤细胞杀伤清除，产生免疫防御、免疫监视和免疫自稳等生理性免疫保护作用的过程。适应性免疫应答是指体内抗原特异性 T/B 淋巴细胞被病原体等抗原性异物激活、增殖分化为效应 T 细胞/浆细胞后，通过释放不同类型细胞因子、细胞毒性介质或抗体，将上述病原体等抗原性异物杀伤破坏、从体内清除的免疫应答过程。

（王　炜　袁慧慧）

第二章 抗原

一、名词解释

1. 抗原（antigen，Ag）
2. 半抗原（hapten）
3. 抗原表位（antigen epitope）
4. 免疫原性（immunogenicity）
5. 异嗜性抗原（heterophilic antigen）
6. 超抗原（superantigen，SAg）
7. 丝裂原（mitogen）

二、选择题

A型题

1. 乙肝病毒感染人体后，乙肝表面抗体（HBsAg）诱导机体产生相应抗体，该抗体只能与 HBsAg 特异性结合，这体现的是 HBsAg 的
   A．免疫原性　　　　　　B．免疫反应性　　　　　C．抗原特异性
   D．半抗原-载体效应　　　E．抗原的交叉反应性

2. 下列关于抗原表位的描述正确的是
   A．表位是一种大分子蛋白质　　　　B．表位的氨基酸须依次排列
   C．表位不能被 B 细胞识别　　　　　D．表位可以被 NK 细胞识别
   E．表位的空间构象可影响其免疫原性

3. 与载体蛋白偶联后可获得免疫原性的物质是
   A．超抗原　　　　　　　B．完全抗原　　　　　　C．酵母多糖
   D．半抗原　　　　　　　E．DNA

4. 同一物种不同个体间存在的不同抗原称为
   A．独特型抗原　　　　　B．自身抗原　　　　　　C．异种抗原
   D．同种异型抗原　　　　E．异嗜性抗原

5. 关于 T 细胞表位特性的描述，错误的是
   A．主要为小分子多肽　　B．是线性表位　　　　　C．识别受体为 TCR
   D．位于抗原分子任意部位　E．不需要 MHC 分子呈递

6. 关于超抗原性质的描述，正确的是

A．有严格的 MHC 限制性
B．无需经 APC 加工，可直接与 MHC 分子结合
C．与自身免疫无关
D．不能以完整蛋白形式发挥作用
E．一种超抗原只可活化少数 T 细胞克隆

7．半抗原的抗原结合价为
A．0　　　　　　　　　B．1　　　　　　　　　C．2
D．4　　　　　　　　　E．10

8．以下关于抗原进入机体的方式对抗原免疫原性的影响的叙述中错误的是
A．皮内注射和皮下免疫途径容易诱导免疫应答
B．口服免疫易诱导耐受
C．低抗原剂量容易诱导免疫应答
D．高抗原剂量容易诱导免疫耐受
E．频繁注射抗原可诱导免疫耐受

9．非胸腺依赖性抗原（TI-Ag）是
A．不在胸腺中产生　　　B．只产生细胞免疫　　　C．具有 T 细胞表位
D．仅存在于胸腺细胞上　E．刺激 B 细胞产生抗体不需要 T 细胞辅助

10．一蛋白质抗原含有 5 个 T 细胞表位和 8 个 B 细胞表位，T 细胞表位各不相同，B 细胞表位中有 3 个是同一种表位，该抗原最多能诱导机体产生的抗体特异性种类是
A．3 种　　　　　　　　B．5 种　　　　　　　　C．6 种
D．8 种　　　　　　　　E．13 种

11．下列属于隐蔽的自身抗原物质的是
A．ABO 血型物质　　　　B．甲胎蛋白　　　　　　C．眼晶状体蛋白
D．Forssman 抗原　　　　E．HLA 抗原

12．下列有关抗原表位的描述，错误的是
A．亦称抗原决定簇　　　　　　　　　B．是抗原特异性的结构基础
C．一般由 50 个左右的氨基酸组成　　D．可由多糖残基或核苷酸组成
E．半抗原相当于 1 个抗原表位

13．决定抗原特异性的因素是
A．抗原分子的物理性状　　　　　　　B．抗原分子内部结构的复杂性
C．抗原分子中特殊的化学基团　　　　D．抗原分子量的大小
E．抗原分子的异物性

14．弗氏完全佐剂比弗氏不完全佐剂增加了
A．羊毛脂　　　　　　　B．矿物油　　　　　　　C．脂多糖
D．结核分枝杆菌　　　　E．短小棒状杆菌

15．以下对佐剂的描述，正确的是
A．单独具有免疫反应性　　　　　　　B．可增强弱免疫原的免疫原性
C．只增强细胞免疫　　　　　　　　　D．可作为疫苗来使用
E．是异种特殊的微生物成分

16．免疫效果最好的免疫途径是

A．肌内注射　　　　　　　B．皮内注射　　　　　　　C．口服
　　D．腹腔注射　　　　　　　E．静脉注射
17．含共同抗原表位的不同抗原称为
　　A．异嗜性抗原　　　　　　B．异种抗原　　　　　　　C．同种异体抗原
　　D．交叉抗原　　　　　　　E．不完全抗原
18．AB 型血个体的人外周血中含有的抗体是
　　A．抗 A 抗体　　　　　　　B．抗 B 抗体　　　　　　　C．抗 O 抗体
　　D．抗 A+抗 B 抗体　　　　E．不含抗 A 抗体，也不含抗 B 抗体
19．不属于抗原性质的是
　　A．属于大分子物质
　　B．抗原均具有"异物性"
　　C．具有免疫原性的一定具有免疫反应性
　　D．具有免疫反应性的一定具有免疫原性
　　E．以表位与 TCR/BCR 和抗体结合
20．用健康人的组织或器官替代患者丧失功能的组织和器官，常常会发生排斥反应，此时 HLA 分子被认为是
　　A．同种异型抗原　　　　　B．异嗜性抗原　　　　　　C．超抗原
　　D．改变的自身抗原　　　　E．异种抗原
21．抗体对具有相同或相似抗原决定簇的不同抗原的反应称为
　　A．特异性反应　　　　　　B．非特异性反应　　　　　C．交叉反应
　　D．过敏反应　　　　　　　E．半抗原 - 载体效应
22．A 群链球菌的表面成分与人心肌组织存在的共同抗原，属于
　　A．异嗜性抗原　　　　　　B．异种抗原　　　　　　　C．同种异型抗原
　　D．自身抗原　　　　　　　E．独特型抗原
23．蛋白质、糖类和脂类，通常免疫原性最强和最弱的分别是
　　A．蛋白质，糖类　　　　　B．蛋白质，脂类　　　　　C．脂类，蛋白质
　　D．脂类，糖类　　　　　　E．糖类，脂类
24．以下不属于内源性抗原的主要特点的是
　　A．存在于胞质内　　　　　　　　　　　B．在 APC 内合成
　　C．病毒感染细胞后合成的病毒抗原　　　D．主要由 MHC I 类分子提呈
　　E．主要由 $CD4^+$ T 细胞识别
25．对人体来说，肺癌细胞来源的癌胚抗原不属于
　　A．胸腺依赖性抗原　　　　B．同种异型抗原　　　　　C．自身抗原
　　D．内源性抗原　　　　　　E．肿瘤抗原
26．免疫原性相对较弱的是
　　A．脂类　　　　　　　　　B．蛋白质　　　　　　　　C．类毒素
　　D．抗毒素　　　　　　　　E．多糖
27．抗原具备的两种特性是
　　A．抗原性和异物性　　　　B．免疫原性和免疫反应性　C．异物性和特异性
　　D．免疫原性和特异性　　　E．异物性和免疫反应性

28. 下列物质中，没有免疫原性的是
    A．半抗原   B．完全抗原   C．补体
    D．异嗜性抗原   E．抗体

29. 下列关于超抗原的描述，正确的是
    A．可以多克隆激活某些 T 细胞   B．须经抗原提呈细胞加工处理
    C．与自身免疫病无关   D．有严格的 MHC 限制性
    E．只能活化一个相应的 T 细胞克隆

30. 下列关于抗原的描述，错误的是
    A．半抗原没有免疫原性
    B．半抗原有免疫反应性
    C．完全抗原有免疫原性
    D．半抗原需要偶联载体后才有免疫原性
    E．抗体没有免疫原性

31. 关于 B 细胞表位的特性，错误的是
    A．受体是 BCR   B．识别需要 MHC 分子   C．构象表位
    D．线性表位   E．通常存在于抗原表面

32. 对人类而言，小鼠的 MHC 是
    A．同种异型抗原   B．异种抗原   C．自身抗原
    D．移植抗原   E．独特型抗原

33. 诱导机体产生超敏反应的抗原，被称为
    A．异嗜性抗原   B．同种异型抗原   C．自身抗原
    D．变应原   E．耐受原

34. 树突状细胞内新合成的抗原属于
    A．内源性抗原   B．外源性抗原   C．胸腺依赖性抗原
    D．非胸腺依赖性抗原 E．人工抗原

35. 刺激 B 细胞产生抗体时需要 Th 细胞辅助的抗原被称为
    A．自身抗原   B．胸腺非依赖性抗原   C．异种抗原
    D．胸腺依赖性抗原 E．半抗原

36. 对人体既是抗原又是抗体的物质是
    A．细菌外毒素   B．马抗破伤风血清   C．类毒素
    D．HLA   E．干扰素

37. 临床上注射青霉素容易导致过敏，其机制为青霉素在体内作为半抗原，以其具有抗菌活性的高反应性 β-内酰胺环与宿主自身蛋白共价结合形成青霉素修饰蛋白，诱导机体产生 IgE 抗体并介导超敏反应。其中宿主自身蛋白起的作用是
    A．半抗原   B．完全抗原   C．载体
    D．佐剂   E．自身抗原

38. BCR 能够识别的表位不包括
    A．T 细胞表位   B．B 细胞表位   C．线性表位
    D．顺序表位   E．构象表位

39. 类毒素的特性是

A. 内毒素 B. 甲醛处理后的外毒素 C. 抗血清
D. 抗毒素 E. 毒素的衍生物

40. 一到春天，小明总会出现鼻部卡他症状，到医院就诊，诊断为过敏性鼻炎，对花粉过敏，花粉对小明来说不属于
A. 变应原 B. 异种抗原 C. 外源性抗原
D. 胸腺非依赖性抗原 E. 天然抗原

41. 被毒蛇咬伤的一年轻男性，在注射抗蛇毒血清后，出现注射局部荨麻疹样风团，随后出现发热和全身淋巴结肿大。导致上述症状的原因是抗蛇毒血清中含有
A. 蛇毒 B. 异种抗原 C. 异嗜性抗原
D. 佐剂 E. 独特型抗原

B 型题

（42～44题共用备选答案）
A. 氨苯磺酸 B. HLA C. LPS
D. 白喉抗毒素血清 E. 葡萄糖

42. 既是抗原又是抗体的是
43. 半抗原是
44. 既非抗原又非抗体的是

（45～49题共用备选答案）
A. 灭活的结核分枝杆菌 B. 金黄色葡萄球菌蛋白 A（SPA）
C. 刀豆蛋白 A（ConA） D. $Al(OH)_3$
E. LPS

45. 属于弗氏完全佐剂的主要成分的是
46. 细菌内毒素的主要成分是
47. 相应细菌感染进入体内，易导致中毒性休克的是
48. 目前已被批准应用于人类疫苗的佐剂是
49. 可作为 T 细胞有丝分裂原的是

（50～53题共用备选答案）
A. 顺序表位 B. 构象表位 C. 线性表位
D. 半抗原 E. 继发表位

50. B 细胞识别的表位主要是
51. 偶联上载体后具有免疫原性的是
52. 隐蔽性抗原表位又称作
53. 识别不受 MHC 限制的是

（54～58题共用备选答案）
A. 丝裂原 B. 半抗原 C. 载体
D. 耐受原 E. 变应原

54. 使半抗原变成完全抗原的物质是
55. 只有免疫反应性，无免疫原性的物质是
56. 能够不依赖抗原受体而直接活化淋巴细胞的物质是
57. 能诱导机体产生超敏反应的物质被称为
58. 能诱导机体产生免疫耐受的是

（59～61题共用备选答案）
  A．HLA   B．青霉素   C．花粉
  D．外伤后进入血液的精子   E．Forssman 抗原
59. 属于同种异型抗原的是
60. 属于半抗原的是
61. 属于异嗜性抗原的是

三、问答题

1. 简述抗原的理化性质和组成结构对抗原免疫原性的影响。
2. 简述免疫途径和方法对抗原免疫原性的影响。
3. 举例说明医学上常见的异种抗原类型及用途。
4. 请举例说明如何理解抗原引起的交叉反应的"双刃剑"作用。
5. 请从抗原的分类角度描述抗毒素属于何种抗原。

参考答案与解析

一、名词解释

1. 抗原（antigen，Ag）：通常是指能被 T/B 淋巴细胞表面抗原识别受体（TCR/BCR）识别结合，并由此导致上述淋巴细胞活化，增殖分化产生抗原特异性效应 T 细胞和（或）抗体；同时又能在体内外与上述免疫应答产物特异性结合，介导产生免疫效应或反应的物质。

2. 半抗原（hapten）：只具有免疫反应性而无免疫原性的物质称为半抗原（hapten），也称为不完全抗原，如某些多糖和药物等简单小分子物质。半抗原单独作用时无免疫原性，当与蛋白质等载体（carrier）结合后可获得免疫原性。

3. 抗原表位（antigen epitope）：是指抗原分子中决定抗原特异性的特殊化学基团，又称抗原决定簇。通常由 5～17 个氨基酸残基或 5～7 个多糖残基/核苷酸组成，是 T、B 细胞表面抗原识别受体和抗体特异性识别结合的基本结构单位。

4. 免疫原性（immunogenicity）：指抗原能够刺激机体产生适应性免疫应答，即诱导 B 细胞产生抗体和（或）诱导 T 细胞分化为效应 T 细胞的能力。

5. 异嗜性抗原（heterophilic antigen）：是指存在于人、动物、植物、微生物等不同种属之间的具有相同抗原表位的共同抗原。此类抗原可通过交叉反应引发某些疾病，如肾小球肾炎、心肌炎等。

6. 超抗原（superantigen，SAg）：是一类只需极低浓度（1～10 ng/mL）即可非特异刺激多克隆 T 细胞活化，使之产生大量细胞因子引发强烈免疫反应的大分子蛋白物质。在抗原

提呈细胞参与下,超抗原能以完整蛋白形式激活多克隆 T 细胞。

7. 丝裂原(mitogen):是指能够非特异刺激多克隆 T、B 淋巴细胞发生有丝分裂的物质,又称有丝分裂原。此类物质可直接与静息 T、B 淋巴细胞表面相应丝裂原受体结合,使之发生母细胞转化和有丝分裂,导致体内多克隆 T、B 淋巴细胞活化。丝裂原通常来自植物种子中的糖蛋白和某些细菌的产物。

二、选择题

1. C 2. E 3. D 4. D 5. E 6. B 7. B 8. C 9. E 10. C 11. C
12. C 13. C 14. D 15. B 16. B 17. D 18. E 19. D 20. A 21. C
22. A 23. B 24. E 25. B 26. A 27. B 28. A 29. B 30. E 31. B
32. B 33. D 34. A 35. D 36. B 37. C 38. A 39. B 40. D 41. B
42. D 43. A 44. E 45. A 46. E 47. E 48. D 49. C 50. E 51. D
52. E 53. B 54. C 55. B 56. A 57. E 58. D 59. A 60. B 61. E

解析:

1. 抗原特异性是指抗原只能与其刺激机体产生的相应抗体或效应 T 淋巴细胞结合发生相互作用,而不与其他抗体或效应淋巴细胞结合。抗原的交叉反应是指某种抗原刺激机体产生的抗体与具有相同或相似抗原表位的其他抗原发生的反应。

2. 抗原表位又称抗原决定簇或抗原决定基,是指抗原分子中决定抗原特异性的特殊化学基团。表位的空间构象可影响其免疫原性。

3. 半抗原:某些小分子物质,其单独不能诱导免疫应答,即不具备免疫原性,但当其与大分子蛋白质或非抗原性的多聚赖氨酸等载体交联或结合后可获得免疫原性,诱导免疫应答。

4. 同种异型抗原是指同一种属不同个体之间所存在的不同抗原。

5. TCR 是 T 细胞特异性识别抗原表位的关键分子,T 细胞表位通过 MHC 分子提呈给相应 T 细胞,被 TCR 特异性识别。

6. 超抗原是一类只需极低浓度(1~10 ng/mL)即可激活大量的 T 细胞克隆,引发强烈免疫应答的大分子蛋白物质,但其对 T 细胞的激活不需要抗原提呈细胞的加工处理,因此超抗原不具有 MHC 限制性。

7. 半抗原的抗原结合价是 1 价,半抗原不具有免疫原性,不能刺激机体产生抗体,但是当与蛋白质载体结合后,就获得了免疫原性,即可刺激机体产生抗体。

8. 适中的抗原剂量可诱导免疫应答,而过高或过低抗原量可诱导免疫耐受。适当间隔能引起较好的免疫应答,频繁注射抗原则可能导致免疫耐受。

9. 胸腺非依赖性抗原(TI-Ag)是指无须 T 细胞辅助,可直接刺激 B 细胞产生抗体的抗原。如链球菌细胞壁多糖抗原、聚合鞭毛素蛋白抗原等。

10. T 细胞表位供 T 细胞识别,活化的 T 细胞不能产生抗体。一种 B 细胞表位只能诱导机体产生一种抗体,8 个 B 细胞表位中有 3 个是同一种表位,其只能诱导机体产生 1 种抗体,其余 5 个 B 细胞表位各不相同,能诱导机体产生 5 种抗体,所以该抗原最多能诱导机体产生 6 种抗体。

11. 隐蔽抗原是指正常情况下与机体免疫系统隔绝,从未与淋巴细胞接触过的某些自身组织成分，如脑组织、眼晶状体、心肌、甲状腺、睾丸、卵巢等。

12．抗原表位是抗原中决定抗原特异性的特殊化学基团，又称抗原决定簇，通常由 5～17 个氨基酸残基或 5～7 个多糖残基 / 核苷酸组成。抗原表位是 T 细胞、B 细胞表面抗原识别受体或抗体特异性识别结合的基本结构单位。

13．抗原的特异性是由抗原分子中特殊化学基团所决定的，这些化学基团称为抗原表位，又称抗原决定簇。抗原表位是免疫应答和免疫反应具有特异性的物质基础。

14．弗氏不完全佐剂由液状石蜡（或植物油）和羊毛脂（或吐温）混合而成，弗氏完全佐剂是在不完全佐剂中加入灭活结核分枝杆菌或卡介苗制备而成。

15．佐剂是非特异性免疫增强剂，当与抗原一起注射或预先注入机体时，可增强机体对抗原的免疫应答或改变免疫应答的类型。与抗原混合后，可增强抗原的免疫原性。不同佐剂的作用机制有明显差异。

16．免疫途径以皮内最佳，皮下次之，腹腔和静脉效果较差，口服则易诱导形成局部黏膜免疫而产生全身免疫耐受。

17．免疫学中将来源不同但含有相同或相似抗原表位的抗原称为共同抗原，含有共同抗原表位的不同抗原称为交叉抗原。

18．AB 型血的人外周血中不含有抗 A 抗体和抗 B 抗体。由于 AB 型血个体的红细胞表面同时具有 A 型抗原和 B 型抗原，如果其血液中含有抗 A 或抗 B 抗体，将会与自身的红细胞发生反应，导致溶血。因此，AB 型血的人血清中自然情况下是缺乏这两种抗体的。

19．抗原具有免疫原性、免疫反应性、异物性和特异性。半抗原具有免疫反应性，但不具有免疫原性。

20．同种异型抗原是同一种属而基因型不同的个体间所表达的抗原，人类的同种异型抗原主要有：HLA 抗原、ABO 抗原、Ig 的同种异型抗原和 Rh 抗原。

21．抗体对具有相同或相似抗原决定簇的不同抗原的反应称为交叉反应。

22．异嗜性抗原是指存在于人、动物、植物、微生物等不同种属之间的具有相同抗原表位的共同抗原。A 群链球菌的表面成分与人肾小球基底膜及心肌组织存在共同抗原，故链球菌感染机体产生的抗体可与具有共同抗原的心、肾组织发生交叉反应，导致肾小球肾炎。

23．通常蛋白质、糖蛋白和脂蛋白免疫原性较强；多糖和多肽有一定的免疫原性；脂类和核酸免疫原性较差。

24．内源性抗原是指存在于胞质内的抗原，主要由 MHC I 类分子提呈，被 $CD8^+$ T 细胞识别，病毒感染细胞后合成的病毒抗原也属于内源性抗原。

25．肺癌细胞来源的癌胚抗原是肿瘤细胞表达的抗原，属于肿瘤抗原，是自身抗原，也是内源性抗原，肿瘤抗原是胸腺依赖性抗原，所以肺癌细胞来源的癌胚抗原不属于同种异型抗原。

26．抗原的免疫原性是由物质本身所具备的条件决定的，包括异物性、化学性质、分子量大小、组成与结构、分子构象、易接近性、物理性状等。蛋白质免疫原性强，脂类通常无免疫原性。

27．抗原的两种特性：免疫原性和免疫反应性。免疫原性指抗原能够刺激机体产生免疫应答，即诱发机体产生特异性抗体和（或）致敏淋巴细胞的特性。免疫反应性指抗原与相应的免疫应答产物（抗体或致敏淋巴细胞）发生特异性结合的特性。

28．半抗原不具有免疫原性，但是具有免疫反应性，半抗原与蛋白质载体结合后，就可获得免疫原性。

29．超抗原是一类只需极低浓度即可非特异刺激多克隆 T 细胞活化，使之产生大量细胞因子引发强烈免疫应答的大分子蛋白物质。超抗原的化学性质为外毒素、反转录病毒蛋白等。

30．半抗原只具有抗原分子的免疫反应性，而不具备免疫原性。当半抗原与载体蛋白质结合后成为完全抗原，既具有免疫原性，又具有免疫反应性。抗体作为抗原免疫动物时，同样具有免疫原性。

31．B 细胞表位是由 B 细胞直接识别的，无需 MHC 分子的加工处理，故选项中关于 B 细胞表位的特性表述错误的是识别需要 MHC 分子。

32．小鼠的 MHC 对于人类来讲，由于来自于不同物种，不属于同种异型抗原，而属于异种抗原。

33．变应原是指能诱导机体产生 IgE，引起 I 型超敏反应的抗原物质，可为蛋白质或与蛋白质结合的小分子半抗原物质。

34．临床上内源性抗原指在抗原提呈细胞内新合成的抗原，如病毒感染细胞合成的病毒蛋白、肿瘤细胞内合成的肿瘤抗原等。内源性抗原以抗原肽 -MHC I 类分子复合物形式提呈给 $CD8^+$ T 细胞。

35．刺激 B 细胞产生抗体时需要 Th 细胞辅助的抗原是 TD-Ag，即胸腺依赖性抗原。

36．马抗破伤风血清中含有抗破伤风毒素抗体。抗破伤风血清注射到人体后，抗体可以和相应的抗原特异性结合，发挥免疫效应，但是其又是异种动物血清，可刺激机体发生免疫应答。因此抗破伤风血清既是抗体又是抗原。

37．半抗原（又称不完全抗原）是指某些单独存在时不能诱导免疫应答，即不具备免疫原性，但当与大分子蛋白质或非抗原性的多聚赖氨酸等载体交联或结合（通常是以共价键的形式进行结合）后可获得免疫原性，从而诱导免疫应答的小分子物质。青霉素在体内作为半抗原，而宿主自身蛋白是载体，两者结合引起免疫应答。

38．BCR 能够识别的表位包括 B 细胞表位、线性表位、顺序表位、构象表位。T 细胞表位是由 T 细胞抗原受体 TCR 识别的抗原表位，属于线性表位，T 细胞表位需要 MHC 分子提呈。

39．外毒素经甲醛处理后脱毒而保持抗原性的物质为类毒素。

40．花粉属于过敏原，能引起过敏反应；花粉能引起过敏反应，属于异种抗原；花粉属于外源性抗原；花粉属于胸腺依赖性抗原；花粉属于天然抗原。

41．动物免疫血清中的主要成分是抗体。就抗体本身而言，其化学成分是免疫球蛋白，具有免疫原性，同时抗蛇毒血清又是异种动物血清，可刺激机体发生免疫应答。

42．白喉抗毒素血清是从免疫动物（如马）中提取的抗体，能够中和白喉毒素，因此它是抗体。同时，由于它是异种蛋白，进入人体后可能引发免疫反应，因此它也是抗原。

43．半抗原是指单独存在时不能诱导免疫反应，但与载体蛋白结合后能够诱导免疫反应的小分子物质。氨苯磺酸是一种小分子化合物，属于典型的半抗原。

44．葡萄糖是一种小分子单糖，既不能诱导免疫反应（非抗原），也不具备抗体功能（非抗体）。

45．弗氏完全佐剂的主要成分包括矿物油、乳化剂和灭活的结核分枝杆菌。

46．细菌内毒素是革兰氏阴性菌细胞壁的主要成分，其化学本质是脂多糖（LPS）。

47．金黄色葡萄球菌感染可以导致严重的中毒性休克。细菌产生的毒素可作为超抗原非特异性地激活大量 T 细胞，导致大量细胞因子的释放，引发全身性炎症反应和多器官功能衰竭。

48．铝盐，如 Al(OH)$_3$，是目前被广泛批准用于人类疫苗的佐剂之一，它们可以增强疫苗的免疫原性，帮助诱导更强的免疫反应。

49．刀豆蛋白 A（ConA）是一种植物凝集素，能够与 T 细胞表面的糖蛋白结合，刺激 T 细胞增殖，因此它被用作 T 细胞的有丝分裂原。

50．B 细胞通过其表面的 B 细胞受体（BCR）识别抗原上的表位，B 细胞识别的表位通常是构象表位。

51．参考 37 题解析。

52．隐蔽性抗原表位也称为继发表位，是指在正常情况下不被免疫系统识别的抗原表位。

53．B 细胞识别的构象表位不受 MHC 限制。

54．半抗原是指单独存在时不能诱导免疫反应，但与载体蛋白结合后能够诱导免疫反应的小分子物质。

55．参考 37 题解析。

56．丝裂原是一类能够直接刺激淋巴细胞增殖的物质，它们不依赖于抗原受体的特异性识别，而是通过非特异性地激活淋巴细胞来诱导其增殖。

57．变应原是能够诱导机体产生超敏反应的物质，它们可以引起免疫系统的过度反应，导致过敏症状。

58．耐受原是指能够诱导机体产生免疫耐受的物质，它们可以使免疫系统对特定的抗原不产生反应或产生减弱的反应，从而避免对自身组织的攻击。

59．同种异型抗原是指在同一物种不同个体之间存在差异的抗原。人类白细胞抗原（HLA）是人类的主要组织相容性复合体（MHC），它们在个体之间存在多态性。

60．青霉素是一种小分子药物，其本身不具备免疫原性，但可以与载体蛋白结合形成完全抗原，因此属于半抗原。

61．异嗜性抗原是指存在于不同物种之间，但具有相似或相同抗原决定簇的抗原。Forssman 抗原是一种异嗜性抗原，存在于多种动物组织中，能够与抗 Forssman 抗体发生交叉反应。

三、问答题

1．简述抗原的理化性质和组成结构对抗原免疫原性的影响。

【参考答案】主要与以下因素有关：①抗原的化学性质：通常具有免疫原性的物质是大分子有机物质，而无机物没有免疫原性；②分子量：一般分子量大于 10 kD 的抗原具有免疫原性，通常分子量越大，免疫原性越强；③组成与结构：通常直链氨基酸比含苯环的芳香族氨基酸免疫原性弱，由直链氨基酸组成的大分子有机物明胶免疫原性弱，而小分子的含有芳香族氨基酸的胰岛素分子则具有较强的免疫原性；④分子构象：即空间结构与抗原的免疫原性有关，通常不同空间构象可以引起不同的免疫反应；⑤易接近性：抗原表位的空间位置可以影响抗原的免疫原性；⑥物理状态：通常聚合状态的抗原免疫原性强于单体抗原，颗粒性抗原的免疫原性强于可溶性抗原。

2. 简述免疫途径和方法对抗原免疫原性的影响。

【参考答案】免疫途径和方法不同，抗原刺激机体产生免疫反应的能力也不同，即免疫原性不同，主要表现在：①抗原进入机体的方式：通常皮内方式最易诱导应答，皮下次之，腹腔和静脉效果较差，口服则易诱导局部黏膜免疫应答，但可产生全身耐受；②抗原剂量：过低或过高均易诱导耐受；③抗原进入次数（免疫次数）：灭活疫苗需要多次接种，而减毒活疫苗免疫接种次数少；④佐剂的参与：佐剂可辅助获得或提高抗原的免疫原性，产生较好的免疫效果。

3. 举例说明医学上常见的异种抗原类型及用途。

【参考答案】主要有以下类型及用途：①病原微生物：对人体有很好的免疫原性。将其制成疫苗可进行预防接种，产生免疫保护；②外毒素：某些细菌分泌的毒性蛋白质具有很强的免疫原性，但由于毒性强，不能用于免疫接种；③类毒素：指外毒素经 0.3%～0.4% 甲醛处理后获得的丧失毒性作用而保留原有免疫原性的生物制剂，常可用于人体的免疫接种；④抗毒素：通常是从细菌类毒素免疫动物后的血清中提取的免疫球蛋白制备而成，作为动物源性的异种蛋白，反复使用有可能诱导超敏反应。

4. 请举例说明如何理解抗原引起的交叉反应的"双刃剑"作用。

【参考答案】交叉反应是在具有相同或相似抗原表位的不同抗原之间发生的反应，因抗原不同，可以产生不同的效应：①治疗作用：可以利用毒性弱的抗原制备抗体，用来抵御毒性强的抗原，例如，由于牛痘病毒和天花病毒之间存在共同抗原，因此为人体接种牛痘苗后会产生针对牛痘病毒的特异性 T 细胞和抗体；上述 T 细胞或抗体能与天花病毒发生交叉反应，从而导致侵入体内的天花病毒被快速杀伤清除，所以可以使用牛痘苗预防天花；②损伤作用：在人、动物、植物、微生物等不同种属之间也存在具有相同抗原表位的共同抗原，此类抗原可引发某些疾病，例如 A 群链球菌表面与人肾小球基底膜或心肌组织具有相同的抗原表位，此菌感染刺激机体产生的抗体不仅能与链球菌特异性结合，也能与人肾小球基底膜或心肌组织中的共同抗原表位结合，通过交叉反应引起肾小球肾炎或心肌炎，造成损伤。

5. 请从抗原的分类角度描述抗毒素属于何种抗原。

【参考答案】抗原可以从不同角度分类，从而可以了解抗原进入机体后引起免疫反应的不同特点。①根据诱导抗体产生时是否需要 Th 参与分类，抗毒素通常自免疫动物血清中提取，属于异种血清蛋白，故属于胸腺依赖性抗原；②根据抗原与机体的亲缘关系分类，抗毒素属于异种抗原；③根据抗原提呈细胞内抗原的来源分类，抗毒素并非抗原提呈细胞内产生，而是从外界摄入胞内，所以属于外源性抗原；④从化学性质分类，属于蛋白质抗原；⑤因抗毒素反复使用有可能诱导人体产生超敏反应，故属于变应原。

（高　翔　王　仙）

第三章 抗 体

一、名词解释

1. 抗体（antibody，Ab）
2. 超变区（hypervariable region，HVR）
3. 骨架区（framework region，FR）
4. 铰链区（hinge regin）
5. 分泌片（secretory piece，SP）
6. 抗体的同种异型（allotype）
7. 抗体的调理作用（opsonization）
8. 抗体依赖性细胞介导的细胞毒作用（antibody dependent cell-mediated cytotoxicity，ADCC）
9. 单克隆抗体（monoclonal antibody，McAb）
10. 免疫球蛋白超家族（immunoglobulin superfamily，IgSF）

二、选择题

A 型题

1. IgM 分子中能与 C1q 结合的功能区是
   A. CH1　　　　　　　　B. CH2　　　　　　　　C. CH3
   D. CH4　　　　　　　　E. VH
2. IgG 的 Fab 段功能是
   A. 特异性结合抗原　　　B. 激活补体经典途径　　C. 通过胎盘
   D. 吸附于 NK 细胞膜　　E. 结合葡萄球菌 A 蛋白
3. 与抗原结合后能激活补体经典途径的 Ig 是
   A. IgG4　　　　　　　　B. IgM　　　　　　　　C. IgD
   D. IgE　　　　　　　　E. IgA
4. 下列细胞中，介导 ADCC 的主要细胞是
   A. NK 细胞　　　　　　B. B 淋巴细胞　　　　　C. T 淋巴细胞
   D. 抗原提呈细胞　　　　E. 肥大细胞
5. 免疫球蛋白不具有的作用是
   A. 中和外毒素　　　　　B. 通过经典途径激活补体　C. 调理作用

D. 参与Ⅳ型超敏反应　　　　　　E. ADCC

6. 抗体分子中与抗原特异性结合的部位是
   A. CH与CL区　　　　　B. VH与CL区　　　　　C. VH与CH区
   D. VL与CL区　　　　　E. VH与VL区

7. 能与肥大细胞表面的FcR结合，并介导Ⅰ型超敏反应的免疫球蛋白是
   A. IgA　　　　　　　　B. IgD　　　　　　　　C. IgE
   D. IgM　　　　　　　　E. IgG

8. 通过经典途径激活补体能力最强的免疫球蛋白是
   A. IgA　　　　　　　　B. IgD　　　　　　　　C. IgM
   D. IgG　　　　　　　　E. IgE

9. 新生儿通过自然被动免疫，可以从母体获得的免疫球蛋白包括
   A. IgM和IgE　　　　　 B. IgG和IgD　　　　　 C. IgG和IgE
   D. IgM和IgG　　　　　 E. IgG和SIgA

10. 动物免疫血清对人而言
    A. 是抗原　　　　　　　　　　　　B. 是抗体
    C. 既是抗原，又是抗体　　　　　　D. 既不是抗原，也不是抗体
    E. 有时是抗原，有时是抗体

11. 脐带血中含量增高，提示胎儿有宫内感染的免疫球蛋白是
    A. IgA　　　　　　　　B. IgM　　　　　　　　C. IgG
    D. IgD　　　　　　　　E. IgE

12. IgG的重链被称为
    A. μ链　　　　　　　　B. α链　　　　　　　　C. δ链
    D. ε链　　　　　　　　E. γ链

13. 合成SIgA的J链的细胞是
    A. 嗜酸性粒细胞　　　　B. T细胞　　　　　　　C. B细胞
    D. 浆细胞　　　　　　　E. 黏膜上皮细胞

14. 同种异型遗传标志存在于抗体
    A. μ链恒定区　　　　　B. ε链恒定区　　　　　C. γ链恒定区
    D. λ链恒定区　　　　　E. δ链恒定区

15. 能与肥大细胞表面相应受体结合使其致敏的抗体是
    A. IgE　　　　　　　　B. IgG　　　　　　　　C. IgA
    D. IgM　　　　　　　　E. IgD

16. 胃蛋白酶水解后产生的抗体片段包括
    A. Fc片段和Fab片段　　　　　　　B. Fc片段和Fc'片段
    C. Fab片段和pFc'片段　　　　　　D. F(ab')$_2$片段和pFc'片段
    E. Fc片段和pFc'片段

17. 关于分泌片不正确的描述是
    A. 由黏膜下浆细胞合成
    B. 分泌片是SIgA的重要组成部分
    C. 介导IgA二聚体从黏膜下转运至黏膜表面

D．主要功能是保护 SIgA 不被黏膜表面的蛋白酶水解

E．其化学成分是糖肽

18．抗体的亲和力是指

A．抗体与抗原特异性结合的强度　　B．抗体遗传信息的稳定性

C．抗体结构的核苷酸序列　　D．抗体对细菌的杀伤作用

E．抗体对自身组织的免疫反应

19．决定同种异型的结构是

A．重链恒定区　　B．轻链可变区　　C．抗原结合位点

D．铰链区　　E．Fab 片段

20．属于抗体细胞型标志的是

A．同种型　　B．同种异型　　C．自身抗体

D．独特型　　E．自身抗原

21．B 细胞成熟的标志是其表面出现

A．mIgE　　B．mIgM　　C．mIgA

D．mIgG　　E．mIgD

22．有关 Ig 重链胚系基因重排表述错误的是

A．骨髓始祖 B 细胞分化发育过程中发生的

B．重组酶参与

C．先完成 D-J 重排，再完成 V-D-J 重排

D．最先表达 γ 链 mRNA

E．重排的过程中可以出现核苷酸的插入和缺失

23．以下不属于单克隆抗体特点的是

A．敏感性和特异性高　　B．可以用于纯化抗原

C．交叉反应少，广泛用于临床检测　　D．可偶联其他药物用于靶向治疗疾病

E．从动物免疫血清中纯化获得

24．免疫球蛋白的超变区位于

A．VH 和 CH　　B．VL 和 VH　　C．Fc 段

D．VH 和 CL　　E．CL 和 CH

25．关于抗体，错误的表述是

A．抗体是指具有免疫功能的球蛋白

B．抗体主要存在于血液、体液、黏膜表面及其分泌液中

C．抗体是能和相应抗原特异性结合的球蛋白

D．抗体都是免疫球蛋白

E．抗体都是体内产生的

26．关于 IgG 的错误叙述是

A．可分为 4 个亚类　　B．可通过胎盘

C．抗原结合价为二价　　D．CH2 有补体 C1q 结合点

E．经木瓜蛋白酶水解后可获得 1 个 F(ab')$_2$ 片段

27．在黏膜抗感染中起到重要作用的抗体是

A．IgA　　B．IgG　　C．IgM

D．SIgA E．IgD

28．Ig 分成不同型及亚型的依据是
   A．VL 抗原特异性的不同 B．VH 抗原特异性的不同
   C．CL 抗原特异性的不同 D．CH 抗原特异性的不同
   E．CL 及 CH 抗原特异性的不同

29．能够产生抗体的细胞是
   A．T 细胞 B．红细胞 C．NK 细胞
   D．浆细胞 E．DC

30．患者，男，28 岁。被流浪狗咬伤小腿。医生对伤口进行适当清洁处理，根据指南，患者接受了狂犬病疫苗接种和狂犬病毒免疫球蛋白，注射狂犬病毒免疫球蛋白的目的主要是发挥抗体的
   A．中和作用 B．调理作用 C．ADCC 作用
   D．主动免疫作用 E．激活补体作用

31．患者，女，26 岁。怀孕 20 周，持续发热、咳嗽、全身不适，血液检查显示白细胞计数升高。胎儿超声检查显示生长迟缓、羊水增多。疑似宫内巨细胞病毒感染影响了胎儿健康，提示其发生该病毒感染的指标是羊水中检测到抗巨细胞病毒的
   A．IgG B．IgE C．IgD
   D．IgA E．IgM

32．患者，男，6 岁。出现高热、咳嗽和气促症状。实验室检查显示肺部感染指标升高，疑似肺炎。最可能支持其发生肺部活动性感染的指标是
   A．血清 IgE 水平升高 B．肺炎支原体 IgM 阳性 C．C3 增加
   D．尿白细胞和细菌阳性 E．血清 IgG 水平升高

33．患者，女，49 岁。关节疼痛、肿胀，血沉高、类风湿因子阳性，确诊为类风湿关节炎。其中类风湿因子是针对自身 IgG 产生的，其属于
   A．单克隆抗体 B．隐蔽抗原 C．基因工程抗体
   D．自身抗原 E．自身抗体

34．患者，男，55 岁。近期有发热、干咳等呼吸道症状，考虑新冠病毒感染可能。以下说法不正确的是
   A．患者血清 SARS-CoV-2 IgG 阳性提示目前感染新冠病毒
   B．患者咽拭子 SARS-CoV-2 核酸阳性提示目前感染新冠病毒
   C．需要严密监控患者病情变化
   D．凭临床表现可以确诊患者新冠病毒感染
   E．患者需要保持隔离

35．患者，男，63 岁。被诊断为晚期非小细胞肺癌。检测结果显示肿瘤表达 PD-L1。该患者接受 PD-1 抗体治疗，取得了显著效果。以下说法不正确的是
   A．PD-1 抗体治疗导致了患者肿瘤的缓解
   B．PD-1 抗体通过抑制 PD-1/PD-L1 信号通路，增强免疫细胞的攻击能力
   C．患者的肿瘤 PD-L1 表达状态对 PD-1 抗体治疗的疗效有影响
   D．PD-1 抗体治疗后，李先生出现了严重的不良反应
   E．患者将继续接受定期监测和随访，以确保病情的稳定和治疗效果的持续

B 型题

（36～40 题共用备选答案）

　　A．IgM　　　　　　B．IgE　　　　　　C．IgD
　　D．SIgA　　　　　 E．IgG

36．可以作为弓形虫早期感染证据的抗体类型是
37．血浆中含量最高的抗体是
38．可以通过胎盘的是
39．在黏膜免疫中发挥主要作用的是
40．亲细胞型抗体是

（41～45 题共用备选答案）

　　A．中和作用　　　　B．调理作用　　　　C．ADCC
　　D．被动免疫　　　　E．激活补体

41．阻止病毒与宿主靶细胞结合使其不能进一步感染和扩散是抗体的
42．新生儿获得抗感染免疫的重要途径是
43．IgG Fc 段与 NK 细胞上 FcγR Ⅲ 结合触发的靶细胞死亡属于
44．抗体介导巨噬细胞吞噬病原微生物属于
45．五聚体 IgM 高效抗感染功能主要依赖于

三、问答题

1．试述抗体的基本结构、功能区及其主要功能。
2．简述抗体的主要生物学功能。
3．简述木瓜蛋白酶和胃蛋白酶对 IgG 的水解作用及其裂解片段的生物学活性。
4．简述 SIgA 的产生和分泌过程，及其介导的免疫保护作用。
5．简述单克隆抗体的制备方法及其在生物医学中的应用。

参考答案与解析

一、名词解释

1．抗体（antibody，Ab）：指机体免疫系统在抗原刺激下，由 B 细胞增殖分化为浆细胞后产生的一类能与相应抗原特异性结合介导体液免疫效应的球蛋白，又称免疫球蛋白（immunoglobulin，Ig）。

2．超变区（hypervariable region，HVR）：重链和轻链可变区结构域中有 3 个特定区段内的氨基酸组成和排列顺序高度多变，称为超变区，分别用 HVR1、HVR2 和 HVR3 表示。

3．骨架区（framework region，FR）：抗体可变区中 HVR 之外的氨基酸组成和排列顺序相对稳定、不易变化，称为骨架区（FR）。

4．铰链区（hinge regin）：位于 CH1 与 CH2 功能区之间，富含脯氨酸，有较好的柔韧性，可调节抗体"Y"型两臂间距使其互补决定区同时与抗原分子表面两个相同的抗原表位结合。

5．分泌片（secretory piece，SP）：是由黏膜上皮细胞合成分泌的一种糖肽链，又称分泌成分（secretory component，SC），是 SIgA 的重要组成部分，可介导 IgA 二聚体从黏膜下转运至黏膜表面，并保护 SIgA 不被黏膜表面的蛋白酶水解。

6．抗体的同种异型（allotype）：指同一种属不同个体间同一类型抗体分子恒定区所具有的不同的抗原特异性标志，为个体型标志。同种异型抗原表位存在于抗体重链或轻链恒定区内，是因一个或数个氨基酸残基出现差异所致。

7．抗体的调理作用（opsonization）：是指 IgG 类抗体通过其互补决定区与病原菌等颗粒性抗原特异性结合后，再通过其 Fc 段与巨噬细胞或中性粒细胞表面 IgG Fc 受体（FcγR）结合，介导产生促进吞噬细胞对病原菌吞噬杀伤和消化降解的作用。

8．抗体依赖性细胞介导的细胞毒作用（antibody dependent cell-mediated cytotoxicity，ADCC）：指 IgG 类抗体与肿瘤或病毒感染靶细胞表面相应抗原表位特异性结合后，再通过其 Fc 段与 NK 细胞或巨噬细胞表面相应 IgG Fc 受体（FcγRⅢ）结合，介导产生的增强或触发上述效应细胞对靶细胞杀伤破坏的作用，简称 ADCC 效应。

9．单克隆抗体（monoclonal antibody，McAb）：通常是指由单一克隆杂交瘤细胞产生的、只识别某一特定抗原表位的特异性抗体。

10．免疫球蛋白超家族（immunoglobulin superfamily，IgSF）：指一类结构和氨基酸组成与免疫球蛋白可变区和（或）恒定区结构域相类似的同源蛋白分子，可介导免疫细胞间的黏附、相互作用和信号转导。

二、选择题

1．C 2．A 3．B 4．A 5．D 6．E 7．C 8．C 9．E 10．C 11．B
12．E 13．D 14．C 15．A 16．D 17．A 18．A 19．A 20．D 21．E
22．D 23．E 24．B 25．E 26．E 27．D 28．C 29．D 30．A 31．E
32．B 33．E 34．A 35．D 36．A 37．D 38．E 39．D 40．B 41．A
42．D 43．C 44．B 45．E

解析：

1．IgM 类抗体与病原体等颗粒性抗原特异性结合后，可因其构象改变而使位于 CH3 的补体结合位点暴露；此时 C1 大分子通过其 C1q 中两个或两个以上球形识别功能区与上述抗体分子中相应补体结合点"桥联"结合，可使与 C1q 相连的 C1r 和 C1s 相继活化。

2．Fab 段是抗体分子中的一个结构域，包括抗原结合部位，其主要功能就是与抗原特异性结合，进行抗原 - 抗体的识别和结合反应。

3．IgM 是与抗原结合后能激活补体经典途径的免疫球蛋白。IgM 具有特殊的结构，可以形成五聚体或六聚体，这种复合物有助于有效地激活补体系统。IgG4 是 IgG 亚型的一种，在激活补体系统方面的能力较弱。

4．ADCC 是指 IgG 类抗体与肿瘤或病毒感染靶细胞表面相应抗原表位特异性结合后，再通过其 Fc 段与 NK 细胞或巨噬细胞表面相应 IgG Fc 受体（FcγRⅢ）结合，介导产生的增强或触发上述效应细胞对靶细胞杀伤破坏的作用。

5．免疫球蛋白（抗体）可以通过各种机制在机体的免疫应答中发挥重要作用，如中和外毒素、通过经典途径激活补体、调理作用和 ADCC。然而，抗体并不直接参与Ⅳ型超敏反应,因为Ⅳ型超敏反应主要是由T淋巴细胞介导的细胞免疫应答。

6．重链（H链）和轻链（L链）的V区共同与抗原决定簇（表位）结合。

7．IgE在机体Ⅰ型超敏反应中发挥着关键作用。当特定抗原与特异性IgE抗体结合时，会激活肥大细胞或嗜碱性粒细胞，释放生物活性物质，引发Ⅰ型超敏反应，如过敏性鼻炎、哮喘等。

8．IgM可形成多聚体，其结合多个抗原，形成大分子复合物，有利于有效激活补体经典途径。当IgM与抗原结合时，其Fc部分能够与补体蛋白结合，促使补体系统激活。

9．新生儿通过自然被动免疫可以从母体获得的免疫球蛋白主要是IgG和SIgA。IgG能够穿过胎盘，向胎儿提供免疫保护，而SIgA通过乳汁传递给婴儿，起到保护作用。

10．动物免疫血清对人类而言既是抗原，又是抗体。免疫血清内含有动物产生的抗体，对人类（异种）来说，这些抗体就是抗原，可以引发人体免疫系统产生反应，同时也可以作为抗体针对人体内的抗原起作用。因此，动物免疫血清对人类来说既是抗原，又是抗体。

11．IgM在个体发育的早期阶段就可以产生，IgM不能通过胎盘到达胎儿体内，故脐带血中的IgM为胎儿产生，提示宫内感染。

12．重链的命名根据不同的类别而有所不同，抗体的重链共有5类，IgG的重链被称为γ链。

13．J链是由浆细胞合成的一条富含半胱氨酸的多肽链，其主要功能是将某些类别抗体单体分子连接成为二聚体或多聚体。

14．同种异型是指同一种属不同个体间同一类型抗体分子恒定区所具有的不同的抗原特异性标志，为个体型标志。同种异型抗原表位存在于抗体重链或轻链恒定区内，是因一个或数个氨基酸残基出现差异所致。目前仅在IgG、IgA重链恒定区和κ型轻链恒定区中发现有同种异型抗原标志。

15．IgE为亲细胞性抗体，可通过其CH2/CH3与肥大细胞或嗜碱性粒细胞表面相应受体（FcεRI）结合而使上述效应细胞致敏，当致敏效应细胞通过表面IgE与相应抗原"桥联"结合后，可使其活化产生组胺和白三烯等生物活性介质引发Ⅰ型超敏反应。

16．胃蛋白酶水解后产生的大分子片段是F(ab')$_2$，由两个Fab组成，具有双价抗体活性；小分子片段是pFc'，无生物学活性。

17．分泌片是由黏膜上皮细胞合成，而不是由黏膜下浆细胞合成。

18．抗体的亲和力是指抗体与抗原特异性结合的强度，由抗体与抗原之间的非共价键（如氢键、疏水作用、范德华力等）数量和匹配度决定。

19．同种异型是指同一种属不同个体间同一类型抗体分子恒定区所具有的不同的抗原特异性标志，为个体型标志。同种异型抗原表位存在于抗体重链或轻链恒定区内，是因一个或数个氨基酸残基出现差异所致。

20．独特型是指同一种属或同一个体不同B细胞克隆产生的抗体分子可变区所独有的抗原特异性标志，为细胞型标志。

21．膜型IgD（mIgD）是表达于B细胞表面的具有抗原识别结合功能的受体分子，也是B细胞发育分化的标志：未成熟B细胞只表达mIgM，成熟B细胞同时表达mIgM和mIgD，活化B细胞或记忆B细胞表面mIgD逐渐消失。

22．在Ig重链胚系基因的重排过程中，首先发生D-J的重排，然后才发生V-D-J的重排。最初表达的是μ链，而不是γ链mRNA。γ链的表达发生在后续的类别转换过程中。因此，选项 D 是表述错误的。其他选项描述了 Ig 重链胚系基因的典型重排过程，包括重组酶的参与、V-D-J 重排顺序、重排过程中可能出现的核苷酸插入和缺失。

23．单克隆抗体通常是从体外培养的杂交瘤细胞中获得的，而不是从动物免疫血清中直接纯化获得的。单克隆抗体具有高度的特异性和敏感性，可以用于纯化抗原、临床检测以及靶向治疗疾病，且通常具有较少的交叉反应。

24．重链和轻链可变区结构域中有 3 个特定区段内的氨基酸组成和排列顺序高度多变，称为超变区。

25．抗体可人工制备。

26．木瓜蛋白酶可在 IgG 重链铰链区链间二硫键近氨基端将其水解为 3 个片段，即 2 个完全相同的 Fab 和 1 个 Fc。

27．SIgA 能够穿过黏膜上皮细胞到达黏膜表面发挥抗感染免疫作用。

28．根据抗体轻链恒定区肽链氨基酸组成和免疫原性的不同，可将其分为 κ 和 λ 两型，λ 型轻链因其恒定区内某些氨基酸存在差异，又可分为 λ1、λ2、λ3 和 λ4 4 个亚型。

29．抗体是机体免疫系统在抗原刺激下，由 B 细胞增殖分化为浆细胞后产生的一类能与相应抗原特异性结合介导体液免疫效应的球蛋白。

30．注射狂犬病毒免疫球蛋白的主要作用是发挥中和作用。狂犬病毒免疫球蛋白能够中和体内已经进入的狂犬病毒，阻止其进一步感染细胞，从而起到保护作用。

31．IgM 是一种早期产生的抗体，其存在表明机体最近曾接触到相关病原体。因此，在怀孕期间，如果在羊水中检测到 IgM 巨细胞病毒抗体，可以作为诊断胎儿宫内感染的重要依据。

32．在疑似肺部感染的情况下，肺炎支原体 IgM 阳性的结果支持肺部活动性感染的诊断。肺炎支原体 IgM 抗体的阳性反应表明机体最近感染了肺炎支原体，可能正在被该病原体引起肺部感染。其他选项中，血清 IgE 升高通常与过敏反应相关，C3 增加可能提示炎症过程，尿白细胞和细菌阳性反应提示尿路感染，而血 IgG 水平增加可能反映慢性感染或曾经暴露于病原体。因此，在此情况下，选项 B，肺炎支原体 IgM 阳性，是支持肺部活动性感染诊断的关键指标。

33．类风湿因子是由免疫系统产生的自身抗体，是针对自身免疫系统中的免疫球蛋白（IgG）产生的抗体，因此属于自身抗体的范畴，答案为 E。其他选项中，单克隆抗体是由单一克隆的 B 细胞产生的抗体；隐蔽抗原指的是免疫系统尚未暴露、识别的抗原；基因工程抗体是通过基因工程技术合成的抗体；自身抗原是指存在于自身体内的抗原，可引发自身免疫反应。

34．SARS-CoV-2 IgG 阳性表示患者既往感染或者接种过疫苗，但不代表目前感染。

35．PD-1 抗体治疗可以通过抑制 PD-1 蛋白与其配体 PD-L1 相互作用，阻止 PD-1/PD-L1 信号通路的抑制作用，从而增强免疫细胞对肿瘤细胞的攻击，导致肿瘤缓解。患者肿瘤 PD-L1 表达状态对 PD-1 抗体治疗的疗效有影响，高 PD-L1 表达可能预示着更好的治疗效果，因为 PD-L1 与 PD-1 的结合会抑制 T 细胞的免疫活性。PD-1 抗体治疗的主要作用是通过增强免疫细胞的攻击能力来抑制肿瘤生长，而未必会引起严重的不良反应。

36．IgM 是初次体液免疫应答中最早产生的抗体，血清中检出某种病原体特异性 IgM 或其水平升高提示患者近期发生感染，可作为弓形虫早期感染的证据。

37．IgG 含量居五类抗体之首，占血清抗体总量的 75%～80%。

38．IgG 类抗体可通过其 Fc 段选择性地与胎盘母体一侧滋养层细胞表面相应受体结合，进而穿过胎盘进入胎儿体内发挥抗感染免疫作用。

39．SIgA 能够穿过黏膜上皮细胞到达黏膜表面发挥抗感染免疫作用。

40．IgE 为亲细胞性抗体，其 Fc 段与肥大细胞/嗜碱性粒细胞表面的 FcεRⅠ 结合而使上述效应细胞处于致敏状态，引发 Ⅰ 型超敏反应。

41．抗体的中和作用是指 IgG/IgM 类抗体能与相应病毒特异性结合，并通过对病毒表面亲细胞分子的封闭作用阻止病毒与宿主靶细胞结合使其不能进一步感染和扩散，进而在体内补体系统、中性粒细胞和相关酶类参与作用下将病毒裂解破坏。

42．被动免疫是指抗体能够穿过胎盘屏障和黏膜，对新生儿抗感染具有重要意义。

43．ADCC 是指 IgG 类抗体与肿瘤或病毒感染靶细胞表面相应抗原表位特异性结合后，再通过其 Fc 段与 NK 细胞或巨噬细胞表面相应 IgG Fc 受体结合，介导产生的增强或触发上述效应细胞对靶细胞杀伤破坏的作用。

44．调理作用是指 IgG 类抗体通过其互补决定区与病原菌等颗粒性抗原特异性结合后，再通过其 Fc 段与巨噬细胞或中性粒细胞表面 IgG Fc 受体结合，介导促进吞噬细胞对病原菌吞噬杀伤和消化降解的作用。

45．激活补体作用是指 IgG 或 IgM 可与病原菌表面抗原表位"桥联"结合，使其补体结合点暴露导致 C1 活化，引发补体级联酶促反应，形成攻膜复合物而使菌细胞溶解破坏。

三、问答题

1．试述抗体的基本结构、功能区及其主要功能。

【参考答案】（1）抗体的基本结构：抗体（单体）是由两条相同的重链和两条相同的轻链通过链间二硫键连接组成的一个呈"Y"字形的四肽链分子。重链由 450～550 个氨基酸残基组成，分子量为 50～75 kD；轻链分子量约为 25 kD，由 214 个氨基酸残基组成。抗体重链近 N 端 1/4 或 1/5 区段内和轻链近 N 端 1/2 区段内，约 110 个氨基酸残基的组成和排列顺序多变，称为可变区（V 区），其余近羧基端（C 端）的氨基酸残基组成和排列顺序相对稳定，称为恒定区（C 区）。重链和轻链可变区结构域中有 3 个特定区段内的氨基酸组成和排列顺序高度多变，称为超变区（HVR）。重链和轻链可变区内 3 个超变区共同组成抗体分子的抗原结合部位，又称互补决定区。抗体可变区中 HVR 之外的氨基酸组成和排列顺序相对稳定、不易变化，称为骨架区。

（2）抗体功能区及其主要功能：抗体轻链包含 VL 和 CL 2 个功能区；IgG、IgA、IgD 的重链有 VH、CH1、CH2 和 CH3 4 个功能区；IgM 和 IgE 的重链有 5 个功能区，即比 IgG、IgA 和 IgD 多 1 个 CH4 功能区。各功能区主要作用如下：① VH 和 VL 中的 HVR（CDR）是与抗原表位特异性结合的区域；② CH 和 CL 具有抗体同种异型遗传标志；③ IgG 的 CH2 和 IgM 的 CH3 具有补体 C1q 结合点，可参与补体经典途径的激活；④ IgG 的 CH2 可介导 IgG 通过胎盘；⑤ IgG 的 CH3 和 IgE 的 CH2/CH3 能与具有相应 Fc 受体的吞噬细胞、NK 细胞、肥大细胞和嗜碱性粒细胞结合，介导产生不同的生物学效应。

2．简述抗体的主要生物学功能。

【参考答案】①阻止病原体入侵和中和作用：包括阻止病原体入侵、中和细菌毒素以及中和病毒；②激活补体产生攻膜复合物，使菌细胞溶解破坏作用；③调理作用和抗体依赖性细胞介导的细胞毒作用；④穿过胎盘屏障和黏膜作用，包括 IgG 穿过胎盘屏障发挥抗感染免疫作用以及分泌型 IgA 穿过黏膜发挥抗感染免疫作用；⑤IgE 介导的 I 型超敏反应。

3．简述木瓜蛋白酶和胃蛋白酶对 IgG 的水解作用及其裂解片段的生物学活性。

【参考答案】（1）木瓜蛋白酶水解片段：木瓜蛋白酶可在 IgG 重链铰链区链间二硫键近氨基端将其水解为 3 个片段：即 2 个完全相同的 Fab 片段和 1 个 Fc 段。每个 Fab 片段具有单价抗体活性，与相应抗原结合后不能形成大分子免疫复合物；Fc 中的 CH2 和 CH3 功能区能与补体或效应细胞表面的受体结合。IgG 同种型抗原表位主要存在于 Fc 段，用人 IgG 免疫动物可获得抗人 IgG Fc 特异性第二抗体。

（2）胃蛋白酶水解片段：胃蛋白酶可在 IgG 重链铰链区链间二硫键近羧基端将其水解为一个大分子 F(ab')$_2$ 片段和若干 pFc' 小分子片段。F(ab')$_2$ 由铰链区链间二硫键连接的两个 Fab 组成，该片段具有双价抗体活性；小分子 pFc' 片段无生物学活性。胃蛋白酶水解破伤风抗毒素等抗体制剂获得 F(ab')$_2$ 用于临床，不仅可保留上述抗体中和毒素等治疗作用，还可大大减少抗体 Fc 所含同种型抗原表位可能引起的副作用和过敏反应。

4．简述 SIgA 的产生和分泌过程，及其介导的免疫保护作用。

【参考答案】（1）SIgA 的产生和分泌过程：①黏膜固有层中浆细胞合成分泌的 IgA 二聚体首先与黏膜上皮细胞基底侧表面多聚免疫球蛋白受体（poly-Ig receptor，pIgR）结合形成 IgA-pIgR 复合体；②经细胞内吞形成转运小体后，在蛋白水解酶作用下使其内 pIgR 断裂产生由分泌片与 IgA 二聚体结合形成的 SIgA；③通过胞吐作用将 SIgA 分泌到黏膜表面。

（2）SIgA 的免疫保护作用：SIgA 能够穿过黏膜上皮细胞到达黏膜表面发挥抗感染免疫作用。新生儿易患呼吸道、消化道感染性疾病可能与其自身 SIgA 尚未合成有关，但新生儿/婴儿可从母乳中被动获得抗感染所需的 SIgA，因此应大力提倡母乳喂养。

5．简述单克隆抗体的制备方法及其在生物医学中的应用。

【参考答案】（1）制备方法：单克隆抗体通常是指由单一克隆杂交瘤细胞产生的、只识别某一特定抗原表位的特异性抗体。其制备方法为使用抗原免疫小鼠，分离脾细胞（B 细胞），在体外与小鼠骨髓瘤细胞在聚乙二醇作用下融合而成杂交瘤细胞，将上述杂交瘤细胞株体外培养扩增或接种于小鼠腹腔，即可从培养上清液或腹水中获得相应单克隆抗体。

（2）应用：①用单克隆抗体代替多克隆抗体能克服交叉反应，提高免疫学实验的特异性和敏感性；②用单克隆抗体制备亲和层析柱，可分离纯化含量极低的可溶性抗原，如激素、细胞因子和难以纯化的肿瘤抗原等；③用识别细胞表面特异性标志的单克隆抗体与荧光素结合后，可对免疫细胞进行快速、准确鉴定和分类；④将识别肿瘤抗原的单克隆抗体与抗肿瘤药物、毒素或放射性物质偶联构建"生物导弹"，可用于肿瘤的临床治疗。

（赵铁锁　王　佳）

第四章 补体系统

一、名词解释

1. 补体系统（complement system）
2. 攻膜复合物（membrane attack complex，MAC）
3. 甘露糖结合凝集素（mannose-binding lectin，MBL）
4. 经典途径（classical pathway，CP）
5. 旁路途径（alternative pathway，AP）
6. C4 结合蛋白（C4-binding protein，C4bp）
7. 补体受体 1（complement receptor 1，CR1）
8. 补体依赖的细胞毒作用（complement dependent cytotoxicity，CDC）
9. 非特异性调理素（nonspecific opsonin）
10. 遗传性血管神经性水肿（hereditary angioneurotic edema，HANE）

二、选择题

A 型题

1. IgG 分子中能与 C1q 结合的功能区是
   A. CH1　　　　　　　B. CH2　　　　　　　C. CH3
   D. CH4　　　　　　　E. VH

2. 患者，男，3 岁。发热 3 天就诊。有反复化脓性细菌感染病史。实验室检查结果：血浆中 B 因子和 C3 含量显著下降。该患儿最可能发生缺陷的补体成分是
   A. B 因子　　　　　　B. D 因子　　　　　　C. I 因子
   D. H 因子　　　　　　E. P 因子

3. 在 0～10℃ 条件下，补体活性能保持
   A. 3～4 min　　　　　B. 3～4 h　　　　　　C. 3～4 天
   D. 3～4 周　　　　　　E. 3～4 月

4. 人血清中含量最低的补体组分是
   A. C1q　　　　　　　B. D 因子　　　　　　C. I 因子
   D. C5　　　　　　　　E. C3

5. 长期保存补体时，需要冷冻干燥或者将其保存在
   A. 室温　　　　　　　B. 18～22℃　　　　　C. 4～10℃

D. 0～4℃ E. −20℃以下
6. 将补体置于下列条件下，可导致其失活的是
   A. 蒸馏水 B. 生理盐水 C. PBS 溶液
   D. RPMI1640 培养液 E. 10% 氢氧化钠溶液
7. 组成完整 C1 分子的 C1q 三聚体亚单位数量是
   A. 2 个 B. 4 个 C. 6 个
   D. 8 个 E. 10 个
8. 参与补体经典激活途径的第一个组分是
   A. C1 B. C3 C. MBL
   D. MASP E. B 因子
9. C1 分子在血浆或组织液中主要存在的方式是
   A. $C1q_1r_2s_2$ B. $C1q_1r_3s_2$ C. $C1q_2r_2s_2$
   D. $C1q_2r_3s_3$ E. $C1q_3r_3s_2$
10. 活化的 C1 可裂解 C4 生成 C4a 和 C4b 2 个片段，这使其具有
    A. 酪氨酸蛋白激酶活性 B. 酪氨酸蛋白酶活性 C. 丝氨酸蛋白酶活性
    D. 丝氨酸蛋白激酶活性 E. 酪氨酸磷酸酶活性
11. 液相中的 C2 分子与免疫复合物或细胞表面的 C4b 结合后可被活化的 C1s 裂解，此时需要的离子是
    A. 钠离子 B. 钾离子 C. 氯离子
    D. 钙离子 E. 镁离子
12. 能够与 B 细胞表面 CD21 结合的补体片段是
    A. C3a B. C3b C. C3c
    D. C3d E. C3e
13. 除了某些血细胞外，纤维胶原素 1（M-FCN）主要来自
    A. 肝 B. 肺 C. 肾
    D. 心 E. 脑
14. 与活化后的 MASP2 作用方式完全相同，完成后续补体级联酶促反应的是活化后的
    A. C1s B. C2 C. C4
    D. C5 E. C9
15. 备解素是指
    A. B 因子 B. D 因子 C. I 因子
    D. H 因子 E. P 因子
16. 可通过其裂解产物与活化 MBL/FCN-MASP1/2 复合大分子中 MASP1/2 复合体结合，并使之失活，从而对凝集素途径产生抑制作用的补体调节因子是
    A. C1INH B. C4bp C. DAF
    D. MCP E. CR1
17. 衰变加速因子（decay accelerating factor, DAF）广泛分布于血细胞、内皮细胞和黏膜上皮细胞表面，也被称为
    A. CD25 B. CD35 C. CD45
    D. CD55 E. CD65

18. 主要表达于正常人红细胞、中性粒细胞、单核细胞和淋巴细胞等血细胞表面，并可通过干扰 C9 与 C5b678 复合物中 C8 分子的结合，从而抑制补体对上述血细胞的细胞毒作用，并保护这些细胞不会因为体内补体系统激活而被溶解破坏的分子是
    A．C1INH B．MCP C．DAF
    D．C8bp E．CR1

19. 膜反应性溶解抑制物（MIRL）广泛分布于正常组织细胞和血细胞表面，可通过干扰和抑制攻膜复合物（C5b6789）的形成，从而避免自身组织和血细胞被活化的补体溶解和破坏，该分子也被称为
    A．CD19 B．CD39 C．CD59
    D．CD69 E．CD79

20. 可携带循环免疫复合物并将其运送到肝/脾，介导免疫黏附作用从而清除循环免疫复合物的主要细胞是
    A．红细胞 B．中性粒细胞 C．T 细胞
    D．B 细胞 E．单核细胞

21. 下列分子中，被称为过敏毒素的是
    A．C3a B．C3b C．C3c
    D．C3d E．C3e

22. 可促进中性粒细胞与血管内皮细胞黏附外渗，并将其招募至感染炎症部位发挥抗感染免疫作用的分子是
    A．C1q B．C2b C．C3d
    D．C4bp E．C5a

23. 参与补体经典激活途径的补体固有成分的数量是
    A．3 个 B．5 个 C．7 个
    D．9 个 E．15 个

24. 补体经典激活途径中，抗原-抗体复合物中需要的 IgM 分子数量是
    A．1 个 B．2 个 C．3 个
    D．4 个 E．5 个

25. 补体经典激活途径中的 C3 转化酶是
    A．C4b2a B．C1s C．C4b2a3b
    D．C3bBb E．C3bBbC3b

26. 补体旁路激活途径中，C3 转化酶 C3bBb 复合物中 Bb 片段具有的活性是
    A．酪氨酸蛋白激酶活性 B．酪氨酸蛋白酶活性 C．丝氨酸蛋白酶活性
    D．丝氨酸蛋白激酶活性 E．酪氨酸磷酸酶活性

27. D 因子具有的酶活性是
    A．酪氨酸蛋白激酶活性 B．酪氨酸蛋白酶活性 C．丝氨酸蛋白酶活性
    D．丝氨酸蛋白激酶活性 E．酪氨酸磷酸酶活性

28. 可稳定旁路激活途径中 C3 转化酶的分子是
    A．B 因子 B．D 因子 C．I 因子
    D．H 因子 E．P 因子

29. 补体旁路激活途径中的 C5 转化酶是

A. C4b2a B. D因子 C. C4b2a3b
D. C3bBb E. C3bBb3b

30. 在补体凝集素途径中，C3 转化酶的组成是
A. C4b2a B. MASP C. C4b2a3b
D. C3bBb E. MBL

31. 患者，女，12 岁。4 年前曾被诊断为"再生障碍性贫血"，口服药物治疗，病情无好转。5 天前患儿受凉后出现发热，伴酱油色尿和乏力。实验室检查示：Hb 53 g/L，严重贫血；网织红细胞升高。尿常规：尿蛋白（+++），红细胞（+++）。Ham 试验、尿含铁血黄素试验均阳性。血清总胆红素和间接胆红素升高。该患者最可能发生异常的细胞膜表面分子是
A. CD25 B. CD35 C. CD45
D. CD55 E. CD65

32. 患者，男，19 岁。因无尿伴血肌酐增高 3 天就诊。患者 3 天前无明显诱因出现发热，并伴有无尿。查体：心、肺、腹查体未见明显异常阳性体征。双下肢无水肿。实验室检查：血肌酐 671 μmol/L，给予抗感染对症处理后患者持续无尿状态。行肾穿刺活检，病理提示毛细血管内增生性肾小球肾炎，免疫荧光可见补体片段的沉积。该补体片段最可能来自
A. C1 B. C2 C. C3
D. C4 E. C5

33. 患者，男，35 岁。既往体健。3 个月前因感冒后出现四肢无力、易劳累，于医院就诊。实验室检查：抗乙酰胆碱受体抗体阳性，经诊断为重症肌无力。医生建议患者使用抗补体成分的单克隆抗体治疗，该抗体最可能靶向的分子是
A. C1 B. C2 C. C3
D. C4 E. C5

34. 患者，女，38 岁。因间断发热 10 天，发现血小板减少 5 天入院。患者自诉 10 天前无明显诱因出现发热，最高体温 39.3℃，咳嗽无痰，伴头痛。血常规：血小板（Plt）计数 60×10^9/L，红细胞沉降率（ESR）99 mm/h。发病以来乏力、胸闷、腹胀、双下肢水肿、尿量减少。皮肤可见紫癜。有系统性红斑狼疮病史 16 年余，口服泼尼松 5 mg 控制病情。该患者下列指标中最可能出现下降的是
A. CRP B. 血沉 C. 血肌酐
D. C3 E. 胆红素

35. 患者，男，28 岁。因晨起时发现酱油色尿就诊。血常规可见血红蛋白显著降低，尿含铁血黄素试验阳性，血总胆红素及间接胆红素水平显著升高。诊断为阵发性睡眠性血红蛋白尿。医生建议使用单克隆抗体药物治疗，该单克隆抗体最可能靶向的是
A. CRP B. CD20 C. 红细胞血型抗原
D. C5 E. B因子

B 型题

(36 ~ 40 题共用备选答案)
A. C1 B. C2 C. C3

D．C1INH E．D因子

36．补体经典激活途径中特有的成分是
37．血浆中含量最高的补体成分是
38．参与补体经典激活途径中 C3 转化酶组成的是
39．与遗传性血管神经性水肿发病有关的补体缺陷成分是
40．分子量最小的补体成分是

（41～45题共用备选答案）

A．B因子 B．D因子 C．H因子
D．I因子 E．P因子

41．血浆中含量最低的补体成分是
42．参与旁路途径中不稳定 C3 转化酶组成的是
43．可稳定旁路途径中 C3 转化酶的是
44．可直接灭活经典/凝集素或旁路途径 C3 转化酶的是
45．可与 C3b 结合并促进其裂解失活的是

（46～50题共用备选答案）

A．C1 B．C2 C．C3
D．C4 E．C5

46．补体活化凝集素途径中不涉及的成分是
47．参与组成攻膜复合物的成分是
48．补体经典激活途径中第二个被激活的成分是
49．补体经典激活途径中第三个被激活的成分是
50．参与补体正反馈放大环路的成分是

三、问答题

1．画图说明补体三条途径的激活过程和补体调节蛋白在补体活化过程中的调节作用。
2．简述补体成分的来源及其理化特性。
3．简述补体激活的经典途径。
4．简述补体的生物学功能。
5．简述补体缺陷导致的疾病。

参考答案与解析

一、名词解释

1．补体系统（complement system）：是存在于人或脊椎动物血浆、组织液和细胞膜表面的一组蛋白质，包括数十种可溶性蛋白和膜结合蛋白。通常体内大多数补体组分以无活性的酶原形式存在，只有当病原体或抗原-抗体复合物将其激活后才能发挥生物学作用。

2．攻膜复合物（membrane attack complex，MAC）：C5 转化酶可将 C5 裂解为 C5a 和

C5b 两个片段，大片段 C5b 依次与液相 C6、C7 结合形成 C5b67 复合物，并通过 C7 与相邻细胞非特异性结合后，与 C8 高亲和力结合形成 C5b678 复合物并使细胞膜出现损伤。C5b678 复合物可进一步促进 C9 聚合形成 C5b6789 复合物，即攻膜复合物（MAC）。MAC 在细胞膜上可形成一个亲水性穿膜孔道，使水和电解质通过，但会阻止蛋白质类大分子逸出，最终可因细胞内渗透压改变而使细胞溶解破坏。

3. 甘露糖结合凝集素（mannose-binding lectin，MBL）：主要由肝细胞产生，能够与某些微生物表面的甘露糖等糖类物质结合，继而使 MBL 相关丝氨酸蛋白酶（MASP）活化，依次裂解 C4、C2 形成 C3 转化酶，从而启动补体活化的凝集素途径。

4. 经典途径（classical pathway，CP）：是以抗原-抗体复合物为主要激活物，使补体固有成分以 C1（C1q、C1r、C1s）、C4、C2、C3、C5～C9 顺序发生级联酶促反应，形成 C3/C5 转化酶和攻膜复合物介导产生一系列生物学效应的补体激活途径。

5. 旁路途径（alternative pathway，AP）：是以某些细菌/真菌或细菌脂多糖、酵母多糖、葡聚糖、凝聚的 IgA 或 IgG4 等为激活物直接与液相 C3b 结合后，在 B 因子、D 因子、P 因子参与下形成 C3/C5 转化酶和攻膜复合物介导产生一系列生物学效应的补体活化途径。

6. C4 结合蛋白（C4-binding protein，C4bp）：该蛋白存在于血浆中，具有以下主要作用：①能与 C2 或 B 因子竞争结合液相中的 C4b 或 C3b 片段，对经典/凝集素或旁路途径 C3 转化酶（C4b2a 或 C3bBb 复合物）的形成产生抑制作用；②可将 C2a 从 C4b2a 复合物中置换解离，使经典/凝集素途径 C3 转化酶衰变失活；③作为 I 因子的辅助因子，与 C4b 或 C3b 结合后可促进 I 因子对 C4b 或 C3b 的裂解作用。

7. 补体受体 1（complement receptor 1，CR1）：广泛表达于红细胞及有核细胞表面，具有以下主要作用：①能与结合在自身组织细胞表面的 C4b/C3b 结合，并协助 I 因子将 C4b/C3b 裂解灭活，对经典/凝集素和旁路途径 C3 转化酶的形成产生抑制作用；②能将 C2a 或 Bb 片段从细胞膜上瞬间形成的 C4b2a 或 C3bBb 复合物中置换解离，导致经典/凝集素或旁路途径 C3 转化酶衰变失活。通过上述作用机制可使自身组织细胞不会因补体系统激活而被溶解破坏。

8. 补体依赖的细胞毒作用（complement dependent cytotoxicity，CDC）：补体激活后在肿瘤细胞、某些病原菌和包膜病毒表面形成的攻膜复合物可使上述细胞溶解破坏，此种作用被称为补体依赖的细胞毒作用（CDC）。

9. 非特异性调理素（nonspecific opsonin）：补体裂解片段 C3b/C4b 能通过其断裂端与病原体等颗粒性抗原结合后，被具有相应补体受体 1（C3bR/C4bR）的吞噬细胞识别结合，从而有效促进吞噬细胞对上述病原体等颗粒性抗原的吞噬杀伤或清除作用，因此它们被称为非特异性调理素。

10. 遗传性血管神经性水肿（hereditary angioneurotic edema，HANE）：该病是由 C1 抑制物（C1INH）缺陷所引发的，又称遗传性血管性水肿（hereditary angioedema，HAE）。该病的临床特征为反复发作的局限性皮肤和黏膜水肿，严重者可危及生命。患者出现上述临床症状主要是由于体内 C1 抑制物缺乏、不能有效抑制 C1 活化，导致 C1s 丝氨酸蛋白酶持续过度裂解 C4 和 C2 所致。C2 裂解片段 C2b 在体内可进一步裂解为 C2 激肽，能使毛细血管扩张、通透性增强，从而导致局部皮肤和黏膜出现水肿。

二、选择题

1．B 2．C 3．C 4．B 5．E 6．E 7．C 8．A 9．A 10．C 11．E
12．D 13．B 14．A 15．E 16．A 17．D 18．D 19．C 20．A 21．A
22．E 23．D 24．A 25．A 26．C 27．C 28．E 29．E 30．A 31．D
32．C 33．E 34．D 35．D 36．A 37．C 38．B 39．D 40．E 41．B
42．A 43．E 44．D 45．C 46．A 47．E 48．D 49．B 50．C

解析：

1．C1q 的 C 端球形功能区是与 IgG 重链 CH2 或 IgM 重链 CH3 补体结合点结合的部位。

2．I 因子缺乏不能有效灭活 C3b，导致旁路途径正反馈放大环路异常活化，使 C3 转化酶不断生成并持续裂解 C3，以至 C3 合成不能代偿其消耗，最终导致患者血中 B 因子和 C3 含量显著下降。C3 是补体 3 条激活途径的枢纽，体内缺乏 C3 就会减弱补体介导的溶菌和调理吞噬作用，并由此导致患者抗感染能力下降而反复发生细菌性感染。

3．补体性质不稳定，在 0～10℃条件下，补体活性只能保持 3～4 天。

4．补体各组分含量和分子量差异较大，如血浆中 C3 含量最高（550～1200 mg/L），D 因子含量最低（1～2 mg/L）。

5．补体性质不稳定，56℃水浴 30 min 即可被灭活，在室温下补体也会很快失活；在 0～10℃条件下，补体活性只能保持 3～4 天，故补体应在 –20℃以下或冷冻干燥保存。

6．紫外线照射、机械震荡、强酸、强碱及乙醇等处理可使补体失活。

7．一个完整的 C1q 分子由 6 个完全相同的 C1q 三聚体亚单位组成。

8．抗体复合物是启动经典途径活化的主要物质；C1 是参与启动经典途径活化的第一个补体组分。

9．C1 通常以 $C1q_1r_2s_2$ 复合大分子的形式存在于血浆或体液中。

10．活化后 C1（C1s）具有丝氨酸蛋白酶活性，可裂解 C4 生成 C4a 和 C4b 两个片段。

11．在 Mg^{2+} 存在条件下，液相中的 C2 分子与上述免疫复合物或细胞表面的 C4b 结合后可被活化的 C1s 裂解。

12．C3 裂解为 C3a 和 C3b 两个片段，其中小分子裂解片段 C3a 释放至液相，而 C3b 还可进一步逐级降解为 C3c、C3d 等片段，其中 C3d 是 B 细胞表面 CD21（CR2）识别结合的配体。

13．人有 3 种纤维胶原素，其中纤维胶原素 1（M-FCN）主要由肺和某些血细胞产生。

14．活化后的 MASP2 具有丝氨酸蛋白酶活性，能以与活化后 C1s 完全相同的作用方式完成后续补体级联酶促反应。

15．Bb 能与 C3b 结合形成 C3bBb 复合物，此即非稳定态旁路途径 C3 转化酶，P 因子（备解素）与之结合可形成稳定态旁路途径 C3 转化酶（C3bBbP）。

16．C1 抑制物可通过其裂解产物与活化 MBL/FCN-MASP1/2 复合大分子中的 MASP1/2 复合体结合使之失活，对凝集素途径 C3 转化酶的形成产生抑制作用。

17．衰变加速因子（decay accelerating factor，DAF）也称为 CD55，广泛分布于血细胞、内皮细胞和黏膜上皮细胞表面，通过抑制经典、凝集素或旁路途径中 C3 转化酶的形成，并促进经典、凝集素或旁路途径中 C3 转化酶衰变失活，从而使自身组织细胞不会因补体系统激活而被溶解破坏。

18．C8结合蛋白（C8bp）主要表达于正常人红细胞、中性粒细胞、单核细胞和淋巴细胞等血细胞表面，可通过干扰C9与C5b678复合物中C8分子的结合及C9分子在上述血细胞膜上的聚合对攻膜复合物的形成产生抑制作用，并由此导致上述血细胞不会因为体内补体系统激活而被溶解破坏。

19．膜反应性溶解抑制物（MIRL）也称为CD59，广泛分布于正常组织细胞和血细胞表面，可通过干扰C9与C5b678复合物结合及C9分子在细胞膜上的聚合对攻膜复合物（C5b6789）的形成产生抑制作用，使上述自身组织和血细胞不会因为体内补体系统激活而被溶解破坏。

20．携带循环免疫复合物的红细胞或血小板通过血液循环将免疫复合物运送到肝/脾后，可被表面具有CR1（C3bR/C4bR）和FcγR的巨噬细胞识别结合、有效吞噬清除。这种C3b/C4b介导的免疫黏附作用是体内清除循环免疫复合物的主要途径之一。

21．补体裂解片段C3a和C5a又称过敏毒素（anaphylatoxin），它们能与肥大细胞或嗜碱性粒细胞表面相应受体（C3aR/C5aR）结合，而使上述靶细胞脱颗粒释放组胺和产生白三烯等一系列生物活性介质，引发过敏性炎症反应。

22．C5a可促进中性粒细胞与血管内皮细胞黏附外渗，同时可将外渗的中性粒细胞招募至感染炎症部位并使之活化，进而有效发挥抗感染免疫的作用。

23．经典途径（classical pathway, CP）是以抗原-抗体复合物为主要激活物，使补体固有成分以C1（C1q、C1r、C1s）、C4、C2、C3、C5～C9顺序发生级联酶促反应。

24．一个IgM分子与抗原表面相应表位"桥联"结合即可激活C1；IgG分子则至少需要两个紧密相邻的抗体分子与抗原表面相应表位"桥联"结合方可激活C1。

25．活化后C1（C1s）具有丝氨酸蛋白酶活性，可裂解C4生成C4a和C4b两个片段：其中小片段C4a释放至液相，大片段C4b通过其断裂端非特异结合至相邻抗原-抗体复合物或细胞表面。在Mg^{2+}存在条件下，液相中的C2分子与上述免疫复合物或细胞表面的C4b结合后可被活化的C1s裂解，其小分子裂解片段C2b释放至液相；大片段C2a与免疫复合物或细胞表面C4b结合形成C4b2a复合物，此即经典途径的C3转化酶。

26．D因子是一种血浆蛋白酶，可将$C3(H_2O)$B复合物中的B因子裂解为Ba和Bb两个片段：其中小分子Ba游离至液相中，大分子Bb片段能与$C3(H_2O)$结合形成$C3(H_2O)$Bb复合物，此即液相C3转化酶，其中Bb片段具有丝氨酸蛋白酶活性，可缓慢持久裂解液相C3产生一定量液相C3b分子。

27．D因子具有丝氨酸蛋白酶活性，可将C3bB复合物中B因子裂解为Ba和Bb两个片段：其中小片段Ba释放至液相中。

28．Bb能与C3b结合形成C3bBb复合物，即非稳定态旁路途径C3转化酶，P因子（备解素）与之结合可形成稳定态旁路途径C3转化酶（C3bBbP）。

29．C3裂解为C3a和C3b两个片段：其中具有过敏毒素作用的小片段C3a释放至液相；大片段C3b中有些能与C3bBb复合物结合形成C3bBb3b复合物，此即旁路途径C5转化酶。

30．活化后MASP2具有丝氨酸蛋白酶活性，能以与活化后C1s完全相同的作用方式完成后续补体级联酶促反应，最终形成C5b6789攻膜复合物导致病原体溶解破坏。因此，经典激活途径和凝集素活化途径的C3转化酶都是C4b2a。

31．根据该患者的病情，可诊断为阵发性睡眠性血红蛋白尿。衰变加速因子（decay accelerating factor, DAF）也称为CD55，广泛分布于血细胞、内皮细胞和黏膜上皮细胞表面，可抑制经典、凝集素或旁路途径中 C3 转化酶的形成，并促进经典、凝集素或旁路途径中 C3 转化酶衰变失活，从而使自身组织细胞不会因补体系统激活而被溶解破坏。如果 CD55 分子功能异常，就可能会引起阵发性睡眠性血红蛋白尿。

32．通过该患者的病情，可诊断其发生了链球菌感染后肾小球肾炎，其机制是链球菌存在的异嗜性抗原刺激患者产生的抗体，在体内形成抗原－抗体复合物（IC），沉积于肾小球血管壁，通过经典途径激活补体，活化 C3，产生的 C3 片段与沉积的 IC 结合，故可在肾活检的病理中检测出 C3 的沉积。

33．抗 C5 单克隆抗体已被批准用于治疗抗乙酰胆碱受体抗体阳性的全身重症肌无力患者。

34．该患者罹患系统性红斑狼疮，体内含有致病性的免疫复合物（IC），IC 可通过激活补体经典途径，生成 C3 转化酶持续裂解 C3，以至 C3 合成不能代偿其消耗，最终导致患者血中 C3 含量显著下降。

35．抗 C5 单克隆抗体已被批准用于治疗阵发性睡眠性血红蛋白尿。

36．补体经典途径的启动依赖于 C1 复合物（C1q、C1r、C1s），这是经典途径特有的成分，其他途径（如旁路途径或凝集素途径）不依赖 C1 复合物。

37．C3 是血浆中含量最高的补体成分，在补体激活的所有途径（经典、旁路、凝集素途径）中都起核心作用。

38．在经典途径中，C2 被 C1s 裂解为 C2a 和 C2b，C2a 与 C4b 结合形成 C4b2a，即 C3 转化酶。

39．遗传性血管神经性水肿（HAE）是由于 C1 抑制剂（C1INH）缺乏或功能缺陷引起的。C1INH 的缺乏导致补体经典途径和激肽系统的过度激活，引发血管通透性增加和水肿。

40．D 因子是补体旁路途径中的一种丝氨酸蛋白酶，分子量约为 24 kD，是补体系统中分子量最小的成分。

41．D 因子是补体旁路途径中的一种丝氨酸蛋白酶，在血浆中浓度极低（1～2 μg/mL），是补体系统中含量最低的成分。

42．在旁路途径中，C3 转化酶由 C3b 和 Bb 组成，其中 Bb 是 B 因子被 D 因子裂解后的活性片段。

43．P 因子（备解素）能够与 C3bBb 结合，稳定旁路途径中的 C3 转化酶，延长其半衰期并增强其活性。没有 P 因子时，C3bBb 会迅速解离失活。

44．I 因子是一种丝氨酸蛋白酶，能够裂解 C3b 和 C4b，从而灭活经典途径、凝集素途径和旁路途径中的 C3 转化酶（C4b2a 和 C3bBb）。

45．H 因子是 I 因子的辅助因子，能够与 C3b 结合并促进 I 因子对 C3b 的裂解，从而灭活 C3b 并抑制补体激活。

46．凝集素途径由甘露糖结合凝集素（MBL）或纤维胶凝蛋白（ficolins）启动，直接激活 C4 和 C2，不依赖 C1 复合物（C1q、C1r、C1s）。

47．攻膜复合物（MAC）由 C5b、C6、C7、C8 和多个 C9 分子组成。C5 被裂解为 C5a 和 C5b，C5b 是 MAC 形成的起始成分，因此 C5 是参与 MAC 组成的关键成分。

48．补体经典激活途径是以抗原－抗体复合物为主要激活物，使补体固有成分以 C1（C1q、C1r、C1s）、C4、C2、C3、C5～C9 顺序发生级联酶促反应。因此，C4 是第二个被激活的成分。

49．参考 48 题解析。因此，C2 是第三个被激活的成分。

50．补体正反馈放大环路主要发生在旁路途径中，C3b 与 B 因子结合形成 C3 转化酶（C3bBb），进一步裂解更多的 C3，生成更多的 C3b，形成正反馈环路。

三、问答题

1．画图说明补体三条途径的激活过程和补体调节蛋白在补体活化过程中的调节作用。

【参考答案】

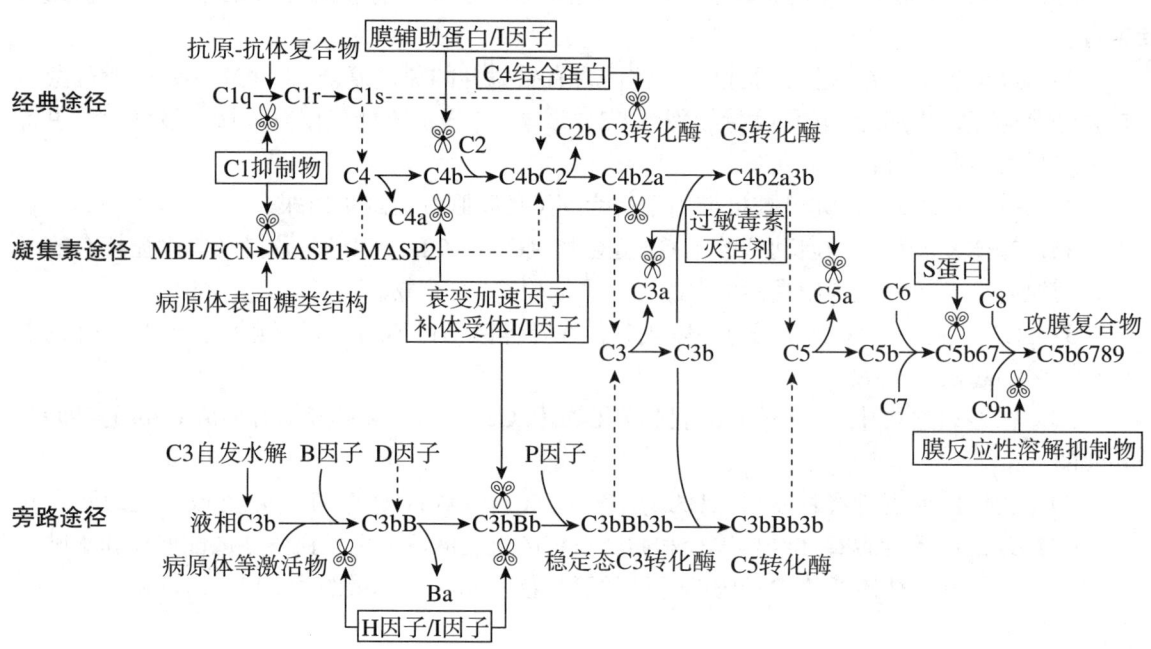

2．简述补体成分的来源及其理化特性。

【参考答案】血浆中补体固有成分主要由肝细胞合成分泌，炎症部位补体成分主要由巨噬细胞合成分泌，C1 则主要由肠黏膜上皮细胞和内皮细胞产生。正常情况下，血清补体固有成分含量相对稳定，约占血浆球蛋白总量的 10%；在感染和组织损伤状态下，血浆某些补体组分（如 MBL 等）含量升高。补体各组分含量和分子量差异较大，如血浆中 C3 含量最高（550～1200 mg/L），D 因子含量最低（1～2 mg/L）；C1q 分子量最大（410 kD），D 因子分子量最小（25 kD）。补体性质不稳定，56℃水浴 30 min 即可被灭活，在室温下补体也会很快失活；在 0～10℃条件下，补体活性只能保持 3～4 天，故补体应在 -20℃以下或冷冻干燥保存。此外，紫外线照射、机械震荡、强酸、强碱及乙醇等处理也可使补体失活。

3．简述补体激活的经典途径。

【参考答案】补体经典途径激活过程可分为识别启动活化、级联酶促反应和攻膜复合物形成 3 个阶段。

（1）识别启动活化和级联酶促反应阶段：IgG/IgM 抗体与病原体等抗原特异性结合后，可因其补体结合点暴露而使 C1 活化。活化后 C1（C1s）具有丝氨酸蛋白酶活性，可裂解 C4 生成 C4a 和 C4b 两个片段：其中小片段 C4a 释放至液相，大片段 C4b 通过其断裂端非特异结合至相邻抗原 - 抗体复合物或细胞表面。在 Mg^{2+} 存在条件下，液相中的 C2 分子与上述免疫复合物或细胞表面的 C4b 结合后可被活化的 C1s 裂解，其小分子裂解片段 C2b 释放至液相；大片段 C2a 与免疫复合物或细胞表面 C4b 结合形成 C4b2a 复合物，此即经典途径的 C3 转化酶。上述 C3 转化酶（C4b2a）能与液相中的 C3 结合形成 C4b2aC3 复合体；C2a 具有丝氨酸蛋白酶活性，可将复合体中的 C3 裂解为 C3a 和 C3b 两个片段：其中小分子裂解片段 C3a 释放至液相，具有过敏毒素活性；大片段 C3b 与免疫复合物或细胞表面 C4b2a 结合形成 C4b2a3b 复合物，此即经典途径 C5 转化酶。

（2）攻膜复合物形成阶段：C5 转化酶（C4b2a3b）可将 C5 裂解为 C5a 和 C5b 两个片段，其中小片段 C5a 释放至液相，具有过敏毒素活性和趋化作用；大片段 C5b 依次与液相 C6、C7 结合形成 C5b67 复合物。上述复合物通过 C7 与相邻病原体或细胞非特异性结合后，能与 C8 高亲和力结合形成 C5b678 复合物并使细胞膜出现损伤。在此基础上，C5b678 复合物可进一步促进 C9 聚合形成 C5b6789 复合物，此即攻膜复合物（membrane attack complex，MAC）。MAC 在细胞膜上可形成一个内径约 11 nm 的亲水性穿膜孔道，后者能使水和电解质通过，但会阻止蛋白质类大分子逸出，最终可因细胞内渗透压改变而使细胞溶解破坏。攻膜复合物形成阶段是补体激活过程中的最后一个反应阶段，补体 3 条途径在此阶段的反应过程完全相同，故称其为补体激活共同末端通路。

4．简述补体的生物学功能。

【参考答案】补体不仅在机体固有免疫应答过程中发挥重要作用，也参与适应性免疫应答的启动。补体活化过程中产生的功能性裂解片段和攻膜复合物可介导产生如下多种生物学作用：溶菌和细胞溶解作用；调理作用；免疫黏附及其对循环免疫复合物的清除作用；炎症介质作用；参与适应性免疫应答的启动。

5．简述补体缺陷导致的疾病。

【参考答案】（1）补体固有成分缺陷：补体各种固有成分均可能出现遗传性缺陷，例如：①C3 缺乏可因严重影响吞噬细胞对病原体的吞噬杀伤和对体内循环免疫复合物的有效清除，而使患者反复发生细菌性感染，且常伴有肾小球肾炎；②补体成分 C5～C9 中任何一种组分缺陷，均可影响攻膜复合物的形成，并由此导致患者因不能有效清除体内病原菌而发生严重感染。

（2）补体调节分子缺陷：C1 抑制物（C1INH）缺陷可引发遗传性血管神经性水肿。I 因子缺陷患者可因其血浆中 B 因子和 C3 含量显著下降而反复发生化脓性细菌感染，C3 缺乏还能影响循环免疫复合物的清除，故患者常伴有肾小球肾炎。补体受体缺陷如 CR1 表达缺陷患者，可因其清除循环免疫复合物能力下降而容易引发免疫复合物型血管炎或肾小球肾炎。

（王月丹　刘　媛）

第五章 细胞因子

一、名词解释

1. 细胞因子（cytokine）
2. 干扰素（interferon，IFN）
3. 肿瘤坏死因子（tumor necrosis factor，TNF）
4. 集落刺激因子（colony-stimulating factor，CSF）
5. 趋化因子（chemokine）
6. 旁分泌（paracrine）

二、选择题

A 型题

1. 下列不属于细胞因子的是
   A．淋巴毒素　　　　　　B．过敏毒素　　　　　　C．白细胞介素
   D．干扰素　　　　　　　E．集落刺激因子
2. 细胞因子的生物学功能不包括
   A．调理吞噬作用　　　　B．免疫调节作用　　　　C．诱导细胞凋亡
   D．介导炎症反应　　　　E．促进造血功能
3. 可诱导 B 细胞产生 IgE 类抗体的细胞因子是
   A．TGF-β　　　　　　　B．IFN-α　　　　　　　C．IL-2
   D．IL-3　　　　　　　　E．IL-4
4. 可促进 B 细胞增殖分化和诱导过敏反应或哮喘的细胞因子是
   A．IL-12　　　　　　　 B．IL-13　　　　　　　 C．IL-23
   D．IL-17　　　　　　　 E．IL-10
5. 可诱导 T 细胞增殖分化和 B 细胞增殖的细胞因子是
   A．IL-4　　　　　　　　B．IL-2　　　　　　　　C．TPO
   D．M-CSF　　　　　　　E．IL-11
6. 以下细胞因子中，在记忆 T 细胞增殖和分化过程中起关键作用的是
   A．IL-2　　　　　　　　B．IL-12　　　　　　　 C．IL-13
   D．IL-23　　　　　　　 E．IL-4
7. 接受刺激后主要产生 IFN-γ 的细胞是

A．NK 细胞 B．成纤维细胞 C．肥大细胞
D．中性粒细胞 E．Th2 细胞

8. 对肿瘤细胞具有杀伤作用的细胞因子是
   A．IFN-γ B．TGF-β C．TNF-α/β
   D．SCF E．VEGF

9. 可刺激骨髓多能造血干细胞发育分化的细胞因子是
   A．IL-8 B．SCF C．TGF-β
   D．IFN-α E．IL-1

10. 可诱导巨核祖细胞增殖分化为血小板的细胞因子是
    A．EPO B．SCF C．M-CSF
    D．TPO E．TGF-β

11. 可诱导成红祖细胞增殖分化为成熟红细胞的细胞因子是
    A．EPO B．IL-2 C．IL-4
    D．IFN E．TPO

12. 可诱导初始 T 细胞进入淋巴结深皮质区的趋化因子是
    A．IL-8/CXCL8 B．MCP-1/CCL2 C．SLC/CCL21
    D．MIP-1α/CCL3 E．MIP-β/CCL4

13. 可诱导初始 B 细胞进入淋巴滤泡的趋化因子是
    A．BLC-1/CXCL13 B．IL-8/CXCL8 C．MCP-1/CCL2
    D．SLC/CCL21 E．MIP-1α/CCL3

14. 单核/巨噬细胞产生的对中性粒细胞具有趋化和活化作用的细胞因子是
    A．MCP-1/CCL2 B．MIP-1α/CCL3 C．IP-10/CXCL10
    D．BLC-1/CXCL13 E．IL-8/CXCL8

15. 滤泡树突状细胞产生的对 B 细胞具有趋化作用的细胞因子是
    A．IL-8/CXCL8 B．MCP-1/CCL2 C．SLC/CXCL21
    D．BLC-1/CXCL13 E．MIP-1α/CCL3

16. 可抑制 Th2 细胞形成和增殖的细胞因子是
    A．CSF B．IL-1 C．IL-4
    D．IFN-γ E．IL-6

17. 对巨噬细胞和树突状细胞功能具有抑制作用的细胞因子是
    A．IL-2 B．IL-10 C．IL-6
    D．TNF-α E．IFN-γ

18. 下列不属于细胞因子作用特点的是
    A．高效性 B．特异性 C．多效性
    D．重叠性 E．时效性

19. 细胞因子所不具备的生物学特性和功能是
    A．细胞因子的作用具有网络性
    B．一种细胞只能产生一种细胞因子
    C．一种细胞因子通常具有多种生物学活性
    D．多数细胞因子能以自分泌和旁分泌方式发挥作用

E. 细胞因子的产生具有自限性
20. 在体外能够诱导自体淋巴细胞形成 LAK 细胞的细胞因子是
    A. IL-2   B. IL-3   C. IL-6
    D. GM-CSF   E. IFN-γ
21. 被 FDA 批准用于治疗乙型肝炎的细胞因子是
    A. IFN-α   B. IFN-γ   C. IFN-β
    D. IL-2   E. TNF-α/β
22. 能促进单核/巨噬细胞分化和活化的细胞因子是
    A. IL-12   B. IL-4   C. IL-7
    D. G-CSF   E. M-CSF
23. 能直接刺激 B 淋巴细胞分化增殖，产生抗体的细胞因子是
    A. Th1 细胞因子   B. Th2 细胞因子   C. Th9 细胞因子
    D. Th17 细胞因子   E. Th22 细胞因子
24. 诱导 T 细胞向 Th2 细胞亚群分化的细胞因子是
    A. IL-3   B. IL-5   C. IL-2
    D. IL-4   E. IL-13
25. Th2 细胞产生的能够抑制 Th1 细胞活性的细胞因子是
    A. IL-4   B. IFN-γ   C. TNF-α
    D. IL-12   E. IL-2
26. 能产生 IL-4、IL-5、IL-13 的细胞是
    A. Th2 细胞   B. Th1 细胞   C. 巨噬细胞
    D. NK 细胞   E. B 细胞
27. 能产生 IL-2、IFN-γ、TNF-α 的细胞是
    A. Th2 细胞   B. Th1 细胞   C. 巨噬细胞
    D. NK 细胞   E. B 细胞
28. 下列细胞因子中，不是由单核巨噬细胞产生的是
    A. TNF-α   B. IL-6   C. IL-1β
    D. IL-2   E. IL-8
29. 主要由病毒感染细胞产生的细胞因子是
    A. Ⅰ型干扰素   B. Ⅱ型干扰素   C. 肿瘤坏死因子
    D. 白细胞介素   E. 趋化性细胞因子
30. 能直接杀伤肿瘤细胞或病毒感染细胞的细胞因子是
    A. IFN-γ 和 IL-4   B. TGF-β 和 LT   C. IL-4 和 IL-6
    D. CSF 和 IFN-β   E. TNF-α 和 LT-α
31. 关于细胞因子的叙述，错误的是
    A. 小分子可溶性蛋白质
    B. 与细胞因子受体结合后才能发挥作用
    C. 主要以内分泌方式发挥作用
    D. 细胞之间相互交流的信使
    E. 生物学效应具有多效性

32. 关于细胞因子的叙述，错误的是
    A. 由机体多种细胞在活化刺激后合成并分泌的生物活性物质
    B. 是免疫细胞发育和分化所必需
    C. 能调节多种细胞的生理功能
    D. 无论在什么情况下对机体都是有利的
    E. 参与免疫应答的全过程

33. T 细胞产生的 IL-2 可刺激其自身的生长，这种作用方式为
    A. 自分泌   B. 内分泌   C. 旁分泌
    D. 重叠性   E. 协同性

34. DC 产生的 IL-12 可刺激邻近的 T 淋巴细胞分化，这种作用方式为
    A. 自分泌   B. 重叠性   C. 旁分泌
    D. 协同性   E. 内分泌

35. 最常见的可通过内分泌形式作用于远处靶细胞的细胞因子是
    A. IL-5   B. IL-2   C. IL-3
    D. IL-4   E. TNF-α

36. 一种细胞因子可以对不同的细胞发挥不同的作用，这种作用的特点称为细胞因子的
    A. 多效性   B. 重叠性   C. 协同性
    D. 拮抗性   E. 网络性

37. 以下组合可体现细胞因子协同作用的是
    A. IL-1 与 IL-6   B. TNF-α 与 IL-4   C. IFN-γ 与 IL-10
    D. IL-2 与 IL-12   E. IL-10 与 IL-6

38. CSF 可以归类于
    A. 集落刺激因子   B. 白细胞介素   C. 干扰素
    D. 肿瘤坏死因子家族 E. 趋化因子家族

39. B 细胞发育过程中的早期促分化因子是
    A. IL-4   B. IL-7   C. IL-11
    D. EPO   E. GM-CSF

40. 能促进中性粒细胞分化和活化的细胞因子是
    A. IL-12   B. IL-4   C. IL-7
    D. G-CSF   E. GM-CSF

41. 患者，女，55 岁。1 年前以"急性无黄疸型乙型病毒性肝炎"入院治疗后症状缓解，肝功能正常后出院。近期自觉不适，入院检查发现总胆红素 53.3 μmol/L，直接胆红素 42.5 μmol/L，ALT 830 U，HBsAg（+）、HBeAg（+）、抗 HBc IgM（+）、抗 HCV（+）、抗 HAV IgM（-）。患者入院治疗，最可能考虑给予的药物是
    A. IL-6   B. IL-17   C. IFN-α
    D. CCL-2   E. TNF-α

42. 患者，女，26 岁。实验过程中不慎手腕皮肤被酒精灯烧伤，烧伤面积约为 8 cm^2，轻度烧伤。为促进患者烧伤部位尽快愈合，可使用的细胞因子药物是
    A. IL-2   B. IL-6   C. IL-15
    D. IFN-γ   E. EGF

43. 患者，男，22岁。高烧半日就诊，查体发现扁桃体Ⅲ度肿大，可见白色附着物。人体内有多种细胞因子参与炎症反应，促进对病原体的清除，其中由巨噬细胞分泌的细胞因子主要包括
    A．IL-1、IL-6、TNF-α   B．IL-8、IL-10、IL-12   C．IL-1、IL-5、IFN-α
    D．IL-12、IL-18、IFN-β   E．IL-2、IL-4、IL-6

44. 患者，男，45岁。由于肾功能损害导致贫血，可用于该患者贫血治疗的细胞因子是
    A．IL-11   B．EPO   C．GM-CSF
    D．TNF   E．IFN

45. 患者，女，19岁。吸入花粉后出现鼻痒、鼻塞、打喷嚏和流清涕等症状，检查发现血清中 IgE 水平异常升高。与该患者血清 IgE 异常升高最相关的细胞因子是
    A．TGF-β   B．IFN-γ   C．IL-2
    D．IL-3   E．IL-4

B 型题

（46～50题共用备选答案）
    A．IL-4   B．IL-2   C．IL-10
    D．IL-12   E．IL-23

46. 巨噬细胞产生的可诱导记忆 T 细胞增殖分化的细胞因子是
47. Th1 细胞产生的可诱导 T 细胞增殖分化的细胞因子是
48. 树突状细胞产生的可促进初始 T 细胞增殖分化为 Th1 细胞的细胞因子是
49. Treg 细胞产生的可抑制巨噬细胞活化的细胞因子是
50. Th2 细胞产生的可促进 B 细胞增殖分化产生 IgE 抗体的细胞因子是

（51～55题共用备选答案）
    A．IL-1   B．IL-5   C．IL-7
    D．IL-8   E．IL-10

51. 可促进嗜酸性粒细胞增殖分化的细胞因子是
52. 可募集活化中性粒细胞的细胞因子是
53. 可刺激肝细胞合成分泌急性期蛋白的细胞因子是
54. 可诱导骨髓前 B 细胞发育分化的细胞因子是
55. 可抑制树突状细胞表达 MHC Ⅱ 类分子的细胞因子是

（56～60题共用备选答案）
    A．IL-2   B．TGF-β   C．IL-17
    D．IL-4   E．IFN-γ

56. Th1 细胞产生的可抑制 Th2 细胞形成的细胞因子是
57. Th17 细胞产生的可刺激上皮细胞合成分泌炎性介质的细胞因子是
58. Th1 细胞产生的可诱导非专职 APC 表达 B7 分子的细胞因子是
59. Treg 细胞产生的可抑制初始 T 细胞活化的细胞因子是
60. Th2 细胞产生的可抑制树突状细胞产生 IL-12 的细胞因子是

(61～65题共用备选答案)
    A．EPO　　　　　　　B．TPO　　　　　　　C．SCF
    D．IL-7　　　　　　　E．IL-2
61．骨髓基质细胞产生的可诱导多能造血干细胞增殖分化的细胞因子是
62．肾细胞和库普弗细胞产生的可诱导成红祖细胞增殖分化的细胞因子是
63．肾细胞和肝细胞产生的可诱导巨核祖细胞增殖分化的细胞因子是
64．胸腺基质细胞产生的可诱导胸腺细胞增殖分化的细胞因子是
65．Th1细胞产生的可诱导T、B细胞增殖分化的细胞因子是

(66～70题共用备选答案)
    A．CCL18（DC-CK1）　　B．CCL21（SLC）　　C．CCL2（MCP-1）
    D．CXCL8（IL-8）　　　E．CXCL13（BLC-1）
66．单核/巨噬细胞产生的对中性粒细胞具有趋化和活化作用的细胞因子是
67．成熟树突状细胞产生的对初始T细胞具有趋化作用的细胞因子是
68．滤泡树突状细胞产生的对B细胞和Tfh细胞具有趋化作用的细胞因子是
69．单核/巨噬细胞产生的对未成熟树突状细胞具有趋化作用的细胞因子是
70．血管内皮细胞产生的对树突状细胞和初始T细胞具有趋化作用的细胞因子是

(71～75题共用备选答案)
    A．CCR3和CCR5　　　B．CCR7　　　　　　C．CCR2
    D．CXCR5　　　　　　E．CXCR1和CXCR2
71．表达于未成熟DC和初始T细胞表面可被CCL21/SLC识别的受体是
72．表达于B细胞和Tfh细胞表面可被CXCL13/BLC-1识别的受体是
73．表达于中性粒细胞表面可被CXCL8/IL-8识别的受体是
74．表达于单核细胞表面可被CCL2/MCP-1识别的受体是
75．表达于嗜酸性粒细胞表面可被CCL11/Eotaxin识别的受体是

三、问答题
1．试述细胞因子的分泌方式和作用特点。
2．细胞因子的分类及生物学功能有哪些？
3．简述细胞因子受体的分类。
4．试述细胞因子在抗感染免疫过程中的作用。
5．试述细胞因子对适应性免疫应答的调节作用。

参考答案与解析

一、名词解释
1．细胞因子（cytokine）：是由多种组织细胞，特别是免疫细胞产生的一类具有多种生物学活性的小分子多肽或糖蛋白。细胞因子是细胞间的信息传递分子，具有调节固有和适应

性免疫应答、介导炎症反应、促进造血功能和刺激细胞活化、增殖、分化等多种生物学功能。

2. 干扰素（interferon，IFN）：是一类具有干扰病毒感染、复制和免疫调节功能的细胞因子。根据来源和理化性质可将干扰素分为3种：其中IFN-α和IFN-β主要由白细胞、成纤维细胞和病毒感染的组织细胞产生，又称Ⅰ型干扰素；IFN-γ主要由活化T细胞和NK细胞产生，又称Ⅱ型干扰素；IFN-λ1、IFN-λ2、IFN-λ3主要由上皮细胞、树突状细胞和单核细胞产生，又称Ⅲ型干扰素。

3. 肿瘤坏死因子（tumor necrosis factor，TNF）：是一种能使肿瘤组织发生出血坏死和介导产生炎症反应的细胞因子。根据来源和结构可将肿瘤坏死因子分为TNF-α、LT-α和LT-β 3种，TNF-α和LT-α为可溶性细胞因子，LT-β为膜结合型细胞因子，其中TNF-α主要由脂多糖活化的单核/巨噬细胞产生，其主要作用是刺激血管内皮活化，参与或促进炎症反应；LT-α又称TNF-β，主要由抗原激活的T细胞产生，其主要作用是杀伤破坏相关靶细胞，也能参与或促进炎症反应；LT-β主要表达于活化T细胞、活化B细胞等细胞表面。

4. 集落刺激因子（colony-stimulating factor，CSF）：是指能够选择性刺激多能造血干细胞和不同发育阶段造血干细胞的定向增殖分化，在半固体培养基中形成不同细胞集落的细胞因子。集落刺激因子主要包括干细胞因子（SCF）、多集落刺激因子（IL-3）、巨噬细胞集落刺激因子（M-CSF）、粒细胞集落刺激因子（G-CSF）、粒细胞-巨噬细胞集落刺激因子（GM-CSF）、红细胞生成素（EPO）和血小板生成素（TPO）等。

5. 趋化因子（chemokine）：是一类结构具有较大同源性、对白细胞具有趋化和激活作用的、分子量为8～10 kD的细胞因子。根据趋化因子多肽链近氨基端两个半胱氨酸（C）残基的排列方式，可将其分为C、CC、CXC和CX3C 4个亚家族。

6. 旁分泌（paracrine）：是指某种细胞合成分泌的细胞因子与旁邻细胞表面相应受体结合后，使其应答产生相关生物学效应的现象。

二、选择题

1. B 2. A 3. E 4. B 5. B 6. D 7. A 8. C 9. B 10. D 11. A
12. C 13. A 14. E 15. D 16. D 17. B 18. B 19. B 20. A 21. A
22. E 23. B 24. D 25. A 26. A 27. B 28. D 29. A 30. E 31. C
32. D 33. A 34. C 35. E 36. D 37. D 38. A 39. D 40. D 41. C
42. E 43. D 44. B 45. E 46. E 47. D 48. E 49. C 50. A 51. B
52. D 53. C 54. D 55. E 56. E 57. C 58. E 59. B 60. D 61. C
62. A 63. B 64. D 65. D 66. D 67. D 68. E 69. C 70. B 71. B
72. D 73. E 74. C 75. A

解析：
1. 过敏毒素主要包括补体小片段等分子，不属于细胞因子。
2. 抗体及补体片段可与吞噬细胞表面的相应受体结合，促进吞噬细胞的吞噬作用，发挥调理吞噬作用，细胞因子并不具有这种作用。
3. IL-4可促进B细胞发生Ig类别转换，诱导IgE的产生。
4. IL-13与IL-4类似，均可促进B细胞发生Ig类别转换，诱导IgE的产生，参与哮喘等过敏反应的发生。

5．IL-2 是既能诱导 T 细胞增殖分化，又能诱导 B 细胞增殖的重要细胞因子。

6．IL-23 在记忆 T 细胞增殖和分化过程中发挥着关键的作用。

7．NK 细胞受到刺激后主要产生 IFN-γ。

8．TNF-α/β 可杀伤肿瘤细胞，导致肿瘤细胞死亡。

9．SCF 具有刺激骨髓多能造血干细胞发育分化的作用。

10．TPO 是诱导巨核祖细胞增殖分化为血小板的重要细胞因子。

11．EPO 可诱导成红祖细胞增殖分化为成熟红细胞。

12．SLC/CCL21 能使初始 T 细胞趋化进入淋巴结的深皮质区。

13．BLC-1/CXCL13 能使初始 B 细胞趋化进入淋巴滤泡。

14．单核/巨噬细胞产生的 IL-8/CXCL8 能趋化并活化中性粒细胞。

15．滤泡树突状细胞产生的 BLC-1/CXCL13 对 B 细胞具有趋化作用。

16．Th1 细胞分泌的 IFN-γ 能够抑制 Th2 细胞的产生和增殖。

17．IL-10 可抑制巨噬细胞和树突状细胞表达 MHC Ⅱ 类分子、共刺激分子以及合成分泌 IL-12 等细胞因子，从而发挥免疫调节的功能。

18．细胞因子具有多效性和重叠性，同一种细胞因子可作用于多种不同的细胞，多种不同的细胞因子也可以作用于同一种细胞，这些细胞因子的作用不具有特异性。

19．一种细胞可产生多种细胞因子，而不是只产生一种细胞因子。

20．IL-2 能够 在体外诱导外周血淋巴细胞形成 LAK 细胞。

21．IFN-α 是被 FDA 批准用于治疗乙型肝炎的细胞因子。

22．M-CSF 可促进粒-单系祖细胞分化发育为单核细胞。

23．Th2 细胞可产生 IL-4 等细胞因子刺激 B 淋巴细胞分化增殖，产生 IgE 抗体

24．IL-4 是促进 T 细胞向 Th2 细胞亚群分化的重要细胞因子。

25．IL-4 是 Th2 细胞产生的能够抑制 T 细胞向 Th1 细胞亚群分化的重要细胞因子。

26．Th2 细胞可产生 IL-4、IL-5、IL-13 等细胞因子。

27．Th1 细胞可产生 IL-2、IFN-γ、TNF-α 等细胞因子。

28．IL-2 主要由 T 细胞而非单核/巨噬细胞产生。

29．宿主细胞感染病毒后，可激活干扰素编码基因从而产生 Ⅰ 型干扰素。

30．TNF-α 和 LT-α（TNF-β）可直接杀伤肿瘤细胞或病毒感染细胞。

31．细胞因子主要以自分泌和旁分泌的方式发挥作用。

32．细胞因子有时也可对机体造成损伤，例如细胞因子风暴可导致严重的炎症反应状态甚至多器官功能衰竭，不一定总是对机体有利。

33．T 细胞产生的 IL-2 可作用于分泌细胞本身，促进其自身的生长，这种现象称为自分泌作用。

34．DC 产生的 IL-12 可刺激邻近的 T 淋巴细胞分化，这种现象称为旁分泌。

35．TNF-α 是最常见的可通过内分泌形式作用于远处靶细胞的细胞因子。

36．一种细胞因子可以对不同的细胞发挥多种不同的作用和效果，称为多效性。

37．IL-2 与 IL-12 可相互协同，促进 Th1 细胞的分化。

38．CSF 是集落刺激因子的英文缩写，CSF 能够选择性刺激多能造血干细胞和不同发育阶段造血干细胞的定向增殖分化，在半固体培养基中形成不同的细胞集落。

39. IL-7 是促进发育早期 B 细胞分化的细胞因子。
40. G-CSF 是粒细胞集落刺激因子，能促进中性粒细胞的分化与活化。
41. 该患者罹患乙型肝炎，IFN-α 可用于治疗乙型肝炎。
42. EGF 具有促进表皮细胞生长的作用，能够使伤口尽快愈合。
43. IL-1、IL-6、TNF-α 是巨噬细胞主要分泌的细胞因子，具有促进炎症的作用。
44. 肾产生的 EPO 具有促进红细胞生成的作用，当肾衰竭时，可补充 EPO 治疗肾源性贫血。
45. IL-4 具有促进 B 细胞发生 Ig 类别转换产生 IgE 的作用。
46. IL-23 是巨噬细胞产生的可诱导记忆 T 细胞增殖分化的细胞因子。
47. Th1 细胞产生的 IL-2 可诱导 T 细胞的增殖与分化。
48. 树突状细胞可产生 IL-12，促进初始 T 细胞增殖分化为 Th1 细胞。
49. Treg 细胞产生的 IL-10 具有免疫调节作用，可抑制巨噬细胞活化。
50. Th2 细胞产生的 IL-4 可促进 B 细胞增殖分化及 Ig 的类别转换，使其产生 IgE 抗体。
51. IL-5 可促进嗜酸性粒细胞的增殖分化。
52. IL-8 具有趋化和募集活化中性粒细胞的作用。
53. IL-1 可刺激肝细胞合成分泌急性期蛋白。
54. IL-7 可诱导骨髓前 B 细胞的发育分化。
55. IL-10 具有免疫调节作用，可抑制树突状细胞表达 MHC Ⅱ类分子。
56. Th1 细胞产生的 IFN-γ 可抑制 Th2 细胞的形成与增殖。
57. Th17 细胞产生的 IL-17 可刺激上皮细胞合成并分泌炎性介质。
58. Th1 细胞产生的 IL-2 可诱导非专职 APC 表达 B7 分子。
59. Treg 细胞可产生 TGF-β，从而抑制初始 T 细胞的活化。
60. Th2 细胞产生的 IL-4 可抑制树突状细胞产生 IL-12，从而抑制 Th1 细胞的分化。
61. 骨髓基质细胞产生的 SCF 可诱导多能造血干细胞增殖分化。
62. 肾细胞和库普弗细胞产生的 EPO 可促进红细胞的生成。
63. 肾细胞和肝细胞产生的 TPO 可诱导巨核祖细胞增殖分化。
64. IL-7 是由胸腺基质细胞产生的可诱导胸腺细胞增殖分化的细胞因子。
65. Th1 细胞产生的 IL-2 可诱导 T 细胞和 B 细胞的增殖与分化。
66. 单核/巨噬细胞产生的 CXCL8（IL-8）对中性粒细胞具有趋化和活化作用。
67. 成熟树突状细胞可产生 CCL18（DC-CK1），该因子对初始 T 细胞具有趋化作用。
68. 滤泡树突状细胞能产生 CXCL13（BLC-1），该因子能够趋化 B 细胞和 Tfh 细胞。
69. 单核/巨噬细胞产生的 CCL2（MCP-1）对未成熟树突状细胞具有趋化作用。
70. 血管内皮细胞可产生 CCL21（SLC），发挥趋化树突状细胞和初始 T 细胞的作用。
71. 未成熟 DC 和初始 T 细胞表面可表达能被 CCL21/SLC 识别的 CCR7。
72. B 细胞和 Tfh 细胞表面可表达能被 CXCL13/BLC-1 识别的 CXCR5。
73. 中性粒细胞表面可表达能被 CXCL8/IL-8 识别的 CXCR1 和 CXCR2。
74. 单核细胞表面可表达能被 CCL2/MCP-1 识别的 CCR2。
75. 嗜酸性粒细胞表面可表达能被 CCL11/Eotaxin 识别的 CCR3 和 CCR5。

三、问答题

1. 试述细胞因子的分泌方式和作用特点。

【参考答案】细胞因子大多以旁分泌或自分泌方式作用于邻近细胞或产生细胞因子的细胞本身,因此,绝大多数细胞因子只在局部产生作用,即细胞因子的作用大多具有局限性;少数细胞因子如 IL-1、TNF-α、TGF-β、EPO 和 M-CSF 等也可通过内分泌方式作用于远处的靶器官和靶细胞。

细胞因子的作用特点如下:①细胞因子与相应受体的结合具有很高的亲和力,只需极少量(pmol/L)水平就能产生明显的生物学效应,即细胞因子的作用具有高效性;②细胞因子半衰期短,靶细胞对相关细胞因子的反应通常发生在几小时之内,即细胞因子的作用具有时效性;③一种细胞因子可刺激多种不同类型细胞产生多种生物学效应,即细胞因子的作用具有多效性;④几种不同的细胞因子可刺激同一种靶细胞产生相同或相似的生物学效应,即细胞因子作用具有重叠性;⑤一种细胞因子可增强另外一种细胞因子的功能,即细胞因子的作用具有协同性;⑥一种细胞因子可抑制另外一种细胞因子的功能,即细胞因子的作用具有拮抗性。此外,细胞因子还具有复杂而有序的网络性。

2. 细胞因子的分类及生物学功能有哪些?

【参考答案】按照结构与功能,细胞因子可被分为六类:白细胞介素、干扰素、肿瘤坏死因子、集落刺激因子、生长因子和趋化性细胞因子。

细胞因子的生物学功能:调节固有和适应性免疫应答、介导炎症反应、促进造血功能、刺激细胞增殖分化和趋化等多种生物学功能。

3. 简述细胞因子受体的分类。

【参考答案】细胞因子受体共分六个家族:

(1) 免疫球蛋白基因超家族,IL-1、IL-18、M-CSF、SCF 等受体属于此类。

(2) Ⅰ型细胞因子受体家族,又称血细胞生成素受体家族或造血因子受体家族。IL-2、IL-4、IL-7、IL-9、IL-15、GM-CSF 等受体属于此类。

(3) Ⅱ型细胞因子受体家族,这类受体是干扰素的受体。

(4) 肿瘤坏死因子受体家族,是肿瘤坏死因子家族及神经生长因子受体。

(5) IL-17 受体家族,IL-17A、IL-17B、IL-17C、IL-17D、IL-17E 和 IL-17F 受体属于此类。

(6) 趋化性细胞因子受体家族,这一家族受体是七次跨膜 G 蛋白偶联受体,如 XCR1、CCR1~10、CXCR1~7、CX3CR1 等。

4. 试述细胞因子在抗感染免疫过程中的作用。

【参考答案】(1) 抗病毒感染:① IFN-α/β 可诱导靶细胞产生抗病毒蛋白,抑制病毒复制或扩散;② TNF-α/β 可直接杀伤某些病毒感染的靶细胞,使病毒丧失寄生场所而被清除;③ IFN-γ 和 IL-12 可激活 NK 细胞有效杀伤病毒感染细胞,增强机体对病毒的免疫监视作用。

(2) 抗细菌等病原体感染:①感染部位 IL-1、IL-6 和 TNF-α/β 等促炎细胞因子可诱导局部血管内皮细胞表达膜结合 IL-8 和分泌 IL-8(CXCL8)等趋化因子,以及分泌与中性粒细胞/单核细胞外渗相关的黏附分子,而使表达相应趋化因子受体和黏附分子配体的吞噬细胞与血管内皮细胞结合,继而外渗进入感染部位;②在感染部位 IL-8(CXCL8)和局部单核/巨噬细胞分泌的 MCP-1(CCL2)和 MIP-1α(CCL3)等趋化因子作用下,可将血管内更多中性粒细胞、单核细胞和炎症周围组织中的巨噬细胞募集到炎症部位,并与局部 IFN-γ 和 GM-CSF 等细胞因子共同作用,使上述吞噬细胞活化进而有效吞噬杀伤局部感染的病原体。上述促炎细胞因子还具有如下全身效应：①作为内源性致热原，可作用于体温调节中枢引起发热，对病原体生长产生抑制作用；②可刺激骨髓干细胞增殖分化，产生并释放大量中性粒细胞入血，增强机体抗感染的免疫应答能力；③刺激肝细胞合成分泌甘露糖结合凝集素（MBL）和纤维胶原素（FCN）等急性期蛋白，并通过激活补体凝集素途径产生包括调理和溶菌作用在内的一系列生物学效应，以增强机体抗感染的免疫应答能力。

5．试述细胞因子对适应性免疫应答的调节作用。

【参考答案】细胞因子在适应性免疫应答中的作用：① IFN-γ 可促进抗原提呈细胞（APC）表达 MHC 分子和共刺激分子，有效启动适应性免疫应答；IL-10 可抑制 APC 表达 MHC 分子和共刺激分子，对适应性免疫应答的启动产生抑制作用；②滤泡树突状细胞（FDC）产生的 CXCL13（BLC-1）可将初始 B 细胞和 Tfh 细胞招募至淋巴滤泡，引发适应性体液免疫应答；成熟髓样 DC 通过分泌 CCL18（DC-CK1）可将初始 T 细胞招募至淋巴结深皮质区，二者结合相互作用可引发适应性细胞免疫应答；③ IL-2 可促进 T 细胞增殖分化促进细胞免疫效应；IL-4 和 IL-13 或 IL-21、IFN-γ 和 IL-17 可诱导 B 细胞增殖分化，产生 IgE 或 IgG 类抗体发挥体液免疫效应；TGF-β 则可抑制 T、B 细胞介导产生的适应性细胞免疫应答和体液免疫应答。

（张　涛　魏　晶）

第六章 白细胞分化抗原和黏附分子

一、名词解释

1. 白细胞分化抗原（leukocyte differentiation antigen，LDA）
2. 分化群（cluster of differentiation，CD）
3. 细胞黏附分子（cell adhesion molecule，CAM）
4. 整合素家族（integrin family）
5. 选择素家族（selectin family）
6. 共刺激信号（costimulatory signal）
7. 白细胞黏附缺陷症（leukocyte adhesion deficiency，LAD）
8. 免疫球蛋白超家族（immunoglobulin superfamily，IgSF）
9. 淋巴细胞归巢受体（lymphocyte homing receptor，LHR）
10. 人白细胞分化抗原（human leukocyte differentiation antigen，HLDA）

二、选择题

A 型题

1. CD28 分子的配体是
   A．LFA-1　　　　　　B．ICAM-1　　　　　　C．MHC-I
   D．TCR　　　　　　　E．CD80/CD86
2. 属于 B 细胞表面标志的是
   A．CD3　　　　　　　B．CD4　　　　　　　　C．CD8
   D．CD19　　　　　　 E．CD56
3. 选择素分子所识别的配体是
   A．与自身相同的分子　B．整合素家族分子　　　C．IgSF 分子
   D．短肽序列　　　　　E．寡糖基团
4. 淋巴细胞归巢受体表达于
   A．血管内皮细胞表面　B．抗原提呈细胞表面　　C．红细胞表面
   D．血小板表面　　　　E．淋巴细胞表面
5. 表面表达血管地址素的细胞是
   A．血管内皮细胞　　　B．抗原提呈细胞　　　　C．红细胞
   D．血小板　　　　　　E．淋巴细胞

6. LFA-1 的配体是
   A. LFA-2　　　　　　　　B. L-选择素　　　　　　C. ICAM-1
   D. VCAM-1　　　　　　　E. VLA-4
7. 在免疫系统中，参与 T 细胞与其他免疫细胞之间黏附作用的分子是
   A. CD3　　　　　　　　　B. CD79a　　　　　　　 C. CD79b
   D. CD28　　　　　　　　E. mIg
8. 分布在血管内皮细胞上，在炎症中可介导中性粒细胞最初结合的黏附分子是
   A. L-选择素　　　　　　B. P-选择素　　　　　　C. E-选择素
   D. LFA-1　　　　　　　　E. CD11/CD18
9. 白细胞黏附受体组属于整合素家族的
   A. β1 组　　　　　　　　B. β2 组　　　　　　　　C. β3 组
   D. β4 组　　　　　　　　E. β5 组
10. L-选择素主要分布于
    A. 白细胞　　　　　　　B. 血小板　　　　　　　C. 活化内皮细胞
    D. 红细胞　　　　　　　E. 巨噬细胞
11. 白细胞黏附受体组整合素主要分布于
    A. 红细胞　　　　　　　B. 血小板　　　　　　　C. 淋巴细胞
    D. 巨核细胞　　　　　　E. 内皮细胞
12. 淋巴细胞归巢受体的配体是
    A. 血管活性肽　　　　　B. 细胞因子受体　　　　C. 血管地址素
    D. L-选择素　　　　　　E. P-选择素
13. 整合素家族分组的依据是
    A. α 亚单位　　　　　　B. β 亚单位　　　　　　C. β1 亚单位
    D. β2 亚单位　　　　　　E. β3 亚单位
14. E-选择素主要分布于
    A. 白细胞　　　　　　　B. 血小板　　　　　　　C. 单核细胞
    D. 活化内皮细胞　　　　E. 巨噬细胞
15. 选择素分子中结合配体的结构域是
    A. C 型凝集素样结构域　　　　　　　B. 免疫球蛋白样结构域
    C. 表皮生长因子样结构域　　　　　　D. 补体调节蛋白结构域
    E. 细胞因子受体结构域
16. L-选择素、P-选择素和 E-选择素都能识别的配体是
    A. CD15s　　　　　　　　B. CD34　　　　　　　　C. VCAM-1
    D. ICAM-1　　　　　　　E. ICAM-2
17. 在炎症过程中，介导中性粒细胞与血管内皮细胞上 ICAM-1 结合的分子是
    A. β1 整合素　　　　　　B. β2 整合素　　　　　　C. P-选择素
    D. L-选择素　　　　　　E. E-选择素
18. 介导初始 T 细胞与高内皮微静脉外周淋巴结地址素结合的分子是
    A. β1 整合素　　　　　　B. β2 整合素　　　　　　C. P-选择素
    D. L-选择素　　　　　　E. E-选择素

19. B 细胞表面最重要的标志是
    A．mIg   B．FcγR   C．CD40
    D．CD5   E．CD80

20. 以下分子中，通常在 NK 细胞表面表达，参与 NK 细胞识别和杀伤功能的是
    A．CD3   B．CD19   C．KIR
    D．MHC Ⅱ   E．IL-2

21. 表达在树突状细胞表面的分子是
    A．CD3   B．CD19   C．KIR
    D．MHC Ⅱ   E．IL-2

22. 下列关于黏附分子的说法正确的是
    A．主要以游离状态存在于体液中
    B．独立发挥黏附作用
    C．参与细胞的识别、活化、分化和信号转导
    D．不属于白细胞分化抗原
    E．不参与免疫应答

23. 白细胞分化抗原的组成成分大多数是
    A．跨膜蛋白或糖蛋白   B．跨膜磷脂   C．跨膜化学基团
    D．跨膜无机物   E．跨膜有机物

24. 下列关于白细胞分化抗原的叙述，正确的是
    A．是免疫细胞膜分子的同义词
    B．都是跨膜蛋白
    C．均以磷脂酰肌醇的方式锚定在细胞膜上
    D．可出现在白细胞正常分化成熟的不同阶段
    E．只参与机体的生理过程

25. 整合素家族得名的原因是
    A．介导细胞与细胞外基质的黏附，使细胞得以附着而形成整体
    B．分子结构和肽链氨基酸组成与免疫球蛋白有一定同源性
    C．介导同型细胞间的相互聚集
    D．介导淋巴细胞的归巢
    E．介导白细胞和内皮细胞的黏附

26. Ig 超家族黏附分子具有
    A．与免疫球蛋白 V 区或 C 区相似的结构
    B．与补体攻膜复合体相似的分子聚合形式
    C．与 MHC 抗原肽结合区相似的分子结构
    D．与 mIg 相似的识别特异性
    E．与细胞因子相似的旁分泌作用特点

27. 以下分子中，通常被认为是造血干细胞（HSC）表面标志性分子的是
    A．CD25   B．CD56   C．CD69
    D．CD86   E．CD133

28. VLA-4 的配体是

    A. LFA-2　　　　　　　B. LFA-3　　　　　　　C. ICAM-3
    D. FN　　　　　　　　E. LFA-1
29. 患者，男，5岁。反复软组织感染、皮肤和黏膜慢性溃疡，伴外周血中性粒细胞增多，考虑白细胞黏附缺陷症。为辅助诊断本病，可使用流式细胞仪测定中性粒细胞表面表达的膜分子是
    A. CD20　　　　　　　B. CD18　　　　　　　C. CD4
    D. CD3　　　　　　　E. CD8
30. 患者，男，25岁。近2个月出现反复发作的腰痛，腰骶部僵硬感，间歇性腰部及臀部疼痛，或腰部及臀部两侧交替疼痛，可放射至大腿，无阳性体征，直腿抬高试验阴性，但直接按压或伸展骶髂关节可引起疼痛。X线表现为骶髂关节炎，脊柱小关节及椎体骨小梁模糊（脱钙），椎体呈"方形椎"，拟诊断为强直性脊柱炎。与本病强相关的分子是
    A. CD18　　　　　　　B. CD20　　　　　　　C. HLA-DRB1
    D. HLA-B27　　　　　E. HLA-A

B 型题
（31～33题共用备选答案）
    A. L-选择素　　　　　B. P-选择素　　　　　C. E-选择素
    D. 整合素β2　　　　　E. 整合素β3
31. 诱导产生T细胞活化第二信号
32. 与淋巴细胞归巢有关
33. 分布在血小板表面

（34～36题共用备选答案）
    A. 具有Ig V区或C区相似的结构
    B. 在Ca^{2+}存在时可以抵抗蛋白酶的水解作用
    C. 具有C型凝集素结构域
    D. 由α、β两条链非共价连接而成的异源二聚体
    E. 为7次跨膜的G-蛋白偶联受体
34. IgSF成员的分子结构特点是
35. 选择素家族分子的结构特点是
36. 整合素家族分子的结构特点是

（37～40题共用备选答案）
    A. CD3　　　　　　　B. CD4　　　　　　　C. CD8
    D. CD19　　　　　　　E. CD21
37. 补体裂解片段C3d的受体是
38. T细胞的特征性表面标志是
39. B细胞的特征性表面标志是
40. Th细胞膜表面的亚群特征性标志是

三、问答题

1. 简述白细胞分化抗原和黏附分子的基本概念。
2. 简述黏附分子的分类和主要功能。
3. 简述选择素家族的组成、识别的配体以及主要功能（可列表）。
4. 简述白细胞分化抗原及其单克隆抗体的临床应用。

参考答案与解析

一、名词解释

1. 白细胞分化抗原（leukocyte differentiation antigen，LDA）：是指造血干细胞在分化发育为不同谱系和各谱系分化不同阶段，以及成熟血细胞活化过程中所表达的膜分子。

2. 分化群（cluster of differentiation，CD）：应用以单克隆抗体鉴定为主的方法，对来自不同实验室的单克隆抗体所识别鉴定的同一种分化抗原进行命名的体系。

3. 细胞黏附分子（cell adhesion molecule，CAM）：是介导细胞间或细胞与细胞外基质间相互作用的分子，简称黏附分子。

4. 整合素家族（integrin family）：一组细胞表面的黏附分子，是由 α、β 两条链经非共价键连接组成的异二聚体。此类黏附分子主要介导细胞与细胞外基质的黏附，使细胞得以附着形成整体而得名。

5. 选择素家族（selectin family）：包括 L- 选择素、P- 选择素和 E- 选择素，其为跨膜分子，胞膜外区结构相似，均由 C 型凝集素结构域、表皮生长因子样结构域和补体调节样结构域组成。选择素家族在白细胞与内皮细胞黏附、炎症发生以及淋巴细胞归巢中发挥重要作用。

6. 共刺激信号（costimulatory signal）：是指免疫细胞在接受抗原刺激的同时，还必须有辅助受体提供辅助活化信号才能被活化。

7. 白细胞黏附缺陷症（leukocyte adhesion deficiency，LAD）：由于 *CD18* 基因缺陷导致 LFA-1、Mac-1 等整合素分子功能不全，白细胞不能黏附和穿过血管内皮细胞，而引发一种免疫缺陷病。

8. 免疫球蛋白超家族（immunoglobulin superfamily，IgSF）：是一类结构和氨基酸组成与抗体可变区或恒定区结构域相类似的同源蛋白分子。

9. 淋巴细胞归巢受体（lymphocyte homing receptor，LHR）：T 淋巴细胞表面与其归巢相关的黏附分子，主要包括 L- 选择素和 LFA-1 等。

10. 人白细胞分化抗原（human leukocyte differentiation antigen，HLDA）：主要是指表达于人类白细胞和其他细胞表面的白细胞分化抗原。

二、选择题

1. E 2. D 3. E 4. E 5. A 6. C 7. D 8. C 9. B 10. A 11. C
12. C 13. B 14. D 15. A 16. A 17. D 18. D 19. A 20. C 21. D
22. C 23. A 24. D 25. A 26. A 27. E 28. D 29. B 30. D 31. D

32．A　33．B　34．A　35．C　36．D　37．E　38．A　39．D　40．B

解析：

1．T细胞表面CD28能与树突状细胞等APC表面相应共刺激分子B7-1/2（CD80/86）结合，诱导产生T细胞活化第二信号。

2．CD19-CD21-CD81复合体是B细胞表面BCR-Igα/Igβ的辅助受体，可促进BCR-Igα/Igβ复合体识别抗原后的信号转导。

3．选择素分子识别的配体主要是表达于白细胞和内皮细胞表面的某些寡糖基团和糖蛋白，如唾液酸化的路易斯寡糖（sLe^x）和糖基化依赖的细胞黏附分子-1（GlyCAM-1）等。

4．淋巴细胞表面与其归巢相关的黏附分子，又称淋巴细胞归巢受体，包括L-选择素和LFA-1等。

5．血管地址素主要表达于血管内皮细胞表面，包括表达于淋巴结高内皮小静脉内皮细胞表面的糖基化依赖性细胞黏附分子-1（GlyCAM-1）、CD34、ICAM-1，及表达于派氏小结高内皮小静脉或黏膜固有层小静脉内皮细胞表面的黏膜地址素细胞黏附分子-1。

6．淋巴细胞功能相关抗原-1（LFA-1）是表达于中性粒细胞表面的黏附分子，它们能与细胞间黏附分子-1（ICAM-1）结合，介导中性粒细胞黏附外渗参与局部炎症反应。

7．CD28分子是T细胞表面的黏附分子，也是介导产生T细胞活化第二信号的共刺激分子。

8．分布在血管内皮细胞上，在炎症中可介导中性粒细胞最初结合的黏附分子是E-选择素。

9．白细胞黏附受体组，即β2组有4个成员。

10．L-选择素主要分布于白细胞。

11．白细胞黏附受体组整合素主要分布于淋巴细胞。

12．淋巴细胞归巢受体的配体是血管地址素。

13．整合素家族分组的依据是β亚单位。

14．E-选择素主要分布于活化内皮细胞。

15．选择素分子中结合配体的结构域是C型凝集素样结构域。

16．L-选择素、P-选择素和E-选择素都能识别的配体是CD15s。

17．在炎症过程中，介导中性粒细胞与血管内皮细胞上ICAM-1结合的分子是β2整合素。

18．L-选择素（CD62L）和LFA-1是表达于T/B淋巴细胞表面的黏附分子，它们能与淋巴结高内皮微静脉内皮细胞表面糖基化依赖的细胞黏附分子-1（GlyCAM-1）或外周淋巴结血管地址素（PNAd）、CD34、ICAM-1结合，而使T/B淋巴细胞与上述血管内皮细胞黏附外渗，穿过内皮细胞间隙进入淋巴结实现淋巴细胞归巢和参与淋巴细胞再循环。

19．B细胞表面最重要的标志是膜表面免疫球蛋白（mIg）。

20．杀伤细胞免疫球蛋白样受体（KIR）是表达在NK细胞表面的分子。

21．树突状细胞作为专职抗原提呈细胞，其表面表达MHC Ⅱ类分子。

22．黏附分子作为跨膜蛋白，以受体-配体结合形式发挥作用；参与细胞的识别活化、增殖分化、信号转导和迁徙移动。它们在免疫应答、炎症反应、肿瘤转移和创伤愈合等病生理过程中发挥重要作用。

23．白细胞分化抗原的组成大多数是跨膜蛋白或糖蛋白。

24．白细胞分化抗原是指造血干细胞在分化发育为不同谱系和各谱系分化不同阶段，以及成熟血细胞活化过程中所表达的膜分子。白细胞分化抗原不仅表达于白细胞表面，也表达于红细胞、血小板、血管内皮细胞、上皮细胞和成纤维细胞等其他细胞表面。

25．整合素家族成员是由 α 和 β 两条肽链组成的异二聚体分子，因其主要介导细胞与细胞外基质黏附，使细胞得以附着形成整体而得名。

26．免疫球蛋白超家族（IgSF）是一类结构和氨基酸组成与抗体可变区或恒定区结构域相类似的同源蛋白分子。IgSF 成员在免疫细胞众多膜分子中所占比例最大，其种类繁多、分布广泛、功能各异；主要参与淋巴细胞对抗原的识别、免疫细胞间的相互作用和细胞活化信号的转导。

27．CD133 是干细胞膜表面标志。

28．VLA-4 的配体主要有 3 种：VCAM-1、MAdCAM-1 和纤维连接蛋白（FN）。

29．CD18 是表达于中性粒细胞表面的黏附分子，它们能与感染部位小静脉内皮细胞表面 E- 选择素（CD62E）以及细胞间黏附分子 -1（ICAM-1，CD54）结合，介导中性粒细胞黏附外渗参与局部炎症反应。

30．HLA-B27 是强直性脊柱炎的重要检测指标。

31．整合素 β2 的功能包括参与淋巴细胞再循环和炎症反应，诱导产生 T 细胞活化第二信号、参与免疫细胞黏附、炎症反应和调理吞噬作用。

32．L- 选择素的功能包括介导白细胞与血管内皮细胞黏附，参与淋巴细胞归巢和炎症反应。

33．P- 选择素分布在血小板、巨核细胞和活化内皮细胞表面。

34．免疫球蛋白超家族（IgSF）是一类结构和氨基酸组成与抗体可变区或恒定区结构域相类似的同源蛋白分子。故其具有 Ig V 区或 C 区相似的结构。

35．选择素家族分子为跨膜分子，其胞膜外区均由 C 型凝集素样结构域、表皮生长因子样结构域和补体调节蛋白结构域组成。

36．整合素家族分子是由 α 和 β 两条肽链组成的异二聚体分子。

37．CD21 是补体裂解片段 C3d 的受体。

38．CD3 分子是各类 T 细胞所共有的特征性表面标志。

39．CD19 在 B 细胞谱系发育的各个阶段和活化 B 细胞表面均可表达，是 B 细胞的特征性表面标志。

40．CD4 是辅助性 T 细胞（Th）的特征性标志。

三、问答题

1．简述白细胞分化抗原和黏附分子的基本概念。

【参考答案】（1）白细胞分化抗原（leukocyte differentiation antigen，LDA）是指造血干细胞在分化发育为不同谱系和各谱系分化不同阶段，以及成熟血细胞活化过程中所表达的膜分子。白细胞分化抗原不仅表达于白细胞表面，也表达于红细胞、血小板、血管内皮细胞、上皮细胞和成纤维细胞等其他细胞表面。

（2）细胞黏附分子（cell adhesion molecule，CAM）是介导细胞间或细胞与细胞外基质（extracellular matrix，ECM）间相互作用的分子，简称黏附分子。

2. 简述黏附分子的分类和主要功能。

【参考答案】(1) 黏附分子属白细胞分化抗原，多数已有 CD 编号；根据黏附分子结构特点可将其分为免疫球蛋白超家族、整合素家族、选择素家族、钙黏蛋白等家族。

(2) 黏附分子作为跨膜蛋白，以受体-配体结合形式发挥作用；参与细胞的识别活化、增殖分化、信号转导和迁徙移动。它们在免疫应答、炎症反应、肿瘤转移和创伤愈合等病生理过程中发挥重要作用。

3. 简述选择素家族的组成、识别的配体以及主要功能。

【参考答案】

选择素	细胞分布	配体	功能
E-选择素（CD62E）	活化内皮细胞	CD15s（sLe^x），ESL-1，CLA，PSGL-1	介导白细胞与血管内皮细胞黏附，参与炎症反应
L-选择素（CD62L）	白细胞（活化后下调）	CD15s（sLe^x），CD34，GlyCAM-1	介导白细胞与血管内皮细胞黏附，参与淋巴细胞归巢和炎症反应
P-选择素（CD62P）	血小板，巨核细胞，活化内皮细胞	CD15s（sLe^x），CD15，PSGL-1	介导白细胞与血管内皮细胞黏附，参与炎症反应

4. 简述白细胞分化抗原及其单克隆抗体的临床应用。

【参考答案】白细胞分化抗原及其单克隆抗体已在临床免疫学中得到广泛应用，在阐明疾病的发生机制，以及免疫相关疾病的预防、诊断和治疗方面得到广泛应用，举例说明如下：

(1) 阐明发病机制：CD4 分子胞膜外区第一结构域是 HIV 外壳蛋白 gp120 识别的部位，因此，人类 CD4 分子是 HIV 的主要受体。HIV 感染 CD4$^+$ 细胞后，使 CD4 细胞数量明显下降，免疫功能降低甚至发生缺陷。

(2) 在疾病诊断中的应用：如检测 HIV 患者外周血 CD4$^+$ T/CD8$^+$ T 细胞比值和 CD4$^+$ T 细胞绝对数，对辅助诊断和判断病情有重要参考价值。

(3) 在疾病预防和治疗中的作用：抗 CD3、CD25 等单克隆抗体作为免疫抑制剂在临床上用于防治移植排斥反应。

（刘晓霞　庞　慧）

第七章

主要组织相容性复合体及其编码产物

一、名词解释

1. 主要组织相容性复合体（major histocompatibility complex，MHC）
2. 人类白细胞抗原（human leukocyte antigen，HLA）
3. HLA 复合体（HLA complex）
4. HLA Ⅰ类分子（HLA class Ⅰ molecule）
5. HLA Ⅱ类分子（HLA class Ⅱ molecule）
6. HLA 单体型（HLA haplotype）
7. 连锁不平衡（linkage disequilibrium）
8. 非溶血性输血反应（non-haemolytic transfusion reaction）
9. 抗原加工转运体（transporter associated with antigen processing，TAP）

二、选择题

A 型题

1. 决定人类移植反应发生的主要抗原是指
   A．CD 分子　　　　　B．CK　　　　　　C．AM
   D．HLA 分子　　　　 E．Ig 分子
2. 以下关于 MHC 的描述正确的是
   A．MHC 仅存在于人类中，其他物种不存在
   B．MHC 编码的蛋白质主要参与免疫细胞之间的识别和相互作用
   C．MHC 的唯一功能是参与免疫排斥反应
   D．MHC 分子在所有细胞表面的表达量是相同的
   E．MHC 编码的产物仅存在于细胞表面
3. 下列关于 HLA Ⅰ类分子的叙述，正确的是
   A．其肽链均由 HLA 复合体编码
   B．参与 B 淋巴细胞的发育
   C．为 2 条相同的重链和 2 条相同的轻链组成的四肽链结构
   D．参与外源性抗原的提呈
   E．其重链由第 6 号染色体短臂上的 HLA 复合体编码
4. 属于非经典 HLA Ⅰ类基因的是

A. HLA-DR、DQ、DP B. HLA-B、C、A C. HLA-E、F、G
D. HLA-DM、DO E. MIC-A、MIC-B

5. HLA Ⅲ类基因区基因编码产物不包括
   A. C4α 链 B. C4β 链 C. C2 分子
   D. B 因子 E. TAP 异二聚体

6. MHC 基因编码产物不包括
   A. MHC Ⅰ类分子的 α 链 B. MHC Ⅱ类分子的 α 链
   C. MHC Ⅰ类分子的 $β_2m$ D. MHC Ⅱ类分子的 β 链
   E. MHC Ⅰ类链相关 A/B 分子

7. MHC 分子被 TCR 识别的部位在
   A. 肽结合区 B. Ig 样区 C. 跨膜区
   D. 胞质区 E. 胞膜外区

8. 细胞膜上通常不存在 MHC Ⅰ类分子的是
   A. 心肌细胞 B. 成熟红细胞 C. 肾细胞
   D. 上皮细胞 E. 树突状细胞

9. 细胞膜上不存在 MHC Ⅱ类分子的细胞是
   A. 活化的 T 细胞 B. B 细胞 C. 树突状细胞
   D. 胸腺上皮细胞 E. NK 细胞

10. 表达 HLA Ⅰ类分子密度最高的细胞是
    A. 肝细胞 B. 皮肤细胞 C. 淋巴细胞
    D. 肌肉细胞 E. 血管内皮细胞

11. HLA Ⅱ类分子所不具备的结构特征或功能特性是
    A. 由 α 链和 β 链非共价结合组成
    B. 其 α2 和 β2 结构域是 Th 细胞表面 CD4 分子识别结合的部位
    C. 其多态性主要表现在 β1 结构域，而 α1 结构域多态性有限
    D. 可运载和提呈内源性抗原肽
    E. 其抗原肽结合槽可容纳 13～17 个氨基酸残基组成的抗原肽

12. HLA Ⅰ类分子所不具备的结构特征或功能特性是
    A. 由 α 链和 $β_2m$ 非共价结合组成
    B. 抗原肽结合槽由 α1 和 α2 结构域组成
    C. 抗原肽结合槽可容纳 8～10 个氨基酸残基组成的抗原肽
    D. 可运载和提呈内源性抗原肽
    E. 其 α3 结构域是 Th 细胞表面 CD4 分子识别结合的部位

13. HLA Ⅱ类分子的抗原肽结合槽位于
    A. α1 与 β1 结构域之间 B. α1 与 α2 结构域之间
    C. β1 与 β2 结构域之间 D. α1 结构域与 $β_2m$ 之间
    E. α2 结构域与 $β_2m$ 之间

14. HLA Ⅰ类分子的抗原肽结合槽位于
    A. α1 与 β1 结构域之间 B. α1 与 α2 结构域之间
    C. β1 与 β2 结构域之间 D. α1 结构域与 $β_2m$ 之间

E. α2 与 α3 结构域之间

15. 细胞间相互作用受 HLA Ⅰ 类分子限制的是
    A. CD8⁺ T 细胞和非己 APC 之间的相互作用
    B. CD4⁺ T 细胞和自身 APC 之间的相互作用
    C. CD8⁺ T 细胞和自身 APC 之间的相互作用
    D. CD4⁺ T 细胞和非己 APC 之间的相互作用
    E. CD4⁺ T 细胞和 B 细胞之间的相互作用

16. 表达于抗原提呈细胞表面的经典 HLA 分子共有
    A. 2 种　　　　　　　　B. 3 种　　　　　　　　C. 6 种
    D. 12 种　　　　　　　　E. 18 种

17. 同胞兄弟姐妹之间两个单体型完全相同的概率为
    A. 20%　　　　　　　　B. 25%　　　　　　　　C. 50%
    D. 75%　　　　　　　　E. 100%

18. 根据 HLA 单体型遗传特征，非同卵双胞胎兄弟姐妹之间有一个单体型相同的概率为
    A. 10%　　　　　　　　B. 25%　　　　　　　　C. 50%
    D. 75%　　　　　　　　E. 100%

19. 以下关于 HLA 单体型的描述，正确的是
    A. HLA 单体型是指个体位于同一染色体上 HLA 基因座上等位基因的组合
    B. HLA 单体型是指个体体细胞两条染色体上的 HLA 基因组合
    C. HLA 单体型在异卵双胞胎之间完全不同
    D. HLA 单体型的遗传是完全随机的，亲代与子代之间偶然有一个单体型是相同的
    E. HLA 单体型的遗传只涉及 HLA-A 和 HLA-B 两个基因座

20. 下列关于 MHC Ⅱ 类分子的叙述，不正确的是
    A. 2 条多肽链均由 MHC 编码　　　　　　B. 主要提呈外源性抗原
    C. 主要存在于专职 APC 表面　　　　　　D. 其 α1 和 β1 结构域无多态性
    E. 经典的 MHC Ⅱ 类基因包括 MHC-DR、DQ、DP

21. 目前已明确，下列有 MHC 分子参与的细胞分化过程是
    A. 造血干细胞分化为淋巴干细胞　　　　B. 淋巴干细胞分化为前 T 淋巴细胞
    C. 前 T 细胞分化为成熟 T 淋巴细胞　　　D. 淋巴干细胞分化为 B 细胞
    E. 造血干细胞分化为 NK 细胞

22. 关于 naïve T cell 表面 MHC 分子的表达，叙述正确的是
    A. 只表达 MHC Ⅰ 类分子　　　　　　　B. 只表达 MHC Ⅱ 类分子
    C. 同时表达 MHC Ⅰ 类和 Ⅱ 类分子　　　D. 同时表达 MHC Ⅱ 类和 Ⅲ 类分子
    E. 同时表达 MHC Ⅰ 类和 Ⅲ 类分子

23. 器官移植时，最合适的供者是
    A. 患者的父母　　　　　　　　　　　　B. 患者的子女
    C. 患者的同胞兄弟姐妹　　　　　　　　D. 患者异卵双生的兄弟姐妹
    E. 患者同卵双生的兄弟姐妹

24. 患者多次输血后发生非溶血性输血反应的原因是
    A. 患者体内产生抗供者 HLA Ⅱ 类抗原的特异性抗体

B. 患者体内产生抗供者 HLA Ⅰ 类抗原的特异性抗体
C. 患者体内产生抗自身 HLA Ⅰ 类抗原的特异性抗体
D. 患者与供者 ABO 血型不符
E. 患者与供者 Rh 抗原不符

25. HLA Ⅰ 类和 Ⅱ 类分子的主要功能不包括
 A. 同种异基因组织器官移植时诱导移植排斥反应
 B. 结合提呈抗原肽启动适应性免疫应答
 C. 诱导胸腺前 T 细胞分化发育
 D. 参与自身免疫耐受的形成
 E. 参与调理吞噬作用

26. HLA 分子具有高度多态性的主要原因是
 A. 经典 HLA 复合体中存在着为数众多的等位基因
 B. HLA 单体型作为一个完整的遗传单位由亲代传给子代
 C. HLA 复合体中的某些等位基因为共显性表达
 D. 不同个体对病原体等抗原性异物的易感性和反应性存在差异
 E. HLA 复合体的遗传存在着连锁不平衡

27. 细胞之间相互作用不受 MHC 限制的是
 A. CTL 对肿瘤细胞的杀伤作用
 B. NK 细胞对肿瘤细胞的杀伤作用
 C. APC 对 Th 细胞的激活作用
 D. CTL 对病毒感染细胞的杀伤作用
 E. Th 细胞与 B 细胞之间的相互作用

28. 参与外源性抗原加工提呈的分子包括
 A. HLA-DM 分子
 B. HLA-E 分子
 C. PSMB8/9 分子
 D. TAP 异二聚体
 E. MIC A/B 分子

29. 对 HLA-DM 分子具有负调节作用的分子是
 A. MIC A/B 分子
 B. TNF
 C. HSP70
 D. HLA-DO 分子
 E. LT-α 分子

30. 用健康人的组织或器官来替代患者丧失功能的组织或器官,常常会发生排斥反应,此时 HLA 分子被认为是
 A. 同种异型抗原
 B. 异嗜性抗原
 C. 异种抗原
 D. 同种抗原
 E. 改变的自身抗原

31. 下列疾病中,与 HLA 分子无关的是
 A. 强直性脊柱炎
 B. 多发性硬化病
 C. 类风湿关节炎
 D. 血友病
 E. 1 型糖尿病

32. 患者,男,47 岁。良性终末期肝病(肝硬化失代偿),在进行器官移植时,最优先进行 HLA 配型筛选的候选供者是
 A. 患者的父母
 B. 患者的妻子
 C. 患者的子女
 D. 患者的表兄弟姐妹
 E. 患者的同胞兄弟姐妹

33. 患者,女,38 岁。曾多次接受同一血液供者输血,以至发生非溶血性输血反应,与此反应发生有关的是
 A. ABO 血型抗体
 B. 抗白细胞和血小板 HLA 抗体

C. Rh 血型抗体 D. 抗 Ig 抗体
E. 抗核抗体

34. 患者，男，36 岁。进行性加重腰背酸痛 8 年，伴左下肢疼痛、麻木 1 年。实验室检查：类风湿因子（–），HLA-B27（+）。该患者最可能罹患的疾病是
   A. 类风湿关节炎　　　　B. 系统性红斑狼疮　　　　C. 乳糜泻
   D. 肺出血肾炎综合征　　E. 强直性脊柱炎

35. 患者，男，21 岁。因反复腹泻 19 年余入院。患者平素排便为黄色水样便，偶有乳白色糊状便，每日 4～5 次，伴乏力、食欲下降，无发热、盗汗、恶心、呕吐、腹胀、腹痛。实验室检查：反复行粪便常规及培养未见异常。肠镜检查示：回肠末端少量区域黏膜稍粗糙、小结节感。活检结果示：小肠绒毛变短、萎缩，黏膜扁平，固有层内大量淋巴及浆细胞浸润，未见中性粒细胞浸润。临床诊断为乳糜泻。该患者最可能表达的 HLA 抗原是
   A. HLA-B17　　　　B. HLA-B8　　　　C. HLA-DR2
   D. HLA-DR3　　　　E. HLA-B35

36. 患者，男。核酸检查确认感染 SARS-Cov-2。APC 在通过 MHC Ⅰ类分子途径提呈 SARS-Cov-2 抗原的过程中，有多种分子参与，但不包括
   A. HLA Ⅰ类分子　　　B. 蛋白酶体 β 亚单位　　　C. Tapasin
   D. HLA-DM 分子　　　E. TAP

B 型题

（37～39 题共用备选答案）
   A. H-2 复合体　　　　　　　　B. HLA 复合体
   C. HLA-A、B、C 基因　　　　D. HLA-DP、DQ、DR 基因
   E. HLA-E、F、G 基因

37. 属于编码经典 HLA Ⅰ类分子的基因是
38. 属于编码经典 HLA Ⅱ类分子的基因是
39. 编码小鼠主要组织相容性抗原的基因是

（40～44 题共用备选答案）
   A. HLA-DM 分子　　　B. 蛋白酶体 β 亚单位　　　C. HLA-E 分子
   D. TAP 异二聚体　　　E. MIC A/B

40. 表达于内质网膜上，可介导内源性抗原肽进入内质网的分子是
41. 降解内源性抗原，参与内源性抗原提呈的分子是
42. 在羊膜和绒毛滋养层细胞表面高表达，可抑制 NK 细胞活化的分子是
43. 在乳腺癌等上皮肿瘤细胞表面高表达，是 NK 细胞表面 NKG2D 识别的配体是
44. 可协助外源性抗原肽与 HLA Ⅱ类分子结合的分子是

（45～47 题共用备选答案）
   A. 第 15 号染色体　　　B. 第 6 号染色体　　　C. 第 17 号染色体
   D. 第 14 号染色体　　　E. 第 22 号染色体

45. 编码 HLA Ⅱ类分子的基因位于
46. 编码 HLA Ⅰ类分子轻链（$β_2m$）的基因位于
47. 编码 H-2 分子的基因位于

（48～50题共用备选答案）
  A．HLA Ⅰ类分子 α3 结构域 B．HLA Ⅰ类分子轻链（$β_2m$）
  C．HLA Ⅱ类分子 α2 和 β2 结构域 D．HLA Ⅲ基因编码分子
  E．HLA Ⅱ类分子 β1 结构域
48. HLA 分子中，可与 CD4 分子结合的结构域是
49. CTL 表面 CD8 分子识别结合的结构域是
50. 具有高度多态性的区域是

三、问答题

1. 简述 HLA Ⅰ类和Ⅱ类分子的结构及其主要作用。
2. 简述 HLA Ⅰ类和Ⅱ类分子的表达和分布特点。
3. 简述 HLA Ⅰ类和Ⅱ类分子的主要生物学功能。
4. 何为 HLA 基因复合体的多基因性和多态性？试述其生物学意义。
5. 试述 HLA 与临床医学的关系。

参考答案与解析

一、名词解释

1. 主要组织相容性复合体（major histocompatibility complex，MHC）：是存在于脊椎动物某一染色体上（人类为第 6 号染色体，小鼠为第 17 号染色体），编码主要组织相容性抗原、控制免疫细胞间相互识别、调节免疫应答的一组紧密连锁的基因群，具有高度多态性。

2. 人类白细胞抗原（human leukocyte antigen，HLA）：是人类的主要组织相容性抗原，因其首先在人白细胞表面被发现而得名。经典 HLA 分子在内质网中产生，包括 HLA Ⅰ类和Ⅱ类分子。其中 HLA Ⅰ类分子广泛分布于有核细胞及血小板表面，HLA Ⅱ类分子主要表达于专职抗原提呈细胞表面。二者的主要生理功能是参与抗原提呈，启动适应性免疫应答，也可引发同种异体移植排斥反应。

3. HLA 复合体（HLA complex）：人的主要组织相容性复合体，是存在于人类第 6 号染色体上、编码主要组织相容性抗原、控制细胞间相互识别、调节免疫应答的一组紧密连锁的基因群。

4. HLA Ⅰ类分子（HLA class Ⅰ molecule）：由第 6 号染色体 HLA Ⅰ类基因编码的 α 链和第 15 号染色体非 HLA 基因编码的 $β_2m$ 非共价结合组成的异二聚体糖蛋白。其中 α 链具有高度多态性，而 $β_2m$ 多态性较低。HLA Ⅰ类分子广泛分布于有核细胞及血小板和网织红细胞表面，其主要功能是参与内源性抗原的提呈。

5. HLA Ⅱ类分子（HLA class Ⅱ molecule）：是由第 6 号染色体 HLA Ⅱ类基因编码的 α

链和 β 链非共价结合组成的异二聚体糖蛋白，其 β1 结构域具有高度多态性。主要表达于专职抗原提呈细胞表面，其主要功能是参与外源性抗原的提呈。

6．HLA 单体型（HLA haplotype）：是同一染色体上 HLA 各基因座位上的等位基因的特定组合，通常作为一个完整的遗传单位由亲代遗传给子代。

7．连锁不平衡（linkage disequilibrium）：是群体中分属不同基因座位上的等位基因在同一条染色体上出现的概率高于随机组合预期值的现象。

8．非溶血性输血反应（non-haemolytic transfusion reaction）：临床上输血时，若向受者反复多次输入同一供者的血液，受者血液中会出现抗供者 HLA Ⅰ 类分子特异性抗体，并与供者白细胞/血小板表面相应 HLA Ⅰ 类分子结合，通过激活补体系统等机制，导致输入的白细胞/血小板等溶解破坏，发生非溶血性输血反应。

9．抗原加工转运体（transporter associated with antigen processing，TAP）：是由 TAP1 和 TAP2 两条肽链组成的异二聚体，表达于内质网膜上，可选择性转运内源性抗原肽至内质网腔，参与内源性抗原的提呈过程。

二、选择题

1．D　2．B　3．E　4．C　5．E　6．C　7．A　8．B　9．E　10．C　11．D
12．E　13．A　14．B　15．C　16．D　17．B　18．C　19．A　20．D　21．C
22．A　23．C　24．B　25．C　26．A　27．B　28．C　29．D　30．A　31．D
32．E　33．B　34．E　35．C　36．C　37．C　38．D　39．A　40．D　41．B
42．C　43．E　44．A　45．B　46．A　47．C　48．C　49．A　50．E

解析：

1．在人或同种不同品系动物个体间进行组织器官移植时，可因两者组织细胞表面同种异型抗原存在差异而发生排斥反应。这种代表个体特异性的引起移植排斥反应的同种异型抗原称为组织相容性抗原或移植抗原。HLA 复合体编码的分子即 HLA 分子是表达在人类组织细胞上的代表个体特异性的可引起移植排斥反应的移植抗原。

2．MHC 是脊椎动物主要组织相容性复合体的统称，其主要功能是参与免疫细胞之间的识别和相互作用，因此 B 正确，而 A、C 均错误；不同的 MHC 分子在不同细胞表面的表达量是不同的，D 错误（可参考第 10 题解析）；MHC 编码的产物除了表达于细胞表面的 MHC Ⅰ/Ⅱ 类分子外，还有存在于血清中的补体成分等，答案 E 错误。

3．HLA Ⅰ 类分子由重链（α 链）和轻链（β$_2$m）组成。α 链由经典的 HLA Ⅰ 类基因编码，而 β$_2$m 则由位于 15 号染色体上的非 HLA 基因编码。A、C 错误，E 正确；HLA 不参与 B 细胞在中枢的分化发育，HLA Ⅰ 类分子主要参与内源性抗原的提呈，C、D 错误。

4．HLA Ⅰ 类基因区内含经典 HLA-A、B、C 和非经典 HLA-E、F、G 等基因。

5．TAP 异二聚体由位于 HLA-DP 与 DQ 亚区之间的免疫功能相关基因 TAP1 和 TAP2 基因编码，属于非经典的 MHC Ⅱ 类基因。

6．β$_2$m 由 15 号染色体上的非 HLA 基因编码。

7．TCR 识别 pMHC 时具有双重特异性，即识别抗原肽的同时也要识别自身 MHC 分子的多态性部分，也就是 MHC 分子的肽结合区，这称为 MHC 限制性。

8．经典 HLA Ⅰ 类分子广泛分布于人体各种有核细胞及血小板和网织红细胞表面，而在成熟红细胞、神经细胞和成熟的滋养层细胞表面尚未检出。

9. HLA Ⅱ类分子分布不够广泛，主要存在于专职抗原提呈细胞（树突状细胞、巨噬细胞、B 细胞）、胸腺上皮细胞和某些活化的 T 细胞表面。

10. 经典的 HLA Ⅰ类分子分布于几乎所有有核细胞表面，但不同组织细胞的表达水平差异很大。淋巴细胞表面 HLA Ⅰ类抗原的密度最高，肾、肝、肺、心脏及皮肤次之，肌肉、神经组织和内分泌细胞上最少，而神经细胞、成熟红细胞、胎盘成熟滋养层细胞上未检出 HLA Ⅰ类分子的表达。在血清、尿液、汗液、脑脊液及初乳等体液中也有可溶性 HLA Ⅰ类抗原分子的存在。

11. MHC Ⅱ类分子主要参与外源性抗原的提呈。

12. α3 结构域是 $CD8^+$ T 细胞表面 CD8 分子识别结合的部位。

13. HLA Ⅱ类分子是由 α 链和 β 链以非共价键结合组成的异二聚体糖蛋白分子，两条肽链的胞外区各含两个结构域，其中 α1 与 β1 结构域共同组成 HLA Ⅱ类分子的抗原肽结合区。

14. HLA Ⅰ类分子是由 α 链和 $β_2m$ 以非共价键连接组成的异二聚体糖蛋白。α 链胞外区含有 α1、α2 和 α3 3 个结构域，其中 α1 与 α2 结构域共同组成 HLA Ⅰ类分子抗原肽结合区。

15. APC 与 $CD8^+$ T 细胞之间的相互作用受 MHC Ⅰ类分子限制，即 $CD8^+$ T 细胞的 TCR 只能识别 APC 表面自身 MHC Ⅰ类分子提呈的抗原肽。

16. HLA 复合体中每个等位基因均为共显性，因此，在组成性表达经典 HLA Ⅰ类和 Ⅱ类分子的 APC 表面，具有来自父母双方的 6 对（共计 12 种）HLA Ⅰ类和 Ⅱ类分子。

17. HLA 具有单体型遗传的特点，根据孟德尔遗传定律，若父亲第 6 号染色体 HLA 单体型为 a 和 b，母亲的 HLA 单体型是 c 和 d，则在同胞兄弟姐妹之间两个 HLA 单体型完全相同的概率为 25%，完全不同的概率也为 25%，而有一个 HLA 单体型相同的概率为 50%。

18. 参考 17 题解析。

19. 需要注意单体型与基因型的区别，单体型是指一条染色体上的 HLA 基因组合，而基因型是指体细胞两条染色体上的 HLA 基因组合；异卵双胞胎之间 HLA 单体型相同的概率为 25%，C 选项错误；HLA 单体型的遗传是完全随机的，亲代与子代之间必然有一个单体型是相同的，因此 D 选项错误；HLA 单体型的遗传涉及多个 HLA 基因座，包括 HLA-A、HLA-B、HLA-C、HLA-DR、HLA-DQ 和 HLA-DP 等，E 选项也不正确。

20. HLA Ⅱ类分子的 α1 与 β1 结构域是与外源性抗原肽结合的区域，也是决定 HLA Ⅱ类分子多态性的部位。近来研究表明该区多态性主要表现在 β1 结构域，而 α1 结构域的多态性有限。

21. T 细胞在胸腺微环境中的发育，经历淋巴样祖细胞→祖 T 细胞（pro-T）→前 T 细胞（pre-T）→未成熟 T 细胞→成熟 T 细胞等阶段。在 pre-T 发育为成熟 T 细胞的过程中，经历阳性选择和阴性选择，需要有 MHC Ⅰ/Ⅱ类分子的参与。

22. HLA Ⅰ类分子广泛分布于人体各种有核细胞及血小板和网织红细胞表面，HLA Ⅱ类分子主要存在于专职 APC、胸腺上皮细胞和某些活化的 T 细胞表面。

23. 同种异体器官移植物存活率的高低主要取决于供体与受体之间 HLA 型别匹配的程度。同卵双生个体（HLA 完全相同）间进行器官和骨髓移植不发生移植排斥反应，移植物可长期存活。

24．患者在多次输血过程中，若再次接受同一供体血液或具有某些相同 HLA Ⅰ 类抗原的血液，其体内相应 HLA 特异性抗体即能与供体白细胞/血小板表面 HLA Ⅰ 类分子结合，进而激活补体使上述细胞溶解破坏发生非溶血性输血反应。

25．参与调理吞噬作用的免疫分子主要包括抗体和 C3b，HLA 分子无此功能。

26．HLA 复合体是迄今已知人体最复杂的基因复合体，其多态性主要取决于经典 HLA 复合体等位基因数和共显性表达等遗传特性。HLA 复合体中每个等位基因均为共显性，因此选项 C 不正确。

27．凡是涉及 TCR 特异性识别抗原，必然具有 MHC 限制性。

28．外源性抗原在 APC 内被降解为小分子肽，与 MHC Ⅱ 类分子组合 pMHC Ⅱ 时，需要 HLA-DM 的催化作用。

29．HLA-DO 基因编码的 DO 分子是 HLA-DM 分子的负向调节蛋白。

30．在同种异型基因组织器官移植时，HLA Ⅰ 类和 Ⅱ 类分子作为同种异型抗原，可通过"直接识别"和"间接识别"模式引发移植排斥反应。

31．某些特定 HLA 基因与某些疾病的发生相关联，强直性脊柱炎与 HLA-B27、多发性硬化病与 HLA-DR2、类风湿关节炎与 HLA-DR4、胰岛素依赖性糖尿病与 HLA-DR3/DR4 等均存在着较高或高相关性。

32．HLA 复合体具有单体型遗传的特点。在同胞兄弟姐妹之间两个 HLA 单体型完全相同的概率为 25%，而有一个 HLA 单体型相同的概率为 50%。亲代与子代间则只能有一个单体型相同。

33．参考 24 题解析。

34．参考 31 题解析。

35．有 HLA-DR3 基因的个体，患乳糜泻的相对风险度为 10.8。

36．SARS-Cov-2 在被感染的细胞内增殖时，在细胞内产生的病毒抗原（内源性抗原）首先被蛋白酶体降解为 6～30 个氨基酸的小分子肽，之后被内质网膜上的 TAP 选择转运至内质网腔，再与 MHC Ⅰ 类分子结合形成 pMHC Ⅰ。在这一过程中，TAP 相关蛋白（tapasin）介导新合成的 MHC Ⅰ 类分子与 TAP 结合，有利于转入的抗原肽就近与 MHC Ⅰ 类分子结合。最后，pMHC Ⅰ 经高尔基体转运至靶细胞膜表面，提呈给 $CD8^+$ T 细胞识别。

37．Ⅰ 类基因区内含经典 HLA-A、B、C 基因座位和非经典 HLA-E、F、G 等基因座位。

38．Ⅱ 类基因区包括经典 HLA-DP、DQ、DR 亚区和介于 HLA-DP 与 HLA-DQ 亚区之间的免疫功能相关基因。

39．1937 年 Gorer 将近交系小鼠的肿瘤移植到同系小鼠体内，发现小鼠的 Ⅱ 型红细胞血型抗原激发迅速而强烈的移植排斥反应，遂把这种抗原命名为"antigen Ⅱ"。随后，Snell 等确定 antigen Ⅱ 的基因位于小鼠第 17 号染色体上的特定基因位点上，命名为 H-2 基因，H-2 基因编码的分子称为 H-2 抗原。后期研究发现，H-2 基因其实包含多个相互独立的基因位点，编码不同的细胞表面分子，因此，将 H-2 基因称为 H-2 复合体。

40．编码抗原加工相关转运体（transporter associated with antigen processing，TAP）的基因包括 TAP1 和 TAP2，二者编码的产物即表达于内质网膜上的 TAP 异二聚体，可介导胞质中被降解的内源性抗原肽进入内质网腔，参与对内源性抗原的加工提呈。

41．编码蛋白酶体 β 亚单位（proteasome subunit beta type，PSMB）的基因包括 PSMB8 和 PSMB9，二者的编码产物存在于胞质蛋白酶体中，其主要生物学功能是将进入蛋白酶体中的内源性抗原降解，使之成为适合于 HLA I 类分子提呈的内源性抗原肽。

42．表达于羊膜和绒毛膜滋养层细胞表面的 HLA-E 分子是 NK 细胞表面凝集素样受体家族成员（CD94/NKG2）识别的配体，因其与 NK 细胞表面杀伤抑制受体间的亲和力显著高于杀伤活化受体，故可抑制 NK 细胞对上述自身组织细胞产生杀伤破坏作用，在母胎耐受中发挥重要作用。

43．MHC I 类链相关基因 A/B（MHC class I-chain related gene A/B，MIC A/MIC B）是编码 MIC A 和 MIC B 分子的基因，其产物在乳腺癌、卵巢癌、胃癌和结肠癌等上皮肿瘤细胞表面高表达，是 NK 细胞杀伤活化受体 NKG2D 识别的配体。

44．HLA-DM 基因编码产物为 HLA-DM 分子，在 MHC II 类区室中可协助外源性抗原肽与 HLA II 类分子结合，参与对外源性抗原的提呈。

45．HLA 复合体位于第 6 号染色体短臂上，编码 HLA I 类分子的重链（α 链）和 HLA II 类分子的 α 链和 β 链，而 HLA I 类分子的轻链即 $β_2m$ 则由位于第 15 号染色体上的非 HLA 基因编码；人类 Ig 重链基因群位于第 14 号染色体长臂，而 Ig 轻链基因群位于第 2 号染色体短臂（κ 链基因）和第 22 号染色体长臂（λ 链基因）；小鼠的 *H-2* 基因位于小鼠的第 17 号染色体上。

46．参考 45 题解析。

47．参考 45 题解析。

48．HLA II 类分子的 α2 和 β2 结构域，其氨基酸组成和序列与免疫球蛋白恒定区具有高度同源性，故称为免疫球蛋白样区（Ig 样区），该区是 $CD4^+$ T 细胞表面 CD4 分子识别结合的部位。

49．HLA I 类分子是由重链（α 链）和轻链（$β_2m$）以非共价键连接组成的异二聚体糖蛋白，其 α 链的 α3 结构域是 $CD8^+$ T 细胞表面 CD8 分子识别结合的部位。

50．参考 20 题解析。

三、问答题

1．简述 HLA I 类和 II 类分子的结构及其主要作用。

【参考答案】HLA I 类分子是由 α 链（重链）和 $β_2m$（轻链）非共价结合组成的异二聚体糖蛋白分子。α 链是第 6 号染色体 HLA I 类基因编码的跨膜糖蛋白，其胞外区含有 α1、α2 和 α3 3 个结构域。其中 α1 与 α2 结构域共同组成 HLA I 类分子抗原肽结合槽，可容纳 8～10 个氨基酸组成的内源性抗原肽，且具有高度多态性；α3 结构域由第 15 号染色体基因编码，无多态性，与 $β_2m$ 非共价结合共同组成 HLA I 类分子的 Ig 样区，α3 结构域是 CTL 细胞表面 CD8 分子识别结合的配体。跨膜区所含疏水性氨基酸残基可将 HLA I 类分子锚定在细胞膜上。HLA II 类分子是由 HLA II 类基因编码的 α 链和 β 链以非共价键结合组成的异二聚体糖蛋白分子。其胞外区各含 2 个结构域，其中 α1 与 β1 结构域共同组成 HLA II 类分子的抗原肽结合槽，可容纳 13～17 个氨基酸残基组成的外源性抗原肽；α2 和 β2 结构域共同组成 HLA II 类分子的 Ig 样区，可与 Th 细胞表面 CD4 分子结合；跨膜区所含疏水性氨基酸残基可将 HLA II 类分子锚定在细胞膜上。

2．简述 HLA I 类和 II 类分子的表达和分布特点。

【参考答案】HLA I 类和 II 类各座位上的等位基因具有共显性表达的特点。因此，在只表达经典 HLA I 类分子的组织细胞表面具有来自父母双方的 3 对（共计 6 种）HLA I 类抗原分子；在组成性表达经典 HLA Ⅰ类和Ⅱ类分子的抗原提呈细胞表面具有来自父母双方的 6 对（共计 12 种）HLA Ⅰ类和Ⅱ类分子。经典 HLA Ⅰ类分子广泛分布于人体各种组织有核细胞及血小板表面，而在神经细胞、成熟红细胞和滋养层细胞表面尚未检出。HLA Ⅱ类分子主要存在于树突状细胞、巨噬细胞和 B 细胞等专职抗原提呈细胞，以及胸腺上皮细胞表面。HLA Ⅰ类和Ⅱ类分子也可出现于血清、尿液、唾液、精液和乳汁等体液中，称为分泌型或可溶型 HLA Ⅰ类和Ⅱ类分子。

3. 简述 HLA Ⅰ类和Ⅱ类分子的主要生物学功能。

【参考答案】（1）参与抗原提呈：在 APC 内，HLA Ⅰ类/Ⅱ类分子通过其抗原肽结合槽与内源/外源性抗原肽结合，可形成抗原肽 -HLA Ⅰ类/Ⅱ类分子复合物，并被转运表达于 APC 表面，可被 $CD8^+$ T 细胞或 $CD4^+$ T 细胞识别结合，启动适应性免疫应答。

（2）制约免疫细胞间的相互作用（MHC 限制性）：TCR 识别 APC 提呈的抗原肽 -MHC 分子复合物时，既要识别抗原肽，还要识别提呈抗原肽的自身 MHC 分子，这种 APC 和 T 细胞之间相互作用的限制性称为 MHC 限制性。研究证实：① APC 与 $CD8^+$ T 细胞之间的相互作用受 MHC Ⅰ类分子限制，即 $CD8^+$ T 细胞通常只能识别自身 APC 表面 MHC Ⅰ类分子提呈的内源性抗原肽；② APC 与 $CD4^+$ T 细胞之间的相互作用受 MHC Ⅱ类分子限制，即 $CD4^+$ T 细胞通常只能识别自身 APC 表面 MHC Ⅱ类分子提呈的外源性抗原肽。

（3）参与 T 细胞在胸腺中的发育：胸腺深皮质区双阳性 T 细胞通过 TCR 及 CD4/CD8 分子与胸腺皮质上皮细胞表面自身抗原肽 - MHC 复合物中的 MHC Ⅰ类/Ⅱ类分子抗原肽结合槽低亲和力结合（弱识别），可被诱导分化发育为 $CD8^+$ 或 $CD4^+$ 单阳性未成熟 T 细胞；单阳性 T 细胞与胸腺树突细胞表面自身抗原肽 -MHC Ⅰ类/Ⅱ类分子复合物高亲和力结合可发生凋亡，这导致发育成熟的 T 细胞对自身抗原表现为耐受。

（4）引发移植排斥反应：在同种异基因组织器官移植时，HLA Ⅰ类和Ⅱ类分子作为同种异型抗原，可刺激机体产生相应效应 T 细胞和抗体。上述免疫效应细胞和分子与移植物细胞表面相应 HLA Ⅰ类/Ⅱ类分子结合，可通过细胞毒等免疫损伤机制使供体组织细胞破坏产生移植排斥反应。

4. 何为 HLA 基因复合体的多基因性和多态性？试述其生物学意义。

【参考答案】HLA 复合体的多基因性是指 HLA 复合体中，有多个结构和功能相似的基因座，这个特性表现在各个个体中。多态性是指随机婚配的群体中，同一基因座位上有众多的等位基因，可编码两种以上产物，是一个群体中具有的特性。这两方面构成了 HLA 复合体基因的多样性，HLA 复合体也是目前已知人类基因组中最复杂的多态性系统。因为 HLA 复合体中基因座位众多，每一基因座均有众多复等位基因，各座位等位基因随机组合，导致 HLA 基因型的极端复杂性和表型的极端多样性。人是二倍体生物，HLA 复合体中的等位基因均为共显性，从而增加了 HLA 表型的多样性。HLA 表型的多样性一方面有利于群体适应复杂的环境改变，从而维持种群的生存，因为 MHC 的主要生物学功能是提呈抗原，启动适应性免疫应答，其多样性赋予群体（多态性）和个体（多基因性）提呈抗原的多样性；另一方面，在群体中难以寻找到 HLA 型别完全一致的个体，可用于个体识别，但不利于寻找同种移植物供者。

5. 试述 HLA 与临床医学的关系。

【参考答案】HLA 与临床医学有着密切的关系，主要表现在以下 4 个方面：① HLA 与疾病的关联，即携带某一 HLA 基因的个体对特定疾病表现为易感性或抗性的现象，如携带

HLA-B27 者易患强直性脊柱炎;②HLA 抗原表达异常与疾病有关,如多种肿瘤细胞 HLA Ⅰ类抗原表达减少或缺如,病变细胞得以逃避免疫监视;而某些自身免疫病的组织细胞可被诱导异常表达 HLA Ⅱ类抗原,可能将自身抗原提呈给自身反应性 T 细胞,导致自身免疫病;③同种器官移植时,供、受者间的组织相容性主要取决于 HLA 型别相合程度,从而决定移植排斥反应的发生与否或发生的强度;④HLA 型别不合的某些多次输血患者可发生非溶血性输血反应,应选择不含 HLA 抗体或 HLA 较匹配的血液;⑤HLA 在亲子鉴定等法医学上的应用,可利用 HLA 的高度多态性和单体型遗传等特点进行亲子鉴定及其他法医学上的 DNA 鉴定。

(初 明 王大军)

第八章

免疫器官和组织及其主要作用

一、名词解释

1. 中枢免疫器官（central immune organ）
2. 骨髓（bone marrow）
3. 胸腺（thymus）
4. 外周免疫器官（peripheral immune organ）
5. 黏膜相关淋巴组织（mucosal-associated lymphoid tissue，MALT）
6. 淋巴细胞归巢（lymphocyte homing）
7. 淋巴细胞再循环（lymphocyte recirculation）
8. 微皱褶细胞（microfold cell，M cell）

二、选择题

A 型题

1. 人体免疫细胞发生、发育、分化和成熟的场所是
   A. 胸腺和淋巴结　　　　　B. 骨髓和黏膜相关淋巴组织　C. 淋巴结和脾
   D. 胸腺和骨髓　　　　　　E. 脾和胸腺
2. 人体介导体液免疫最主要的细胞，其发育成熟的部位是
   A. 骨髓　　　　　　　　　B. 腔上囊　　　　　　　　C. 脾
   D. 胸腺　　　　　　　　　E. 肝
3. 能持久性产生大量 IgG 抗体的细胞主要位于
   A. 脾　　　　　　　　　　B. 淋巴结　　　　　　　　C. 骨髓
   D. 胸腺　　　　　　　　　E. 扁桃体
4. 人类造血干细胞表面具有鉴定意义的标志是
   A. CD16 和 CD56　　　　　B. CD1a 和 CD11c　　　　　C. CD3 和 CD4
   D. CD34 和 CD117　　　　 E. CD3 和 CD8
5. 在胸腺发育成熟的细胞是
   A. T 细胞　　　　　　　　B. 红细胞　　　　　　　　C. 血小板
   D. 巨噬细胞　　　　　　　E. 嗜碱性粒细胞
6. 人体介导细胞免疫最主要的细胞，其发育成熟的部位是
   A. 骨髓　　　　　　　　　B. 腔上囊　　　　　　　　C. 脾

D. 胸腺　　　　　　　　　　　E. 淋巴结

7. 胸腺细胞经过阳性选择可分化发育为
   A. $CD4^+CD8^+$ 双阳性 T 细胞　　　　B. $CD4^-CD8^-$ 双阴性 T 细胞
   C. $CD4^+$ 或 $CD8^+$ 未成熟单阳性 T 细胞　　D. $CD4^+$ 或 $CD8^+$ 成熟单阳性 T 细胞
   E. $CD4^+$ 或 $CD8^+$ 初始 T 细胞

8. 阴性选择在 T 细胞发育过程中扮演的角色是
   A. 对自身抗原形成中枢免疫耐受　　　　B. 获得 MHC 限制性
   C. 对自身抗原形成外周免疫耐受　　　　D. 发生在阳性选择之前
   E. 主要发生于胸腺皮质区

9. 动物新生期切除胸腺的后果是
   A. 细胞免疫功能缺陷，体液免疫功能正常
   B. 细胞免疫功能正常，体液免疫功能缺陷
   C. 细胞和体液免疫功能均不受影响
   D. 细胞免疫功能缺陷，体液免疫功能受损
   E. 机体造血和免疫功能均有损害

10. 对外周免疫器官错误的叙述是
    A. 是 T、B 淋巴细胞定居的部位
    B. 包括淋巴结、脾和黏膜相关淋巴组织
    C. 是 T、B 淋巴细胞分化成熟的部位
    D. 是 T、B 淋巴细胞增殖分化的部位
    E. 是免疫应答发生的部位

11. B 细胞主要位于淋巴结的
    A. 皮质区　　　　　　B. 深皮质区　　　　　C. 浅皮质区
    D. 副皮质区　　　　　E. 髓窦

12. 在胸腺发育成熟的免疫细胞主要定居于淋巴结的
    A. 皮质区　　　　　　B. 深皮质区　　　　　C. 浅皮质区
    D. 淋巴滤泡　　　　　E. 髓窦

13. 外周血中成熟的 $CD3^+CD4^+$ 细胞主要源于
    A. 骨髓　　　　　　　B. 腔上囊　　　　　　C. 脾
    D. 胸腺　　　　　　　E. 淋巴结

14. 淋巴结中最多的细胞，其表达的 CD 分子是
    A. CD3　　　　　　　B. CD4　　　　　　　C. CD8
    D. CD19　　　　　　 E. CD56

15. 以下关于淋巴结的功能描述中，错误的是
    A. 提供成熟淋巴细胞定居的场所　　　B. 参与 T 细胞选择性发育过程
    C. 提供免疫应答的场所　　　　　　　D. 清除病原菌
    E. 参与淋巴细胞再循环

16. 淋巴结内毛细血管中 T、B 细胞进入淋巴结需要通过
    A. 高内皮小静脉　　　B. 输入淋巴管　　　　C. 中央动脉
    D. 被膜下窦　　　　　E. 边缘区

17. 下述可对抗原进行特异识别与应答的免疫器官或者细胞是
    A. 脑　　　　　　　　　　　　B. 浆细胞
    C. NK 细胞　　　　　　　　　　D. 脾和淋巴结中的巨噬细胞
    E. 脾和淋巴结中的 B 细胞
18. 浆细胞的主要储存场所是
    A. 胸腺　　　　　B. 骨髓　　　　　C. 肝
    D. 脾　　　　　　E. 淋巴结
19. 聚积形成脾和淋巴结生发中心的主要细胞是
    A. T 细胞　　　　B. B 细胞　　　　C. 粒细胞
    D. 巨噬细胞　　　E. NK 细胞
20. 人体最大的外周免疫器官是
    A. 骨髓　　　　　B. 腔上囊　　　　C. 脾
    D. 胸腺　　　　　E. 淋巴结
21. 在胸腺发育成熟的免疫细胞主要定居于脾的
    A. 动脉周围淋巴鞘　B. 脾淋巴滤泡　　C. 边缘区
    D. 脾索　　　　　E. 脾血窦
22. 淋巴结浅皮质区定居最多的免疫细胞在脾中主要分布的区域是
    A. 动脉周围淋巴鞘　B. 淋巴滤泡　　　C. 边缘区
    D. 脾索　　　　　E. 脾血窦
23. 作为机体抗感染免疫第一道防线的外周免疫器官是
    A. 骨髓　　　　　B. 腔上囊　　　　C. 脾
    D. 黏膜相关淋巴组织　E. 淋巴结
24. 不属于外周免疫器官和组织的是
    A. 脾　　　　　　B. 淋巴结　　　　C. 胸腺
    D. 肠相关淋巴组织　E. 支气管相关淋巴组织
25. 机体再次体液免疫应答发生的部位主要是
    A. 胸腺　　　　　B. 骨髓　　　　　C. 脾
    D. 黏膜相关淋巴组织　E. 淋巴结
26. 出生后，人类造血干细胞的主要来源是
    A. 胸腺　　　　　B. 淋巴结　　　　C. 骨髓
    D. 肝　　　　　　E. 脾
27. 脾中央动脉侧支血管内 T、B 细胞进入白髓的部位是
    A. 髓微静脉　　　B. 小梁动脉　　　C. 小梁静脉
    D. 边缘区　　　　E. 边缘窦
28. 成熟 T 细胞和 B 细胞定居的场所不包括
    A. 扁桃体　　　　B. 胸腺　　　　　C. 脾
    D. 肠淋巴结　　　E. 腹股沟淋巴结
29. 有关免疫器官和组织的说法，错误的是
    A. 骨髓是所有免疫细胞发育和成熟的场所
    B. 在胸腺内 T 细胞经历阴性选择获得中枢免疫耐受

C. 淋巴结是 T 细胞定居的主要场所

D. 黏膜免疫系统是局部免疫应答发生的场所

E. 脾是人体最大的外周免疫器官

30. 下列关于脾的功能描述，错误的是
    A. 是成熟的 T 细胞定居的场所
    B. 是成熟的 B 细胞定居的场所
    C. 是对血源性抗原产生免疫应答的场所
    D. 是对引流淋巴液而来的抗原产生免疫应答的场所
    E. 可吞噬清除外周血中衰老的红细胞

31. 散布于肠上皮细胞之间的 M 细胞是一种
    A. 具有吞噬消化功能的细胞　　　　B. 具有抗原加工作用的细胞
    C. 特化的抗原转运细胞　　　　　　D. 特殊的抗原提呈细胞
    E. 特殊的淋巴细胞

32. 人体淋巴细胞归巢的目的地不包括
    A. 胸腺　　　　　　B. 扁桃体　　　　　　C. 脾
    D. 淋巴结　　　　　E. 黏膜相关淋巴组织

33. 在淋巴细胞归巢中发挥关键性作用的免疫分子是
    A. 抗体　　　　　　B. 淋巴细胞受体　　　C. 补体
    D. 细胞因子　　　　E. 黏附分子

34. 以下关于淋巴细胞再循环生物学意义的叙述，错误的是
    A. 使体内 T、B 淋巴细胞在中枢免疫器官的分布更趋合理
    B. 增加淋巴细胞与抗原及抗原提呈细胞接触的机会
    C. 有利于适应性免疫应答的发生
    D. 使全身免疫器官和组织形成一个有机的整体
    E. 有利于动员各种免疫细胞和效应细胞迁移至病原体所在部位发挥免疫效应

35. 黏膜相关淋巴组织中的 B 细胞主要产生
    A. IgG 类抗体　　　B. SIgA 类抗体　　　　C. IgE 类抗体
    D. IgM 类抗体　　　E. IgD 类抗体

36. 成年男性意外受到非致死剂量的核辐射，导致造血干细胞受损，以下最不可能出现的症状是
    A. 贫血　　　　　　B. 凝血功能障碍　　　C. 红细胞增多症
    D. 机会性感染　　　E. 菌血症

37. 如果胸腺内 T 细胞发育过程中阴性选择障碍，该个体易患的疾病是
    A. 超敏反应　　　　B. 自身免疫病　　　　C. 免疫缺陷性疾病
    D. 肿瘤　　　　　　E. 机会性感染

38. 患者，男，50 岁。葡萄球菌性菌血症 1 周。该患者体积增大最明显的组织结构是
    A. 脾的动脉周围淋巴鞘　　B. 脾的淋巴滤泡　　　C. 脾边缘区
    D. 淋巴结的浅皮质区　　　E. 淋巴结的深皮质区

39. 患儿，男。出生后出现持续性鹅口疮，9 个月后因真菌性肺炎死亡。尸检发现其胸腺发育不全。此患儿发生持续感染主要是由于

A. 继发性免疫缺陷　　B. 细胞免疫缺陷　　C. 体液免疫缺陷
D. 吞噬细胞缺陷　　　E. 补体系统缺陷

40. 患者，女，52岁。小腿外侧某胞外寄生菌感染1周。请问该患者体积明显增大的部位最可能是
    A. 脾的动脉周围淋巴鞘　　B. 脾小结　　C. 脾边缘区
    D. 引流淋巴结的浅皮质区　E. 引流淋巴结的深皮质区

B型题

（41~45题共用备选答案）
A. 胸腺　　B. 骨髓　　C. 血液
D. 感染部位　　E. 淋巴结

41. B细胞发育成熟的场所是
42. T细胞发育成熟的场所是
43. 成熟T细胞和B细胞定居的主要部位是
44. 运输静止期T细胞和B细胞的主要载体是
45. T细胞应答时，抗原的摄取主要发生在

（46~50题共用备选答案）
A. NK细胞　　B. 树突状细胞　　C. T细胞
D. B细胞　　　E. M细胞

46. 既可来源于共同淋巴样前体细胞，又可来源于共同髓样前体细胞的细胞是
47. 散布于肠黏膜上皮细胞间的具有抗原转运功能的细胞是
48. 仅来源于共同淋巴样前体细胞的固有免疫细胞是
49. 位于生发中心的细胞主要是
50. 分布在脾中央动脉周围淋巴鞘的细胞主要是

三、问答题

1. 简述人类中枢免疫器官和外周免疫器官的组成和功能。
2. 简述B细胞在骨髓中的发育成熟过程。
3. 试述T细胞在胸腺中的分化发育过程。
4. 什么是淋巴细胞再循环？简述其生物学意义。
5. 简述黏膜相关淋巴组织的组成。

参考答案与解析

一、名词解释

1. 中枢免疫器官（central immune organ）：是免疫细胞发生、分化、发育和成熟的主要场所，对外周免疫器官发育也有重要影响。人和其他哺乳动物的中枢免疫器官包括骨髓和胸腺，禽类中枢免疫器官由腔上囊和胸腺组成。

2. 骨髓（bone marrow）：是产生多能造血干细胞及其分化而成的各种血细胞前体和多种成熟血细胞的造血器官，也是人或哺乳动物 B 细胞发育成熟的中枢免疫器官和机体发生再次体液免疫应答的主要场所。

3. 胸腺（thymus）：是 T 细胞分化、发育、成熟的场所，是中枢免疫器官。始祖 T 细胞随血液进入胸腺后，在胸腺内经过早期发育、阳性和阴性选择 3 个阶段后，分化、发育为具有免疫活性的成熟的 T 细胞，它们通过血液循环进入外周免疫器官，介导适应性免疫应答。

4. 外周免疫器官（peripheral immune organ）：是成熟 T、B 细胞定居和接受抗原刺激后产生免疫应答的主要场所，也是滤过清除淋巴和血液中病原微生物等有害物质的重要免疫器官，主要包括淋巴结、脾和黏膜相关淋巴组织。

5. 黏膜相关淋巴组织（mucosal-associated lymphoid tissue，MALT）：是发生黏膜免疫应答的主要场所，在黏膜局部抗感染免疫防御中具有重要作用。MALT 主要由呼吸道、肠道、泌尿生殖道黏膜固有层中弥散淋巴组织或细胞，以及含有淋巴滤泡或生发中心的淋巴聚集体，如扁桃体、小肠派尔集合淋巴结、大肠孤立淋巴滤泡和阑尾等组成。

6. 淋巴细胞归巢（lymphocyte homing）：是 T、B 细胞离开中枢免疫器官后，经血液循环定向迁移并定居于外周免疫器官或组织某些特定区域的过程。T、B 细胞可通过表面 L-选择素等归巢受体和 CCR7 等趋化因子受体与外周免疫器官或组织中血管内皮细胞表面相应配体，即 GlyCAM-1 或 CD34 等血管地址素及膜型/分泌型 CCL21 等趋化因子结合相互作用实现其归巢目的。

7. 淋巴细胞再循环（lymphocyte recirculation）：指淋巴细胞离开中枢免疫器官后，在血液、淋巴液、外周免疫器官或组织间反复循环的过程。

8. 微皱褶细胞（microfold cell，M cell）：是位于小肠派尔集合淋巴结上方肠黏膜上皮细胞之间的一种特化的抗原转运细胞（specialized antigen transporting cell），简称 M 细胞。该种细胞可通过内吞或吞噬等作用将小肠内病原体等抗原性物质以囊泡形式摄入胞内，并通过转胞吞作用将病原体等抗原性异物输送到 M 细胞基底膜下凹陷处，被局部树突状细胞摄取、加工提呈，启动适应性免疫应答。

二、选择题

1．D　2．A　3．C　4．D　5．A　6．D　7．C　8．A　9．D　10．C　11．C
12．B　13．D　14．A　15．B　16．A　17．E　18．B　19．B　20．C　21．A
22．B　23．D　24．C　25．D　26．C　27．E　28．C　29．D　30．D　31．C
32．A　33．E　34．D　35．D　36．C　37．D　38．B　39．B　40．D　41．B
42．A　43．E　44．C　45．D　46．D　47．C　48．A　49．D　50．C

解析：

1. 中枢免疫器官包括骨髓和胸腺，它们是人和其他灵长类动物或啮齿目动物的免疫细胞发生、发育、分化和成熟的主要场所，又称中枢淋巴器官和组织。

2. 介导体液免疫最主要的细胞是 B 细胞，人和其他灵长目动物体内 B 细胞在中枢免疫器官骨髓内通过始祖 B 细胞、前 B 细胞、未成熟 B 细胞、成熟 B 细胞 4 个阶段发育分化成熟。

3. 记忆性 B 细胞参与淋巴细胞再循环，它们在外周免疫器官接受相同抗原刺激后可返回骨髓迅速增殖分化为浆细胞，持久地合成分泌大量抗体（主要是 IgG 类抗体），是血清抗体的主要来源。脾、淋巴结等外周免疫器官产生抗体的速度快，但持续时间较短。因此，能持久性产生大量 IgG 类抗体的细胞是再次体液免疫应答中分化形成的浆细胞，主要位于骨髓。

4．CD34 和 CD117 是人类造血干细胞的重要表面标志和功能分子：应用抗 CD34 单克隆抗体可从骨髓、胚肝或脐血中分离获得造血干细胞用于临床相关疾病的治疗；CD117 是存在于不同分化阶段造血干细胞表面的干细胞因子受体，能与干细胞因子结合诱导不同分化阶段造血干细胞的分化发育。

5．造血干细胞在骨髓中首先分化为共同髓样前体和共同淋巴样前体。共同淋巴样前体在骨髓中首先分化为始祖 B 细胞、始祖 T 细胞、固有淋巴样细胞前体，其中始祖 B 细胞、固有淋巴样细胞前体在骨髓中进一步分化发育为成熟的 B 细胞和固有淋巴样细胞后释放入血，而始祖 T 细胞则通过血液循环进入胸腺发育为成熟 T 细胞后释放入血。

6．介导细胞免疫最主要的细胞是 T 细胞，始祖 T 细胞随血液从骨髓进入胸腺后经过早期发育、阳性选择、阴性选择 3 个阶段，可分化发育为成熟 T 细胞，所以 T 细胞在中枢免疫器官胸腺内发育成熟。

7．T 细胞在胸腺内发育过程中的阳性选择发生于胸腺皮质区。未成熟双阳性 T 细胞表面 TCR 识别结合胸腺上皮细胞表面自身抗原肽 -MHC 分子复合物，如果 TCR 与胸腺上皮细胞表面自身抗原肽 -MHC 分子复合物中 MHC Ⅱ / Ⅰ 类分子抗原肽结合槽低亲和力结合（弱识别），可进一步分化发育为未成熟的单阳性细胞；TCR 与上述自身抗原肽 -MHC Ⅱ / Ⅰ 类分子复合物高亲和力结合（强识别）或未与上述复合物结合的双阳性 T 细胞则发生凋亡。通过阳性选择可获得发挥作用受 MHC 限制的 $CD4^+$ 或 $CD8^+$ 未成熟单阳性 T 细胞。

8．阴性选择主要发生在胸腺皮质与髓质交界处，位于该处的胸腺树突状细胞和巨噬细胞高表达自身抗原肽 -MHC Ⅱ / Ⅰ 类分子复合物。经历阳性选择后的未成熟单阳性 T 细胞通过表面 TCR 及 CD4/CD8 分子与胸腺树突状细胞或巨噬细胞表面相应自身抗原肽 -MHC Ⅱ / Ⅰ 类分子复合物高亲和力结合可发生凋亡，导致体内高亲和力自身反应性 T 细胞被清除，即对自身抗原形成中枢免疫耐受；而那些以低亲和力或未能与树突状细胞或巨噬细胞表面自身抗原肽 -MHC Ⅱ / Ⅰ 类分子复合物结合的未成熟单阳性 T 细胞则得以存活，进而分化发育为 $CD4^+$ 或 $CD8^+$ 成熟 T 细胞后离开胸腺迁入外周免疫器官定居。

9．T 细胞是在胸腺内发育成熟的，动物新生期切除胸腺后由 T 细胞介导的细胞免疫功能缺陷。由于 TD-Ag 诱导 B 细胞活化过程中需要 T 细胞辅助，所以 B 细胞介导的体液免疫功能受损。

10．外周免疫器官是成熟 T、B 淋巴细胞定居和接受抗原刺激后产生免疫应答的主要场所，也是滤过清除淋巴和血液中病原微生物等有害物质的重要免疫器官，主要包括淋巴结、脾和黏膜相关淋巴组织。而 T、B 淋巴细胞是在中枢免疫器官发育成熟的。

11．外周免疫器官是成熟 T、B 淋巴细胞定居的主要场所，淋巴结属于外周免疫器官。淋巴结实质分为皮质和髓质两部分，B 细胞主要定居于浅皮质区，T 细胞主要定居于深皮质区。

12．在胸腺发育成熟的免疫细胞是 T 细胞。淋巴结属于外周免疫器官，淋巴结实质分为皮质和髓质两部分，成熟的 B 细胞主要定居于淋巴结浅皮质区，成熟 T 细胞主要定居于淋巴结深皮质区。

13．胸腺是诱导始祖 T 细胞分化发育成熟的场所，始祖 T 细胞随血液由骨髓进入胸腺后经过早期发育、阳性选择、阴性选择3个阶段，可分化发育为成熟的 $CD3^+CD4^+$ 和 $CD3^+CD8^+$ 单阳性T细胞，经血液循环迁移至外周免疫器官。

14．淋巴结是成熟T、B淋巴细胞主要定居场所之一，其中T细胞约占淋巴结内淋巴细胞总数的75%，B细胞约占25%。CD3分子是T细胞特征性表面标志，代表T细胞的总数；CD4分子和CD8分子分别是Th细胞和CTL的重要表面标志；CD19分子是B细胞特征性表面标志；CD56是NK细胞的重要表面标志。

15．淋巴结属于外周免疫器官，是成熟T、B淋巴细胞定居和接受抗原刺激后产生免疫应答的主要场所，参与淋巴细胞再循环，滤过清除病原体等有害物质。而T细胞是在胸腺内经历阳性选择和阴性选择发育成熟。

16．位于淋巴结深皮质区的高内皮小静脉是血管内T、B细胞进入淋巴结的重要"门户"。高内皮小静脉的内皮细胞表面特有的黏附分子及其微环境中某些特定趋化因子与T、B细胞表面相应黏附分子和趋化因子受体之间的相互作用，是血管内T、B细胞能够定向迁移到淋巴结内相应区域的重要原因。

17．能够对抗原特异识别与应答的免疫细胞为具有特异性抗原识别受体的T细胞和B细胞。在外周免疫器官，T细胞和B细胞特异性识别抗原后，启动适应性免疫应答。外周免疫器官包括淋巴结、脾和黏膜相关淋巴组织。

18．记忆B细胞参与淋巴细胞再循环，它们在外周免疫器官接受相同抗原刺激后可返回骨髓迅速增殖分化为浆细胞，并通过持续合成分泌IgG类抗体引发再次体液免疫应答，是血清抗体的主要来源，所以浆细胞的主要储存场所是骨髓。

19．脾和淋巴结生发中心聚积大量活化的B细胞，是发生体液免疫应答的主要部位。

20．脾是人体最大的外周免疫器官，也是产生抗体的主要器官之一，同时具有贮血和滤过除菌作用。

21．脾的实质包括白髓、红髓和边缘区。白髓富含T/B淋巴细胞，是免疫应答发生的主要场所，主要由富含T细胞的中央动脉周围淋巴鞘和内含大量B细胞的淋巴滤泡组成；红髓由脾索和脾血窦组成，内含B细胞、浆细胞、T细胞、巨噬细胞和树突状细胞；边缘区是T细胞和B细胞进入白髓或血窦的区域。在胸腺发育成熟的免疫细胞是T细胞，其主要分布于脾的中央动脉周围淋巴鞘。

22．脾的实质包括白髓、红髓和边缘区。白髓富含T/B淋巴细胞，是免疫应答发生的主要场所，主要由富含T细胞的中央动脉周围淋巴鞘和内含大量B细胞的淋巴滤泡组成；红髓由脾索和脾血窦组成，内含B细胞、浆细胞、T细胞、巨噬细胞和树突状细胞；边缘区是T细胞和B细胞进入白髓或血窦的区域。在淋巴结浅皮质区定居最多的免疫细胞是成熟的B细胞，B细胞主要分布于脾的淋巴滤泡。

23．黏膜相关淋巴组织是发生黏膜局部免疫应答的主要场所，在黏膜抗感染免疫防御中具有重要作用，是机体抗感染免疫的第一道防线，包括：呼吸道、肠道、泌尿生殖道黏膜层上皮细胞和固有层中弥散淋巴组织或免疫细胞，以及含有淋巴滤泡或生发中心的淋巴聚集体，如扁桃体、小肠派尔集合淋巴结和阑尾等。

24．外周免疫器官是成熟T、B淋巴细胞定居和接受抗原刺激后产生免疫应答的主要场所，也是滤过清除淋巴和血液中病原微生物等有害物质的重要免疫器官。包括淋巴结、脾和黏膜相关淋巴组织，其中黏膜相关淋巴组织分布广泛，可分为肠相关淋巴组织、鼻相关淋巴组织和支气管相关淋巴组织。胸腺是中枢免疫器官，是T细胞发育成熟的部位。

25．记忆 B 细胞参与淋巴细胞再循环，它们接受相同抗原刺激后可返回骨髓迅速增殖分化为浆细胞，并通过持续合成分泌 IgG 类抗体引发再次体液免疫应答。因此，骨髓不仅是各种血细胞发生和 B 细胞分化发育成熟的场所，也是引发再次体液免疫应答的主要场所。

26．多能造血干细胞简称造血干细胞，它们最早产生于胚胎卵黄囊，妊娠第 4 周出现于胚肝，妊娠 5 个月至出生后主要由骨髓产生。

27．脾的白髓与红髓交界处狭窄区域称为边缘区。中央动脉侧支末端在该处膨大形成边缘窦，血管内 T、B 细胞可从边缘窦进入白髓相应部位；白髓内 T、B 细胞也可从边缘区进入血窦，再经髓微静脉汇入小梁静脉后通过脾静脉出脾进入血液参与淋巴细胞再循环。

28．外周免疫器官是成熟 T 细胞和 B 细胞定居的主要部位，包括淋巴结、脾和黏膜相关淋巴组织，胸腺是 T 细胞发育成熟的部位。

29．骨髓是各种免疫细胞发生的场所，有些免疫细胞在骨髓发育成熟，但 T 细胞是在胸腺内发育成熟的。

30．脾是外周免疫器官，是成熟的 T/B 细胞定居和发生免疫应答的主要部位，参与淋巴细胞再循环，滤过清除病原体等抗原性异物。作为外周免疫器官，脾和淋巴结均为适应性免疫应答发生的场所，但是脾是血液循环抗原诱导产生免疫应答的主要场所，淋巴结是淋巴循环抗原诱导产生免疫应答的主要场所。

31．M 细胞是一种特化的抗原转运细胞，可通过内吞或吞噬作用将小肠内病原体等抗原性物质以囊泡形式摄入胞内，继而通过转胞吞作用将病原体等抗原性异物输送到 M 细胞基底膜下凹陷处后，被局部树突状细胞摄取并将抗原加工产物以抗原肽-MHC 分子复合物形式表达于细胞表面，供相关 T 细胞识别启动适应性免疫应答。

32．淋巴细胞归巢是指 T、B 等淋巴细胞离开中枢免疫器官后，经血液循环定向迁移到外周免疫器官或组织某些特定区域的过程，胸腺是中枢免疫器官，不是淋巴细胞归巢的目的地。

33．T、B 淋巴细胞归巢是通过其表面 L-选择素等归巢受体和 CCR7 等趋化因子受体与外周免疫器官或组织中血管内皮细胞表面相应配体，即 GlyCAM-1 或 CD34 等血管地址素及膜型/分泌型趋化因子 CCL21 结合相互作用实现的。上述免疫分子均属于黏附分子。

34．淋巴细胞再循环的主要生物学意义如下：使体内 T、B 等淋巴细胞在外周免疫器官和组织中的分布合理有序；有助于上述淋巴细胞对病原体等抗原性异物的识别和相关免疫应答的启动；使全身免疫器官和组织形成一个有机的整体，并将免疫信息传递至全身各处的淋巴细胞和其他免疫细胞，有利于动员各种免疫细胞和效应细胞迁移至病原体、肿瘤或其他抗原性异物所在部位发挥免疫效应。

35．黏膜相关淋巴组织中的 B 细胞多为产生分泌型 IgA（SIgA）的 B 细胞，B 细胞在黏膜局部受抗原刺激后所产生的大量 SIgA，经黏膜上皮细胞分泌至黏膜表面，成为黏膜局部抵御病原微生物感染的主要机制。

36．造血干细胞是具有自我更新和多向分化潜能的造血前体细胞，在骨髓造血诱导微环境中可增殖分化为各种血细胞前体和多种功能不同的血细胞，包括红细胞、血小板、粒细胞、单核细胞、树突状细胞、淋巴细胞。所以造血干细胞受损会影响机体的造血功能和免疫功能。红细胞发育障碍可引起贫血，血小板发育障碍可引起凝血功能障碍，各种免疫细胞发育障碍可引起机会性感染和菌血症。因此最不可能发生红细胞增多症。

37．T 细胞在胸腺内经历阴性选择时，未成熟单阳性 T 细胞通过表面 TCR 及 CD4/CD8

分子与胸腺树突状细胞或巨噬细胞表面相应自身抗原肽-MHC Ⅱ / Ⅰ类分子复合物高亲和力结合可发生凋亡,导致体内高亲和力自身反应性T细胞被清除,即对自身抗原形成中枢免疫耐受。如果阴性选择障碍,自身反应性T细胞未被大量清除,则易引起自身免疫病。

38. 葡萄球菌属于胞外细菌,引起机体发生的适应性免疫应答以B细胞介导的体液免疫为主。脾是血液循环中的抗原诱导产生免疫应答的主要场所,B细胞主要分布于脾的淋巴滤泡中。葡萄球菌性菌血症患者体内的细菌随血液循环到达脾,淋巴滤泡中特异性B细胞活化、增殖发生体液免疫应答,引起脾的淋巴滤泡体积增大。

39. 胸腺属于中枢免疫器官,是T细胞发育分化成熟的场所。胸腺发育不全,导致T细胞发育障碍,引起细胞免疫缺陷。因为胸腺依赖性抗原诱导机体产生体液免疫应答需要T细胞的辅助,所以T细胞发育障碍也会导致体液免疫受损。

40. 胞外寄生菌经淋巴液进入局部引流的淋巴结,可被树突状细胞等抗原提呈细胞摄取,或者胞外寄生菌被分布于局部组织中的抗原提呈细胞摄取后再迁移到局部引流淋巴结,引起免疫应答的发生。胞外寄生菌引起的适应性免疫应答以B细胞介导的体液免疫为主,淋巴结中的B细胞主要位于淋巴结的浅皮质区,B细胞在淋巴结浅皮质区内活化增殖形成生发中心,发生体液免疫应答,导致引流淋巴结的浅皮质区体积增大。

41. 骨髓是各类血细胞的发源地,也是人和小鼠B细胞发育成熟的中枢免疫器官。B细胞在骨髓中能以抗原非依赖方式,通过始祖B细胞、前B细胞、未成熟B细胞、成熟B细胞4个阶段发育分化成熟。

42. 胸腺是诱导始祖T细胞分化发育成熟的场所,始祖T细胞随血液进入胸腺后经过早期发育、阳性选择和阴性选择,可分化发育为具有免疫活性的成熟T细胞,即初始T细胞。

43. 外周免疫器官包括淋巴结、脾和黏膜相关淋巴组织,它们是成熟的T细胞和B细胞定居和接受抗原刺激后产生免疫应答的主要部位。

44. T细胞和B细胞主要以静止期的形态在血液中进行运输,从而组成了淋巴细胞再循环的重要环节。

45. 未成熟树突状细胞可在感染局部摄取病原体等抗原性异物后开始迁移并对抗原进行加工处理,它们经血液或淋巴循环到达外周免疫器官后开始发育成熟。成熟树突状细胞高表达非己抗原肽-MHC分子复合物和B7等共刺激分子,可有效激活抗原特异性初始T细胞,参与适应性细胞或体液免疫应答。

46. 树突状细胞包括来源于骨髓共同淋巴样前体的浆细胞样树突状细胞、来源于骨髓共同髓样前体的髓样树突状细胞和来源于间充质祖细胞的滤泡树突状细胞。

47. 小肠的派尔集合淋巴结位于肠黏膜固有层中,其上方为肠黏膜上皮细胞和少量散布于肠上皮细胞之间的M细胞。M细胞是一种特化的抗原转运细胞,可通过内吞或吞噬作用将小肠内病原体等抗原性物质以囊泡形式摄入胞内,再经转胞吐作用将病原体等抗原性异物输送到M细胞基底膜下凹陷处后,被局部树突状细胞摄取并将抗原加工产物以抗原肽-MHC分子复合物形式表达于细胞表面,供T细胞识别启动适应性免疫应答。

48. B细胞、T细胞、NK细胞、固有淋巴样细胞和浆细胞样树突状细胞均来源于共同淋巴样前体。选项中NK细胞和树突状细胞为固有免疫细胞,但树突状细胞中的髓样树突状细胞来源于共同髓样前体,所以选项A正确。

49. 淋巴结的浅皮质区和脾的白髓含有初级淋巴滤泡,内含大量B细胞、滤泡树突状细胞以及少量 Th 细胞等，可因 B 细胞接受抗原刺激后增殖分化形成生发中心。

50．脾的白髓主要由富含 T 细胞、少量树突状细胞和巨噬细胞的中央动脉周围淋巴鞘和内含大量 B 细胞以及少量树突状细胞和巨噬细胞的淋巴滤泡组成。所以，主要分布于中央动脉周围淋巴鞘的细胞为 T 细胞。

三、问答题

1．简述人类中枢免疫器官和外周免疫器官的组成和功能。

【参考答案】人类中枢免疫器官包括骨髓和胸腺，它们是免疫细胞发生、发育、分化和成熟的主要场所。骨髓是诱导多能造血干细胞分化发育的场所，也是诱导 B 细胞发育成熟和发生再次体液免疫应答的免疫器官。胸腺是 T 细胞发育成熟的场所。

外周免疫器官包括淋巴结、脾和黏膜相关淋巴组织，它们是成熟 T、B 淋巴细胞定居和接受抗原刺激后产生免疫应答的主要场所，也是滤过清除淋巴和血液中病原微生物等有害物质的重要免疫器官。

2．简述 B 细胞在骨髓中的发育成熟过程。

【参考答案】B 细胞在骨髓中以抗原非依赖的方式分化发育，经历始祖 B 细胞、前 B 细胞、未成熟 B 细胞和成熟 B 细胞 4 个阶段。

（1）始祖 B 细胞发育阶段：始祖 B 细胞不表达 B 细胞受体（BCR），通过表面黏附分子迟现抗原 -4（VLA-4）和干细胞因子受体（SCFR）与骨髓基质细胞表面血管细胞黏附分子 -1（VCAM-1）和膜表面干细胞因子（mSCF）结合相互作用后，可通过表达 IL-7R 并与骨髓基质细胞分泌的 IL-7 结合而使其编码 Ig 重链（μ链）的基因发生重排分化发育为前 B 细胞。

（2）前 B 细胞发育阶段：前 B 细胞胞质中出现 μ 链（IgM 重链），膜表面出现由 μ 链与替代性轻链组成的前 B 细胞受体；该受体没有抗原识别结合能力，但其表达后可诱导前 B 细胞编码 Ig 轻链的基因发生重排使之分化发育为未成熟 B 细胞。

（3）未成熟 B 细胞发育阶段：未成熟 B 细胞表面出现功能性 B 细胞抗原受体，即由膜表面单体 IgM（BCR）与 Igα/Igβ 异二聚体结合组成的 BCR-Igα/Igβ 复合体。上述未成熟 B 细胞通过表面 BCR-Igα/Igβ 复合体与骨髓基质细胞表面相应自身抗原高亲和力结合，可导致相关自身反应性 B 细胞克隆清除；与相应可溶性自身抗原结合后可因其 BCR 表达下调，而使相关自身反应性 B 细胞克隆失能形成中枢免疫耐受；在那些未与骨髓基质细胞表面自身抗原结合或低亲和力结合的未成熟 B 细胞中，有些在骨髓中分化发育为成熟 B 细胞，有些进入脾后分化发育为成熟 B 细胞。

（4）成熟 B 细胞发育阶段：成熟 B 细胞同时表达由 mIgM 和 mIgD 分别与 Igα/Igβ 异二聚体结合组成的 BCR-Igα/Igβ 复合体及其共受体，即 CD19-CD21-CD81 复合体。成熟 B 细胞是具有免疫应答能力的 B 细胞，它们在外周免疫器官定居参与免疫应答。

3．试述 T 细胞在胸腺中的分化发育过程。

【参考答案】胸腺是诱导始祖 T 细胞分化发育成熟的场所，始祖 T 细胞随血液进入胸腺后经过早期发育、阳性选择、阴性选择 3 个阶段，可分化发育为具有免疫活性的成熟 T 细胞，即初始 T 细胞。

（1）早期发育阶段：始祖 T 细胞来源于骨髓共同淋巴样前体，进入胸腺后不表达 TCR、CD4 和 CD8 分子，称为 CD4⁻CD8⁻ 双阴性细胞，简称 DN 细胞。DN 细胞编码 TCRβ 链的基因发生重排成功表达 β 链，并与一条被称为前 T 细胞 α 链的替代链配对组成前 T 细胞受体。CD4⁻CD8⁻双阴性前T细胞增殖活跃可同时表达CD4分子和CD8分子，但只有少数（约5%）发生TCR α链基因重排成功表达α链；当上述α链与β链配对组成功能性T细胞受体并与CD3分子结合组成TCR-CD3复合体后，上述双阴性前T细胞可分化发育为具有抗原识别和信号转导功能的CD4⁺CD8⁺双阳性细胞，此即未成熟双阳性T细胞，简称DP细胞。

(2) 阳性选择阶段：发生于胸腺皮质区，未成熟双阳性T细胞通过表面TCR分子与胸腺上皮细胞表面自身抗原肽-MHC分子复合物中MHC Ⅱ/Ⅰ类分子抗原肽结合槽低亲和力结合，可分化发育为具有抗原识别功能的CD4⁺或CD8⁺未成熟单阳性细胞，简称SP细胞；如果TCR分子与上述自身抗原肽-MHC Ⅱ/Ⅰ类分子复合物高亲和力结合或未与上述复合物结合则双阳性T细胞发生凋亡。通过阳性选择可使部分自身反应性T细胞从体内清除；可获得发挥作用受MHC限制的CD4⁺或CD8⁺未成熟单阳性T细胞。

(3) 阴性选择阶段：主要发生于胸腺皮质与髓质交界处，位于该处的胸腺树突状细胞和巨噬细胞高表达自身抗原肽-MHC Ⅱ/Ⅰ类分子复合物。上述未成熟单阳性T细胞通过表面TCR及CD4/CD8分子与胸腺树突状细胞或巨噬细胞表面相应自身抗原肽-MHC Ⅱ/Ⅰ类分子复合物高亲和力结合可发生凋亡，导致体内高亲和力自身反应性T细胞被清除，即对自身抗原形成中枢免疫耐受；而那些以低亲和力或未能与树突状细胞或巨噬细胞表面自身抗原肽-MHC Ⅱ/Ⅰ类分子复合物结合的未成熟单阳性T细胞则得以存活，进而分化发育为CD4⁺或CD8⁺成熟T细胞后离开胸腺迁入外周免疫器官定居。离开胸腺后尚未接受相应抗原刺激的CD4⁺/CD8⁺成熟T细胞称为初始T细胞，它们通过血液循环进入外周免疫器官，接受外源性非己抗原或某些自身抗原刺激活化后可介导产生适应性免疫应答。

4. 什么是淋巴细胞再循环？简述其生物学意义。

【参考答案】淋巴细胞再循环是指淋巴细胞离开中枢免疫器官后，在血液、淋巴液、外周免疫器官或组织间反复循环的过程。淋巴细胞再循环的主要生物学意义简述如下：①可使体内T、B等淋巴细胞在外周免疫器官和组织中的分布合理有序；②有助于上述淋巴细胞对病原体等抗原性异物的识别和相关免疫应答的启动；③可使全身免疫器官和组织形成一个有机的整体，并将免疫信息传递至全身各处的淋巴细胞和其他免疫细胞，有利于动员各种免疫细胞和效应细胞迁移至病原体、肿瘤或其他抗原性异物所在部位发挥免疫效应。

5. 简述黏膜相关淋巴组织的组成。

【参考答案】黏膜相关淋巴组织又称黏膜免疫系统，是发生黏膜免疫应答的主要场所，在黏膜抗感染免疫防御中具有重要作用。主要由呼吸道、肠道、泌尿生殖道黏膜层上皮细胞及固有层中弥散的淋巴组织或免疫细胞，以及含有淋巴滤泡或生发中心的淋巴聚集体，如扁桃体、小肠派尔集合淋巴结和阑尾等组成。黏膜相关淋巴组织分布广泛，可分为肠相关淋巴组织、鼻相关淋巴组织和支气管相关淋巴组织，其中肠相关淋巴组织主要由小肠派尔集合淋巴结、大肠孤立淋巴滤泡、阑尾、上皮内淋巴细胞和固有层中弥散的免疫细胞组成。

(王 琪 官 杰)

第九章

固有免疫系统及其介导的免疫应答

一、名词解释

1. 固有免疫（innate immunity）
2. 固有免疫应答（innate immune response）
3. 模式识别受体（pattern recognition receptor，PRR）
4. 病原体相关模式分子（pathogen-associated molecular pattern，PAMP）
5. 损伤相关模式分子（damage-associated molecular pattern，DAMP）
6. 固有淋巴样细胞（innate lymphoid cell，ILC）
7. 自然杀伤细胞（natural killer cell，NK cell）
8. NKT 细胞（NKT cell）
9. B1 细胞（B1 cell）
10. γδ T 细胞（γδ T cell）
11. 固有样淋巴细胞（innate-like lymphocyte，ILL）

二、选择题

A 型题

1. 物理屏障作用不包括
   A．皮肤黏膜对病原体的机械阻挡作用
   B．黏膜上皮细胞纤毛定向摆动对病原体的清除作用
   C．黏膜表面分泌液对病原体的冲洗作用
   D．黏膜表面正常菌群对病原体的拮抗作用
   E．尿液对病原体的冲洗作用
2. 组成化学屏障的物质不包括
   A．乳酸   B．溶菌酶   C．乳铁蛋白
   D．维生素   E．不饱和脂肪酸
3. 来源于骨髓共同淋巴样前体的固有淋巴样细胞是
   A．树突状细胞   B．NK 细胞   C．巨噬细胞
   D．NKT 细胞   E．γδT 细胞
4. 下列受体中，巨噬细胞不表达的是
   A．C3b 受体   B．特异性抗原识别受体   C．Toll 样受体

D．IgG Fc 受体 　　　　　E．甘露糖受体

5．同时具备吞噬杀菌和专职抗原加工提呈作用的固有免疫细胞是
A．肥大细胞　　　　B．浆细胞样树突状细胞　　　C．滤泡树突状细胞
D．巨噬细胞　　　　E．中性粒细胞

6．与巨噬细胞杀菌作用无关的物质是
A．过氧化氢　　　　B．游离羟基　　　C．超氧阴离子
D．一氧化氮　　　　E．髓过氧化物酶（MPO）

7．下列细胞因子中，激活巨噬细胞效果最佳的细胞因子是
A．IL-2　　　　B．IL-3　　　　C．IL-4
D．IFN-γ　　　　E．IL-8

8．可诱导初始 T 细胞活化的免疫细胞是
A．浆细胞样树突状细胞　　　B．经典树突状细胞　　　C．巨噬细胞
D．滤泡树突状细胞　　　E．内皮细胞

9．由成熟树突状细胞分泌，且对初始 T 细胞具有趋化作用的细胞因子是
A．IL-8（CXCL8）　　　B．MCP-1（CCL2）　　　C．MIP-1α（CCL3）
D．SLC（CCL21）　　　E．DC-CK1（CCL18）

10．未成熟树突状细胞表面膜分子表达的特征是
A．高表达模式识别受体和 MHC Ⅱ类分子
B．低表达模式识别受体和 MHC Ⅱ类分子
C．高表达模式识别受体，低表达 MHC Ⅱ类分子
D．低表达模式识别受体，高表达 MHC Ⅱ类分子
E．只表达模式识别受体，不表达 MHC Ⅱ类分子

11．成熟树突状细胞表面膜分子模式特征及其主要生物学作用是
A．高表达 IgG Fc 受体，可介导 ADCC 效应
B．高表达模式识别受体，可增强抗原摄取和加工能力
C．高表达 MHC Ⅱ类分子，可增强抗原摄取和加工能力
D．高表达 MHC Ⅱ类分子，可增强抗原提呈和激发免疫应答的能力
E．低表达 MHC Ⅱ类分子，可增强抗原加工处理能力

12．能将可溶性抗原或抗原-抗体复合物捕获至表面并储存供 B 细胞识别的免疫细胞是
A．巨噬细胞　　　　B．经典树突状细胞　　　C．中性粒细胞
D．浆细胞样树突状细胞　　　E．滤泡树突状细胞

13．接受病毒 ssRNA 或 CpG DNA 刺激后可产生大量 Ⅰ 型干扰素的免疫细胞是
A．经典树突状细胞　　　B．浆细胞样树突状细胞　　　C．滤泡树突状细胞
D．巨噬细胞　　　　E．NK 细胞

14．对中性粒细胞趋化作用最显著的细胞因子是
A．MIP-1α/β（CCL3/4）　　　B．MCP-1（CCL2）　　　C．IL-8（CXCL8）
D．SLC（CCL21）　　　E．G-CSF

15．正常人外周血中数量最多的白细胞是
A．单核细胞　　　　B．中性粒细胞　　　C．嗜碱性粒细胞
D．嗜酸性粒细胞　　　E．T 淋巴细胞

16. 中性粒细胞特有而巨噬细胞不具备的杀菌系统是
    A．髓过氧化物酶杀菌系统　　　　　　　B．氧依赖杀菌系统
    C．氧非依赖杀菌系统　　　　　　　　　D．反应性氧中间产物作用系统
    E．反应性氮中间产物作用系统
17. 不具备吞噬或抗原加工提呈作用的免疫细胞是
    A．单核细胞　　　　B．中性粒细胞　　　　C．滤泡树突状细胞
    D．经典树突状细胞　　E．巨噬细胞
18. 对嗜酸性粒细胞具有招募作用的趋化因子是
    A．MIP-1α（CCL3）　　B．MCP-1（CCL2）　　C．IL-8（CXCL8）
    D．MIP-1β（CCL4）　　E．CCL11（eotaxin）
19. 存在于黏膜结缔组织中且高表达高亲和力 FcεRI 的免疫细胞是
    A．中性粒细胞　　　　B．嗜酸性粒细胞　　　　C．嗜碱性粒细胞
    D．单核细胞　　　　　E．肥大细胞
20. 在过敏性炎症反应中发挥最重要作用的免疫细胞是
    A．中性粒细胞　　　　B．巨噬细胞　　　　C．NK 细胞
    D．γδT 细胞　　　　　E．肥大细胞
21. 不表达特异性/泛特异性抗原受体的免疫细胞是
    A．αβT 细胞　　　　　B．NK 细胞　　　　C．B2 细胞
    D．B1 细胞　　　　　　E．γδT 细胞
22. NK 细胞表面具有鉴别意义的标志是
    A．TCR$^-$、mIgM$^-$、CD56$^+$、CD16$^+$　　B．TCR$^+$、mIgM$^-$、CD56$^+$、CD8$^-$
    C．TCR$^+$、mIgM$^-$、CD4$^+$、CD25$^+$　　D．TCR$^-$、mIgM$^-$、CD4$^+$、CD28$^+$
    E．TCR$^-$、mIgM$^+$、CD5$^+$
23. 通常能够发挥 ADCC 效应的淋巴细胞主要是
    A．CD4$^+$ 效应 Th1 细胞　　B．CD8$^+$ 效应 CTL　　C．γδT 细胞
    D．Treg 细胞　　　　　　　　E．NK 细胞
24. NK 细胞释放的能使靶细胞溶解破坏的主要生物活性介质是
    A．溶菌酶　　　　　　B．FasL　　　　　　C．TNF-α
    D．穿孔素　　　　　　E．IFN-γ
25. NKT 细胞表面 TCR 识别结合的配体是
    A．MHC Ⅰ类分子　　　　　　　　　B．CD1 分子提呈的磷脂-糖脂类抗原
    C．抗原肽-MHC Ⅰ类分子复合物　　　D．抗原肽-MHC Ⅱ类分子复合物
    E．病原体表面的甘露糖残基
26. 通过表达 FasL 使靶细胞发生凋亡的免疫细胞不包括
    A．CD8$^+$CTL　　　　B．NK 细胞　　　　C．NKT 细胞
    D．巨噬细胞　　　　　E．γδT 细胞
27. γδT 细胞主要分布于
    A．淋巴液　　　　　　B．淋巴结深皮质区　　　　C．黏膜和皮下组织
    D．外周血　　　　　　E．脾中央动脉周围淋巴鞘内
28. γδT 细胞不能识别的抗原是

A. 表达于感染细胞表面的热休克蛋白
B. 感染细胞表面 CD1 分子提呈的糖脂类抗原
C. 某些病毒感染细胞表达的异常分子
D. 肿瘤细胞表面 MHC I 类链相关的 A/B 分子
E. APC 表面 MHC 分子提呈的抗原肽

29. 具有自我更新能力的淋巴细胞是
    A. NK 细胞   B. B1 细胞   C. B2 细胞
    D. γδT 细胞   E. αβT 细胞

30. B1 细胞主要分布于
    A. 血液   B. 淋巴液
    C. 淋巴结深皮质区   D. 胸/腹膜腔和肠道固有层淋巴组织
    E. 外周免疫器官淋巴滤泡内

31. B1 细胞通常不能识别
    A. 细菌脂多糖   B. 肺炎球菌荚膜多糖   C. 葡聚糖
    D. 蛋白质抗原   E. 变性自身抗原

32. B1 细胞接受多糖抗原刺激后可产生
    A. 以 IgM 为主的高亲和力抗体   B. 以 IgG 为主的高亲和力抗体
    C. 以 IgM 为主的低亲和力抗体   D. 以 IgG 为主的低亲和力抗体
    E. IgG 抗体

33. 早期诱导性固有免疫应答阶段发生于感染
    A. 4 h 内   B. 4～48 h 内   C. 4～96 h 内
    D. 96 h 后   E. 120 h 后

34. 适应性免疫应答启动阶段发生于感染
    A. 4 h 内   B. 4～48 h 内   C. 4～96 h 内
    D. 96 h 后   E. 120 h 后

35. 在即刻固有免疫应答阶段产生的抗感染免疫作用不包括
    A. 皮肤黏膜对病原体入侵的屏障作用
    B. 补体旁路途径激活介导产生的调理和溶菌作用
    C. 补体经典途径激活介导产生的调理和溶菌作用
    D. 皮肤黏膜分泌物中化学物质对病原体的抑杀作用
    E. 中性粒细胞对病原体的吞噬杀伤作用

36. 在即刻固有免疫应答阶段产生的主要生物学作用是
    A. 淋巴结中 T 细胞的活化和增殖
    B. 补体旁路途径激活介导产生的调理和溶菌作用
    C. B1 细胞活化产生 IgM 类抗菌抗体
    D. NK 细胞活化对病毒感染靶细胞产生杀伤作用
    E. γδT 细胞活化对某些肿瘤或胞内寄生菌产生杀伤作用

37. 在感染后 4 h 内发挥强大吞噬杀菌作用的免疫细胞主要是
    A. NK 细胞   B. 单核细胞   C. 巨噬细胞
    D. 中性粒细胞   E. 树突状细胞

38. 早期诱导固有免疫应答阶段所不具备的免疫作用是
    A．巨噬细胞趋化募集至感染部位活化后，发挥抗感染免疫作用
    B．NK 细胞活化直接杀伤病毒感染的组织细胞，发挥抗感染免疫作用
    C．B 细胞活化产生 IgG 类中和抗体，发挥抗感染免疫作用
    D．吞噬细胞活化产生大量促炎细胞因子，引起发热抑制病原体生长
    E．肝细胞合成分泌 MBL 等急性期蛋白，增强补体介导的抗感染免疫作用

39. 在固有和适应性免疫应答中均发挥重要作用的免疫细胞是
    A．NK 细胞　　　　　　　B．γδT 细胞　　　　　　C．中性粒细胞
    D．巨噬细胞　　　　　　E．B1 细胞

40. 固有免疫细胞所不具备的特征是
    A．通过趋化募集迅速发挥免疫效应　　　B．通过克隆选择迅速发挥免疫效应
    C．通常没有免疫记忆功能　　　　　　　D．不表达特异性抗原识别受体
    E．表面模式识别受体或泛特异性抗原受体较少多样性

41. 下列属于 DAMP 的是
    A．鞭毛蛋白　　　　　　B．脂多糖　　　　　　　C．肽聚糖
    D．胞外 ATP　　　　　　E．CpG DNA

42. 模式识别受体中属内体膜型 PRR 的是
    A．RIG-I 样受体　　　　　B．清道夫受体　　　　　C．NOD 样受体
    D．TLR7 同源二聚体　　　E．TLR5 同源二聚体

43. TLR4 同源二聚体识别的病原体相关模式分子是
    A．细菌甘露糖残基　　　B．细菌脂多糖　　　　　C．细菌胞壁酰二肽
    D．病毒双链 RNA　　　　E．病毒单链 RNA

44. TLR9 同源二聚体识别的病原体相关模式分子是
    A．病毒非甲基化 CpG DNA　B．病毒单链 RNA　　　　C．病毒双链 RNA
    D．细菌脂蛋白　　　　　　E．细菌肽聚糖

45. NOD2 识别的病原体相关模式分子是
    A．细菌甘露糖残基　　　　　　　　B．细菌鞭毛蛋白
    C．细菌胞壁酰二肽（MDP）　　　　D．二氨基庚二酸（DAP）
    E．病毒单链 RNA

46. NLRP3 炎症小体活化后可蛋白水解产生的活性细胞因子是
    A．TNF-α　　　　　　　B．IL-1β　　　　　　　　C．IFN-γ
    D．IL-8　　　　　　　　E．IL-6

47. TLR7 同源二聚体识别的病原体相关模式分子是
    A．病毒双链 RNA　　　　B．病毒单链 RNA　　　　C．细菌鞭毛蛋白
    D．细菌非甲基化 CpG DNA　E．细菌脂多糖

48. 甘露糖受体识别的病原体相关模式分子是
    A．细菌脂多糖　　　　　B．细菌脂磷壁酸　　　　C．细菌脂蛋白
    D．细菌肽聚糖　　　　　E．细菌岩藻糖残基

49. RIG-I（RNA 干扰诱导的跨膜蛋白）可识别并结合的病原体相关模式分子主要是
    A．病毒双链 RNA（dsRNA）　B．病毒单链 RNA　　　　C．病毒 DNA

D．病毒脂蛋白　　　　　　　　　　E．病毒肽聚糖

50．下列细胞因子中，能够诱导 ILC3（innate lymphoid cell 3）细胞活化的是
　　A．IL-1β、IL-23　　　　　B．IL-12、IL-18　　　　　C．IL-25、IL-33
　　D．IL-4、IL-13　　　　　　E．IL-22、IL-17

51．婴幼儿易发中枢神经系统感染，如化脓性脑膜炎，主要原因是其
　　A．物理屏障尚未发育完善　　　　　B．化学屏障尚未发育完善
　　C．微生物屏障尚未发育完善　　　　D．血-脑屏障尚未发育完善
　　E．血-胎屏障尚未发育完善

52．某孕妇感染风疹病毒，医生建议其终止妊娠，因为可能导致胎儿畸形、流产等情况发生，主要原因是
　　A．胎儿血-脑屏障尚未发育完善
　　B．母体与胎儿间血-胎屏障尚未发育完善
　　C．胎儿化学屏障尚未发育完善
　　D．胎儿物理屏障尚未发育完善
　　E．胎儿微生物屏障尚未发育完善

53．患者，男，6 岁。怀疑为蠕虫感染，其血常规检查最可能检测到增多的细胞是
　　A．中性粒细胞　　　　　　B．嗜酸性粒细胞　　　　　C．嗜碱性粒细胞
　　D．单核细胞　　　　　　　E．肥大细胞

54．利用流式细胞术可以检测 B 细胞表面分子的表达，B1 细胞表面分子的表达特征是
　　A．TCR^-、$CD5^+$、$mIgM^+$　　　　　　　B．TCR^-、$CD5^-$、$mIgM^+/mIgD^+$
　　C．TCR^+、$CD56^+$、$CD16^-$　　　　　　D．TCR^-、$CD56^+$、$CD16^+$
　　E．TCR^-、$CD34^+$、$CD117^+$

55．革兰氏阴性菌可通过脂多糖直接激活补体旁路途径，介导抗感染免疫，此过程通常发生于感染后
　　A．4 h 内　　　　　　　　B．4～48 h 内　　　　　　C．4～96 h 内
　　D．96 h 后　　　　　　　 E．120 h 后

B 型题

（56～60 题共用备选答案）
　　A．物理屏障　　　　　　　B．化学屏障　　　　　　　C．微生物屏障
　　D．血-脑屏障　　　　　　 E．血-胎屏障

56．皮肤黏膜分泌物中的杀/抑菌物质属于
57．寄居在皮肤黏膜表面的正常菌群属于
58．可阻止病原体进入患者中枢神经系统的内部屏障是
59．可阻止病原体进入胎儿体内的内部屏障是
60．由致密上皮细胞组成的皮肤和黏膜组织属于

（61～65 题共用备选答案）
　　A．朗格汉斯细胞　　　　　B．并指状树突状细胞　　　C．间质性树突状细胞
　　D．滤泡树突状细胞　　　　E．隐蔽细胞

61．外周免疫器官淋巴滤泡中的树突状细胞称为
62．皮肤表皮基底层和棘细胞之间的树突状细胞称为
63．血液和淋巴液中的树突状细胞称为
64．次级淋巴组织胸腺依赖区内的树突状细胞称为
65．心、肺、肝、肾等实质器官中的树突状细胞称为

（66～70题共用备选答案）
  A．αβT 细胞表面 TCR B．γδT 细胞表面 TCR C．巨噬细胞表面 PRR
  D．NK 细胞表面 KIR/KLR E．B1 细胞表面 BCR
66．可识别正常组织细胞表面 MHC Ⅰ 类分子的受体是
67．可识别抗原提呈细胞表面抗原肽-MHC 复合体的受体是
68．可识别某些病原体表面共有的病原体相关模式分子的受体是
69．可识别某些病毒感染细胞表面 CD1 分子提呈的糖脂类/磷脂类抗原的受体是
70．可识别某些细菌表面共有多糖类抗原的受体是

（71～75题共用备选答案）
  A．中性粒细胞 B．肥大细胞 C．经典树突状细胞
  D．浆细胞样树突状细胞 E．巨噬细胞
71．既能吞噬杀菌，又能促进炎症反应和免疫应答或抑制炎症反应和免疫应答的细胞
72．一种能够诱导初始 T 细胞活化的免疫细胞
73．一种接受病毒刺激后能够产生 Ⅰ 型干扰素的免疫细胞
74．一种大量存在于外周血中，且是抗胞外病原体感染的主要效应细胞
75．过敏性炎症反应中最重要的免疫细胞

（76～80题共用备选答案）
  A．甘露糖结合凝集素 B．清道夫受体 C．TLR3 同源二聚体
  D．TLR5 同源二聚体 E．NOD2
76．可识别结合凋亡细胞磷脂酰丝氨酸
77．一种能与病毒双链 RNA 结合的内体膜型 PRR
78．一种能与细菌胞壁酰二肽结合的胞质型 PRR
79．一种能与细菌鞭毛蛋白结合的 PRR
80．一种能与细菌甘露糖结合的 PRR

三、问答题

1．试述巨噬细胞的主要生物学功能。
2．简述 B1 细胞识别的抗原和应答特点。
3．简述 NK 细胞对肿瘤或病毒感染靶细胞的识别及杀伤机制。
4．试述未成熟 DC 接受病原体刺激后的迁移成熟过程及其对初始 T 细胞的激活作用。
5．列表比较固有免疫应答和适应性免疫应答的主要特点。
6．试述固有免疫应答与适应性免疫应答的关系。

参考答案与解析

一、名词解释

1. 固有免疫（innate immunity）：是生物体在长期种系进化过程中逐渐形成的一种天然免疫防御功能，具有可稳定遗传和对各种病原体等"非己"抗原性异物或体内改变的自身物质产生抵御/杀伤破坏或清除效应等特性，又称非特异性免疫（nonspecific immunity）。

2. 固有免疫应答（innate immune response）：是指体内固有免疫细胞通过模式识别受体、泛特异性抗原识别受体、杀伤活化/抑制受体或某些特定细胞因子受体，与病原体或体内凋亡坏死组织细胞表达/分泌/释放的特定模式分子、病原体感染和畸变肿瘤细胞表面某些特定蛋白、糖脂/磷脂类抗原、杀伤活化/抑制受体相关配体或某些特定细胞因子结合后迅速活化，将病原体或体内凋亡坏死组织细胞及某些病毒感染和畸变肿瘤细胞杀伤破坏清除，产生免疫防御、监视、自稳等生理性免疫保护作用的过程。

3. 模式识别受体（pattern recognition receptor，PRR）：是指主要存在于经典固有免疫细胞胞膜、细胞内器室膜、细胞质和细胞外体液中的一类能够直接识别病原体或其产物某些特定模式分子（病原体相关模式分子），及体内某些刺激受损细胞、凋亡和坏死组织细胞表达/分泌/释放的特定模式分子（损伤相关模式分子）的受体。

4. 病原体相关模式分子（pathogen-associated molecular pattern，PAMP）：是指某些病原体或其产物所共有的高度保守且对病原体生存和致病性不可或缺的特定模式分子，又称外源性危险分子。

5. 损伤相关模式分子（damage-associated molecular pattern，DAMP）：是在感染、损伤、缺氧、缺血或应激等因素刺激下，由体内刺激受损细胞表达分泌或由凋亡和坏死组织细胞表达/释放的某些特定模式分子，又称内源性危险分子。

6. 固有淋巴样细胞（innate lymphoid cell，ILC）：是指一群来源于骨髓共同淋巴样前体，不表达特异性/泛特异性抗原受体，表达一系列与其活化或抑制相关的受体的淋巴细胞，它们可被感染部位组织细胞产生的某些细胞因子或被某些病毒感染/肿瘤靶细胞表面相关配体激活，并通过分泌不同类型的细胞因子参与抗感染免疫、过敏性炎症反应或通过释放细胞毒性介质使相关靶细胞裂解破坏。

7. 自然杀伤细胞（natural killer cell，NK cell）：是一类表面标志为 $CD3^-CD19^-CD56^+CD16^+$ 和胞内转录因子为 $E4BP4^+$ 的固有样淋巴细胞，广泛分布于血液、外周淋巴组织及肝、脾等脏器中。它们不表达特异性/泛特异性抗原识别受体，可表达一系列与其活化和抑制相关的调节性受体，并通过上述调节性受体对机体"自身"与"非己"成分的识别，选择性杀伤病毒感染或肿瘤等靶细胞。

8. NKT细胞（NKT cell）：是指既表达NK细胞表面标志CD56（小鼠NK1.1），又表达T细胞表面标志TCRαβ-CD3复合体的固有样淋巴细胞。NKT细胞可直接识别某些病原体感染或肿瘤靶细胞表面CD1分子提呈的磷脂和糖脂类抗原而被激活；也可被IL-12和IFN-γ等细胞因子激活。活化NKT细胞可通过分泌穿孔素/颗粒酶或通过Fas/FasL途径杀伤某些肿瘤或病原体感染的靶细胞；也可通过分泌IL-4或IFN-γ参与适应性免疫应答。

9. B1细胞（B1 cell）：是具有自我更新能力的 $CD5^+mIgM^+$ B细胞，主要分布于胸膜腔、腹膜腔和肠道固有层中。其BCR缺乏多样性，可直接识别结合某些病原体或变性自身成分所共有的抗原表位分子。B1 细胞接受细菌多糖或变性自身抗原刺激后 48 h 内，即可产生以 IgM 为主的低亲和力抗体；在其增殖分化过程中一般不发生 Ig 类别转换，也不产生免疫记忆细胞。

10. γδT 细胞（γδT cell）：是指在胸腺中分化发育成熟、组成性表达 TCRγδ-CD3 复合体的固有样淋巴细胞，主要分布于肠道、呼吸道、泌尿生殖道等黏膜和皮下组织，是参与皮肤黏膜组织早期抗感染和抗肿瘤免疫的主要效应细胞。γδT 细胞不识别 MHC 分子提呈的抗原肽，可通过直接识别感染细胞表面 CD1 分子提呈的糖脂或磷脂类抗原而被激活。活化 γδT 细胞可通过释放穿孔素/颗粒酶和表达 FasL 等方式杀伤病毒感染和肿瘤靶细胞，还可通过分泌 IL-17、IFN-γ 和 TNF-α 等细胞因子介导炎症反应或参与免疫调节。

11. 固有样淋巴细胞（innate-like lymphocyte，ILL）：来源于骨髓共同淋巴样前体细胞，主要包括 NKT 细胞、γδT 细胞和 B1 细胞，此类淋巴细胞不表达特异性抗原识别受体，可通过表面泛特异性抗原识别受体（胚系基因未经重排直接编码）直接识别结合病原体感染或肿瘤靶细胞表面某些特定蛋白、CD1 分子提呈的糖脂类抗原及某些病原体或其产物而被激活，通过释放一系列细胞毒性介质使相关靶细胞裂解破坏或产生以 IgM 为主的抗菌抗体发挥抗感染免疫作用。

二、选择题

1．D　2．D　3．B　4．B　5．D　6．E　7．D　8．B　9．E　10．C　11．D
12．E　13．B　14．C　15．B　16．A　17．C　18．E　19．E　20．E　21．B
22．A　23．E　24．D　25．B　26．D　27．C　28．E　29．B　30．D　31．D
32．C　33．C　34．C　35．C　36．C　37．C　38．C　39．C　40．C　41．D
42．D　43．B　44．A　45．C　46．B　47．C　48．E　49．A　50．A　51．D
52．B　53．C　54．A　55．A　56．C　57．C　58．D　59．C　60．A　61．C
62．A　63．E　64．C　65．C　66．C　67．A　68．C　69．B　70．E　71．E
72．C　73．D　74．A　75．B　76．B　77．C　78．E　79．D　80．A

解析：

1. 物理屏障是由紧密连接上皮细胞组成的皮肤和黏膜组织，具有物理屏障作用，可有效阻挡病原体侵入体内。如呼吸道黏膜上皮细胞纤毛的定向摆动及黏膜表面分泌黏液的黏附或冲洗作用，尿液对泌尿道的冲刷作用，均有助于清除黏膜表面的病原体。黏膜表面正常菌群对病原体的拮抗作用属于微生物屏障。

2. 化学屏障指的是皮肤和黏膜分泌物中含多种杀菌或抑菌物质，如皮肤黏膜上皮细胞分泌的防御素和抗菌肽、皮脂腺分泌物中的不饱和脂肪酸、汗液中的乳酸、胃液中的胃酸、多种分泌物中的溶菌酶和乳铁蛋白等。维生素不具有杀菌或者抑菌作用。

3. 来源于骨髓共同淋巴样前体的免疫细胞包括固有淋巴细胞（主要包括 NKT 细胞、γδT 细胞和 B1 细胞）、固有淋巴样细胞（主要包括 ILC1、ILC2、ILC3 和 NK 细胞）和浆细胞样树突状细胞。

4. 巨噬细胞表达模式识别受体、某些细胞因子受体、某些补体受体、某些 Fc 受体。不能表达抗原特异性受体，αβT 细胞和 B2 细胞表达抗原特异性受体。

5. 肥大细胞、浆细胞样树突状细胞和滤泡树突状细胞一般不具有吞噬杀伤功能，巨噬细胞和中性粒细胞具有吞噬杀伤功能，其中巨噬细胞是专职抗原提呈细胞。

6．巨噬细胞可通过氧依赖性杀菌系统，包括反应性氧中间物（如超氧阴离子、游离羟基、过氧化氢和单态氧）、反应性氮中间物（如一氧化氮）和氧非依赖性杀菌系统（胞内乳酸、溶酶体内溶菌酶、α-防御素等抗菌肽）。髓过氧化物酶（MPO）是中性粒细胞的杀伤机制。

7．IFN-γ 是激活巨噬细胞的最佳细胞因子。IL-2 主要激活 T 细胞；IL-4 主要诱导 Th2 分化、B 细胞增殖分化和类别转换；IL-8 主要有趋化作用。

8．经典树突状细胞是诱导初始 T 细胞活化的主要免疫细胞。浆细胞样树突状细胞主要分泌细胞因子，巨噬细胞可激活效应 T 细胞或记忆 T 细胞，滤泡树突状细胞主要激活 B 细胞，内皮细胞不能激活初始 T 细胞。

9．成熟并指状 DC 可通过合成分泌趋化因子 CCL18，即树突状细胞来源的趋化因子（DC-CK1）招募初始 T 细胞。

10．未成熟树突状细胞主要分布于组织局部，主要摄取抗原异物，所以其表面高表达模式识别受体，低表达 MHC Ⅱ类分子，成熟 DC 高表达 MHC Ⅱ类分子完成抗原提呈功能。

11．树突状细胞摄取加工抗原后迁移到淋巴结发育为成熟树突状细胞，具有强抗原提呈功能，所以其高表达 MHC Ⅱ类分子，增强抗原提呈和激发免疫应答的能力。

12．滤泡树突状细胞能将可溶性抗原或抗原-抗体复合物捕获至表面供 B 细胞识别。巨噬细胞和经典树突状细胞通过吞噬或巨胞饮作用摄取抗原异物，加工提呈激活 T 淋巴细胞。中性粒细胞具有吞噬杀伤功能。浆细胞样树突状细胞主要分泌 IFN-α/β。

13．浆细胞样树突状细胞胞质内体膜上高表达 TLR7 和 TLR9，可识别病毒 ssRNA 和细菌/病毒 CpG DNA 基序而被激活，并通过 MyD88 依赖的干扰素调节因子 7（IRF7）信号通路，合成分泌大量 IFN-α/β。

14．IL-8 能趋化中性粒细胞。MIP-1α/β 和 MCP-1 主要趋化巨噬细胞/T 细胞/未成熟 DC/NK 细胞。SLC 主要趋化初始 T 细胞/B 细胞/NK 细胞。G-CSF 为集落刺激因子，诱导粒细胞发育活化。

15．人外周血中数量最多的白细胞是中性粒细胞。

16．髓过氧化物酶（MPO）杀菌系统是中性粒细胞特有而巨噬细胞不具备的杀菌系统。

17．单核细胞、中性粒细胞、经典树突状细胞和巨噬细胞具备吞噬或抗原加工提呈作用，而滤泡树突状细胞将可溶性抗原或抗原-抗体复合物捕获至表面供 B 细胞识别。

18．CCL11（eotaxin）主要招募趋化嗜酸性粒细胞。

19．肥大细胞和嗜碱性粒细胞高表达 FcεRI，而嗜碱性粒细胞主要存在于血液中，肥大细胞主要存在于黏膜组织及皮肤和黏膜下层血管周围结缔组织中。

20．肥大细胞可通过表面 FcεRI 与变应原特异性 IgE 抗体结合而被致敏，参与过敏性炎症反应。

21．NK 细胞不表达特异性/泛特异性抗原受体，表达活化或抑制性受体。αβT 细胞表达特异性抗原识别受体。B2 细胞、B1 细胞和 γδT 细胞表达泛特异性抗原识别受体。

22．NK 细胞表面鉴定标志为：TCR^-、$mIgM^-$、$CD56^+$ 和 $CD16^+$。其中 TCR 为 T 细胞标志，mIgM 为 B 细胞标志。

23．NK 细胞是介导 ADCC 效应的主要细胞。

24．NK 细胞主要通过释放穿孔素和颗粒酶等生物活性介质溶解破坏靶细胞。

25．NKT 细胞主要通过表面 TCR 识别 CD1 分子提呈的磷脂或糖脂类抗原。

26．CTL、NK 细胞、NKT 细胞和 γδT 细胞可通过表达 FasL 诱导靶细胞凋亡。巨噬细胞主要通过胞吞作用。

27．γδT 细胞主要分布于消化道、呼吸道、泌尿生殖道等黏膜和皮下组织，是参与皮肤黏膜组织早期抗感染和抗肿瘤免疫的主要效应细胞。

28．γδT 细胞不识别 MHC 分子提呈的抗原肽，可通过表面 γδTCR 直接识别结合以下分子而被激活：①某些肿瘤细胞表面的 MICA/B 分子；②某些病毒蛋白或感染细胞表面的病毒蛋白；③感染细胞表达的热休克蛋白；④感染或肿瘤细胞表面 CD1 分子提呈的磷脂或糖脂类抗原。

29．B1 细胞是具有自我更新能力的 $CD5^+mIgM^+$ B 细胞。

30．B1 细胞主要分布于胸膜腔、腹膜腔和肠道固有层中，少量分布在外周血中。

31．B1 细胞识别的抗原主要包括：①某些细菌表面共有的多糖类 TI 抗原，如细菌脂多糖、细菌荚膜多糖、葡聚糖等；②某些变性的自身抗原，如变性 Ig 和变性 DNA 等。

32．B1 细胞接受细菌多糖或变性自身抗原刺激后 48 h 内产生以 IgM 为主的低亲和力抗体。

33．早期诱导性固有免疫应答阶段发生于感染 4～96 h 内。

34．适应性免疫应答启动阶段发生于感染 96 h 后。

35．即刻固有免疫应答的主要作用包括：①皮肤黏膜及其附属成分的屏障作用；②某些病原体直接激活补体旁路途径；③募集活化中性粒细胞，有效吞噬杀伤病原体和引发局部炎症反应；④ α/β- 防御素、阳离子抗菌蛋白、CCL2、CCL3 等趋化因子，可直接抑杀某些病原体或趋化募集单核/巨噬细胞和朗格汉斯细胞。补体经典途径激活需要抗体参与，需要适应性免疫应答后发生。

36．即刻固有免疫应答的主要作用参考 35 题解析。巨噬细胞的募集和活化、B1 细胞活化产生 IgM 类抗菌抗体、NK 细胞活化对病毒感染靶细胞产生杀伤作用、γδT 细胞活化对某些肿瘤或胞内寄生菌产生杀伤作用主要发生于早期固有免疫应答阶段。

37．感染后 4 h 内发挥强大吞噬杀菌作用的免疫细胞主要是中性粒细胞。处于即刻固有免疫应答阶段。

38．早期诱导固有免疫应答阶段包括巨噬细胞趋化募集活化、NK 细胞活化直接杀伤病毒感染的组织细胞、吞噬细胞活化和肝细胞合成分泌 MBL 等急性期蛋白增强补体介导的抗感染免疫作用。B 细胞活化产生 IgG 类中和抗体发挥抗感染免疫作用属于适应性免疫应答阶段。

39．巨噬细胞在固有免疫应答中发挥吞噬杀伤作用，在适应性免疫应答中促进适应性细胞免疫应答。

40．固有免疫细胞及介导的固有免疫应答具有如下特征：通过趋化募集迅速发挥免疫效应、通常没有免疫记忆功能、不表达特异性抗原识别受体、表面模式识别受体或泛特异性抗原受体较少多样性。适应性免疫应答通过克隆选择发挥免疫效应。

41．DAMP 为损伤相关模式分子，是在感染、损伤、缺氧、缺血或应激等因素刺激下，由体内刺激受损细胞表达分泌，或由凋亡、坏死组织细胞表达/释放的某些特定模式分子。DAMP 主要包括：α/β- 防御素、热休克蛋白、高迁移率族蛋白 B1、透明质酸、硫酸肝素、胞外 ATP、β- 淀粉样蛋白和线粒体 DNA 等。

42．内体膜型 PRR 包括 TLR3、TLR7、TLR8、TLR9 同源二聚体。RIG-I 样受体和 NOD 样受体属于胞质型 PRR。清道夫受体和 TLR5 同源二聚体属于胞膜型 PRR。

43．TLR4 同源二聚体识别脂多糖（LPS）。

44．TLR9 同源二聚体识别病毒或细菌非甲基化 CpG DNA。

45．NOD2 识别细菌胞壁酰二肽（MDP）。

46．NLRP3 炎症小体活化后可水解 IL-1β 和 IL-18 前体蛋白产生活性细胞因子。

47．TLR7 同源二聚体识别病毒单链 RNA。

48．甘露糖受体直接识别结合表达于细菌或真菌细胞壁糖蛋白/糖脂分子末端的甘露糖和岩藻糖残基。

49．RIG-I 可识别结合病毒双链 RNA。

50．ILC3 可通过其表面 IL-1βR 和 IL-23R 接受胞外病原菌刺激巨噬细胞或经典 DC 产生的 IL-1 和 IL-23 的刺激而被激活。

51．婴幼儿因血-脑屏障尚未发育完善，易发生中枢神经系统感染。

52．因妊娠早期母体与胎儿间血-胎屏障尚未发育完善，可感染风疹病毒导致胎儿畸形、流产等。

53．蠕虫感染属于寄生虫感染。嗜酸性粒细胞可通过脱颗粒释放主要碱性蛋白、嗜酸性粒细胞阳离子蛋白等一系列毒性蛋白和嗜酸性粒细胞过氧化物酶等酶类物质杀伤寄生虫等病原体。

54．B1 细胞表面分子的表达特征为 TCR^-、$CD5^+$、$mIgM^+$。

55．激活补体旁路途径介导产生抗感染免疫作用可发生于即刻固有免疫应答阶段，即感染后 4 h 内。

56．化学屏障由皮肤和黏膜分泌物中多种杀菌或抑菌物质组成，如皮肤黏膜上皮细胞分泌的防御素和抗菌肽、皮脂腺分泌物中的不饱和脂肪酸、汗液中的乳酸、胃液中的胃酸、多种分泌物中的溶菌酶和乳铁蛋白等，均可形成抵御病原体感染的化学屏障。

57．微生物屏障由寄居在皮肤和黏膜表面的正常菌群组成，可通过竞争结合上皮细胞、竞争吸收营养物质和分泌杀菌/抑菌物质等方式抵御病原体的感染。

58．血-脑屏障是由软脑膜、脉络丛毛细血管壁和毛细血管壁外覆盖的星形胶质细胞所组成，能够阻挡血液中病原体和其他大分子物质进入脑组织及脑室。

59．血-胎屏障由母体子宫内膜的基蜕膜和胎儿绒毛膜滋养层细胞共同组成，可防止母体内的病原体和有害物质进入胎儿体内。

60．物理屏障由紧密连接上皮细胞组成的皮肤和黏膜组织构成，具有物理屏障作用，可有效阻挡病原体侵入体内。

61．经典树突状细胞可经血液和淋巴循环迁移至全身组织和器官。根据组织分布和功能特性，经典 DC 有不同的命名。滤泡树突状细胞（FDC）是来源于间充质祖细胞的一种特殊的树突状细胞，主要定居于淋巴结、脾、黏膜相关淋巴组织等外周免疫器官初级淋巴滤泡内。

62．位于皮肤表皮基底层和棘细胞之间、具有较强摄取加工抗原和迁移能力的 DC 为朗格汉斯细胞。

63．分布于血液和淋巴液中的 DC 为隐蔽细胞。

64．分布于次级淋巴组织胸腺依赖区内、具有抗原提呈作用、可有效激活初始 T 细胞的

DC 为并指状树突状细胞。

65．分布于非淋巴样实体器官和组织内的 DC 为间质性树突状细胞。

66．NK 细胞表面杀伤活化或抑制受体，如 KIR/KLR，可识别正常组织细胞表面 MHC Ⅰ类分子。

67．αβT 细胞是适应性免疫应答细胞，其表面 TCR 可识别抗原提呈细胞表面抗原肽-MHC 复合体。

68．巨噬细胞表面的模式识别受体 PRR 可识别某些病原体表面共有的病原体相关模式分子（PAMP）。

69．γδT 细胞是固有免疫应答细胞，其表面 TCR 可识别某些病毒感染细胞表面 CD1 分子提呈的糖脂类/磷脂类抗原。

70．B1 细胞是固有免疫应答细胞，其表面 BCR 可识别某些细菌表面共有多糖类抗原，激活后分泌低亲和力 IgM。

71．巨噬细胞同时具备吞噬杀菌和专职抗原加工提呈作用，可分化为 M1 巨噬细胞促进炎症反应和免疫应答，也可分化为 M2 巨噬细胞抑制炎症反应和免疫应答。

72．经典树突状细胞是诱导初始 T 细胞活化的始动细胞。

73．浆细胞样树突状细胞（pDCs）是一类特殊的免疫细胞，它们在识别病毒后能够迅速产生大量的 Ⅰ 型干扰素（如 IFN-α 和 IFN-β）。

74．中性粒细胞大量存在于外周血中，且是抗胞外病原体感染的主要效应细胞。

75．肥大细胞通过其表面 FcεRⅠ与变应原特异性 IgE 抗体结合而被致敏，参与过敏性炎症反应。

76．清道夫受体可识别结合凋亡细胞磷脂酰丝氨酸。

77．TLR3 同源二聚体能与病毒双链 RNA 结合，且存在于内体膜。

78．NOD2 能与细菌胞壁酰二肽结合。

79．TLR5 同源二聚体识别结合细菌鞭毛蛋白。

80．甘露糖结合凝集素能与细菌甘露糖结合。

三、问答题

1．试述巨噬细胞的主要生物学功能。

【参考答案】（1）吞噬杀伤病原体：巨噬细胞通过表面模式识别受体和调理性受体可有效识别结合病原体等抗原性异物，并通过受体介导的内吞作用或非受体介导的巨胞饮作用将病原体等抗原性异物摄入胞内，通过氧依赖性杀菌系统和氧非依赖杀菌系统杀伤破坏病原体。

（2）杀伤胞内寄生菌和肿瘤等靶细胞：静息巨噬细胞不能有效杀伤胞内寄生菌和肿瘤等靶细胞。它们与 CD4⁺Th 细胞相互作用或被细菌脂多糖、IFN-γ、GM-CSF 等细胞因子激活后，可有效杀伤胞内寄生菌和某些肿瘤细胞，也可通过 ADCC 杀伤肿瘤和病毒感染的靶细胞。

（3）参与炎症反应：感染部位产生的趋化因子和细胞因子可募集并使巨噬细胞活化，活化巨噬细胞通过合成分泌 CCL2（MCP-1）、CCL3（MIP-1α）、CXCL-8（IL-8）等趋化因子及 IL-1、IL-6、TNF-α 等促炎细胞因子或其他炎性介质参与和促进炎症反应。

（4）加工提呈抗原启动适应性免疫应答：巨噬细胞可将外源性抗原加工产物以抗原肽-MHC Ⅱ类分子复合物形式表达于细胞表面，供抗原特异性 Th 细胞识别引发适应性免疫应答。巨噬细胞也可通过抗原交叉提呈途径将外源性抗原加工产物以抗原肽-MHC Ⅰ类分子复合物形式表达于细胞表面，供相应 CTL 识别使其活化产生细胞毒作用。

(5) 免疫调节作用：巨噬细胞通过合成分泌 IL-12 和 IL-18，可产生诱导 NK 细胞活化、诱导初始 CTL 活化、诱导中性粒细胞活化产生促炎细胞因子等免疫调节作用。

2. 简述 B1 细胞识别的抗原和应答特点。

【参考答案】B1 细胞表面 BCR 缺乏多样性，可直接识别结合某些病原体或变性自身成分所共有的抗原表位分子，从而被激活产生体液免疫应答。B1 细胞识别的抗原主要包括：①某些细菌表面共有的多糖类 TI 抗原，如细菌脂多糖、细菌荚膜多糖、葡聚糖等；②某些变性的自身抗原，如变性 Ig 和变性 DNA 等。

B1 细胞接受细菌多糖或变性自身抗原刺激后 48 h 内，即可产生以 IgM 为主的低亲和力抗体；在其增殖分化过程中一般不发生 Ig 类别转换，也不产生免疫记忆细胞。

3. 简述 NK 细胞对肿瘤或病毒感染靶细胞的识别及杀伤机制。

【参考答案】杀伤活化受体和杀伤抑制受体通常共表达于 NK 细胞表面，二者均可识别并结合表达于自身组织细胞表面的 MHC Ⅰ类分子。在自身组织细胞表面 MHC Ⅰ类分子正常表达的情况下，NK 细胞可因表面杀伤抑制受体的作用占主导地位而不能杀伤自身组织细胞。在病毒感染或细胞癌变时，可因上述靶细胞表面 MHC Ⅰ类分子缺失或表达低下，即通过"迷失自己"识别模式而使 NK 细胞表面杀伤抑制受体功能丧失；同时可因上述靶细胞异常或上调表达某些非 MHC Ⅰ类配体分子，即通过"诱导自己"识别模式为 NK 细胞表面 NKG2D/NCR 等杀伤活化受体提供新的或数量充足的靶标。NK 细胞通过上述"迷失自己"和"诱导自己"识别模式而被激活，并通过脱颗粒释放穿孔素、颗粒酶、LT-α 和表达 FasL 等作用方式杀伤病毒感染和肿瘤靶细胞。

(1) 穿孔素/颗粒酶途径：NK 细胞释放的穿孔素可在靶细胞膜上形成内径约为 16 nm 的多聚穿孔素"孔道"，从而使水和电解质迅速进入胞内，导致靶细胞裂解破坏。颗粒酶可直接损伤细胞膜而使靶细胞溶解破坏，也可循多聚穿孔素在靶细胞膜上所形成的"孔道"进入胞内，激活凋亡相关酶系统导致靶细胞凋亡。

(2) Fas 与 FasL 途径：FasL 三聚体与靶细胞表面相应受体结合而使其活化；活化 Fas 三聚体胞质区死亡结构域相聚成簇可招募 Fas 相关死亡结构域蛋白（FADD）并与之结合，继而通过 FADD 死亡效应结构域募集胱天蛋白酶原 8（pro-Caspase 8）并与之结合；pro-Caspase 8 通过自我剪接产生活化 Caspase 8，从而引发 Caspase 3 级联反应，导致细胞凋亡。

(3) LT-α 与 TNFR-Ⅰ途径：LT-α 三聚体与靶细胞表面相应受体，即 TNF 受体-Ⅰ（TNFR-Ⅰ）三聚体结合而使其活化；活化 TNFR-Ⅰ胞质区死亡结构域（DD）相聚成簇，可募集 TNF 受体相关死亡结构域蛋白（TRADD）并与之结合；TRADD 通过其死亡结构域（DD）与 FADD 结合后，再通过其死亡效应结构域（DED）募集 pro-Caspase 8 并与之结合；pro-Caspase 8 通过自我剪接产生活化 Caspase 8，从而引发 Caspase 3 级联反应，导致细胞凋亡。

4. 试述未成熟 DC 接受病原体刺激后的迁移/成熟过程及其对初始 T 细胞的激活作用。

【参考答案】未成熟 DC 的迁移/成熟及其对初始 T 细胞的激活作用包括：趋化募集、吞噬活化、迁移和抗原加工、发育成熟、初始 T 细胞募集活化 5 个阶段。①趋化募集阶段：在感染炎症部位产生的 CCL2（MCP-1）、CCL3（MIP-1α）和 CCL4（MIP-1β）等趋化因子作用下，表面具有相应受体 CCR2、CCR1、CCR5 的未成熟 DC 被趋化募集到病原体等抗原性异物存在部位；②吞噬活化阶段：上述未成熟 DC 通过表面 Toll 样受体（TLR）、甘露糖受体（MR）等模式识别受体识别结合，并通过受体介导的内吞作用将病原体及其产物（PAMP）或抗原性异物摄入胞内后，可诱导未成熟 DC 活化表达 CCR7 等趋化性受体为其向淋巴组织迁移奠定基础；③迁移和抗原加工阶段：在 CCL19 和 CCL21 等趋化因子诱导作用下，高表达 CCR7 的未成熟 DC 从炎症或抗原性异物存在部位进入淋巴管，开始向淋巴结迁移和对抗原进行加工处理；④发育成熟阶段：在局部高浓度趋化因子 CCL19、CCL21 招募作用下，CCR7 引导上述 DC 进入淋巴结发育成熟为高表达抗原肽 -MHC Ⅱ类分子复合物和 B7 等共刺激分子的并指状 DC；⑤初始 T 细胞募集活化阶段：成熟并指状 DC 可通过合成分泌趋化因子 CCL18，即树突状细胞来源的趋化因子（DC-CK1）招募初始 T 细胞；初始 T 细胞通过表面 TCR-CD3 复合体及其共受体 CD4 分子、CD28 等共刺激分子与成熟 DC 表面抗原肽 -MHC Ⅱ类分子复合物、B7 等共刺激分子结合相互作用后，可被激活引发适应性免疫应答。

5. 列表比较固有免疫应答和适应性免疫应答的主要特点。

【参考答案】

	固有免疫应答	适应性免疫应答
主要参与的细胞	皮肤黏膜上皮细胞、单核/巨噬细胞、中性粒细胞、肥大细胞、树突状细胞、NKT 细胞、γδT 细胞、B1 细胞、NK 细胞、ILCs	$CD4^+$Th1 细胞、Th2 细胞、Th17 细胞、Tfh 细胞、Treg 细胞、$CD8^+$CTL、B2 细胞（B 细胞）
主要参与的分子	补体、细胞因子、抗菌蛋白、酶类物质、穿孔素、颗粒酶、FasL	特异性抗体、细胞因子、穿孔素、颗粒酶、FasL
作用时相	即刻至 96 h	96 h 后
识别受体	模式识别受体、泛特异性抗原识别受体、杀伤活化/抑制受体或活化相关细胞因子受体，较少多样性	特异性抗原识别受体，具有高度多样性
识别特点	直接识别 PAMP/DAMP、靶细胞表面特定蛋白/磷脂/糖脂类抗原，杀伤活化/抑制受体相关配体或活化细胞因子，具有非特异或泛特异性	识别 APC 表面 MHC 分子提呈的抗原肽或 FDC 表面捕获的抗原分子，具有高度特异性
维持时间	较短	较长
作用特点	募集活化后迅速产生免疫效应，通常没有免疫记忆功能，不发生再次应答	经克隆选择、增殖分化为效应细胞后发挥免疫作用；具有免疫记忆功能，可发生再次应答

6. 试述固有免疫应答与适应性免疫应答的关系。

【参考答案】固有免疫细胞参与适应性免疫应答的全过程，并能影响适应性免疫应答的类型。

（1）启动适应性免疫应答。经典 DC 是体内诱导初始 T 细胞活化能力最强的抗原提呈细胞，也是机体适应性免疫应答的启动者。巨噬细胞和 B 细胞与经典 DC 不同，它们只能向抗原作用过的 T 细胞或记忆 T 细胞提呈抗原，使之活化、引发或增强适应性免疫应答。

（2）调节适应性免疫应答的类型和强度。固有免疫细胞在不同微环境中，可通过产生不同种类的细胞因子，影响初始 T 细胞的分化和适应性免疫应答的类型，例如经典 DC 和巨噬细胞在胞内病原体感染或肿瘤微环境中，可通过分泌以 IL-12 为主的细胞因子诱导初始 T

细胞分化为 CD4$^+$Th1 细胞或 CD8$^+$CTL，启动和参与适应性细胞免疫应答；活化 NK 细胞/NKT 细胞/γδT 细胞可通过分泌 IFN-γ 促进 APC 表达 MHC 分子和 B7 等共刺激分子，而使机体适应性免疫应答能力增强。

（3）协助效应 T 细胞进入感染或肿瘤发生部位。T 细胞在外周免疫器官增殖分化为效应 T 细胞后，可因其表面黏附分子和趋化性受体发生改变而为其离开外周免疫器官和进入感染/肿瘤发生部位提供必要条件。感染/肿瘤发生部位固有免疫细胞和补体活化产生的趋化因子、促炎细胞因子或其他炎性介质可诱导局部血管内皮细胞活化表达多种黏附分子和趋化因子，并通过与效应 T 细胞表面相应黏附分子和趋化因子受体的结合而使上述 T 细胞与局部血管内皮细胞黏附，继而穿过血管内皮细胞间隙进入感染/肿瘤发生部位。

（4）协同效应 T 细胞和抗体发挥免疫效应。效应 T 细胞与胞内病原体感染的巨噬细胞结合相互作用后可表达 CD40L 和产生 IFN-γ 等细胞因子，同时诱导巨噬细胞高表达 CD40 分子和 IFN-γR；上述巨噬细胞通过表面 CD40 和 IFN-γR 与效应 T 细胞表面 CD40L 及其分泌的 IFN-γ 结合而被激活，使其杀菌能力显著增强，从而将胞内病原体彻底杀伤清除。抗体本身没有杀菌和清除病原体的作用，只有在吞噬细胞、NK 细胞、补体等固有免疫细胞和分子参与下，通过调理吞噬、ADCC 和 CDC 等作用才能将病原体杀伤清除。

（张须龙　李　娟　安云庆）

第十章

适应性免疫细胞及其介导的免疫应答

一、名词解释

1. T 淋巴细胞（T lymphocyte）
2. TCR 共受体（TCR co-receptor）
3. 共刺激分子（co-stimulating molecule，CM）
4. 免疫受体酪氨酸活化基序（immunoreceptor tyrosine-based activation motif，ITAM）
5. 免疫受体酪氨酸抑制基序（immunoreceptor tyrosine-based inhibitory motif，ITIM）
6. 初始 T 细胞（naïve T cell，Tn）
7. 效应 T 细胞（effector T cell，Teff）
8. 记忆 T 细胞（memory T cell，Tm）
9. B 淋巴细胞（B lymphocyte）
10. BCR-Igα/Igβ 复合体（BCR-Igα/Igβ complex）
11. 抗原提呈细胞（antigen presenting cell，APC）
12. 专职抗原提呈细胞（professional antigen presenting cell）
13. 非专职抗原提呈细胞（non-professional antigen presenting cell）
14. 抗原的交叉提呈（antigen cross-presentation）
15. 适应性免疫应答（adaptive immune response）
16. 免疫突触（immunological synapse）
17. 效应CTL 极化（effector CTL polarization）

二、选择题

A 型题

1. 成熟 T 细胞共有的 CD 分子是
   A. CD3　　　　　　　B. CD4　　　　　　　C. CD8
   D. CD28　　　　　　 E. CD154
2. CTL 表面的 TCR 辅助受体是
   A. CD3　　　　　　　B. CD4　　　　　　　C. CD8
   D. CD16　　　　　　 E. CD56
3. Th 细胞表面的 TCR 辅助受体是
   A. CD3　　　　　　　B. CD4　　　　　　　C. CD8

D. CD28　　　　　　　　　E. CD152

4. HIV gp120 蛋白的受体是
   A. CD2　　　　　　B. CD3　　　　　　C. CD4
   D. CD8　　　　　　E. CD28

5. T 细胞表面的信号受体与胞内的酪氨酸激酶结合时，激活下游信号通路主要是通过胞内区含有
   A. 多个磷酸化位点的蛋白质　　　　B. 多个酪氨酸磷酸化位点的蛋白质
   C. 多个丝氨酸磷酸化位点的蛋白质　D. 多个组氨酸磷酸化位点的蛋白质
   E. 多个谷氨酸磷酸化位点的蛋白质

6. T 细胞表面膜分子中胞质区含有 ITIM 的是
   A. CD28　　　　　　B. ICOS　　　　　　C. LFA-1
   D. LFA-2　　　　　　E. CTLA-4

7. 可抑制 T 细胞活化的配体/受体分子是
   A. B7/CD28　　　　　　B. B7/CTLA-4　　　　　　C. LFA-1/ICAM-1
   D. CD40L/CD40　　　　E. CD2/LFA-3

8. T 细胞表面最主要的共刺激信号分子受体是
   A. CD28　　　　　　B. CD40　　　　　　C. ICAM-1
   D. CD4　　　　　　　E. CD8

9. 以下关于 γδT 细胞的描述，错误的是
   A. 皮肤黏膜局部参与早期抗感染免疫的主要效应细胞
   B. 可通过释放穿孔素、颗粒酶杀伤靶细胞
   C. 可通过 Fas/FasL 方式杀伤靶细胞
   D. 有效识别 MHC 分子提呈的抗原多肽
   E. 可识别 CD1 提呈的糖脂类抗原

10. 关于 Th1 型细胞因子，说法不正确的是
    A. 包括 IFN-γ、TNF 和 IL-2
    B. 促进 Th1 细胞进一步增殖
    C. 抑制 Th2 细胞增殖
    D. 可增强细胞介导的抗胞内病原体感染
    E. 促进 IgE 抗体的生成

11. Th17 通过分泌一种细胞因子协助 IFN-γ 促进浆母细胞发生 Ig 类别转换进而产生具有调理作用的 IgG，这种细胞因子是
    A. IL-3　　　　　　B. IL-4　　　　　　C. IL-6
    D. IL-17　　　　　　E. TGF-β

12. 能刺激 CTL 分化增殖和活化的细胞因子是
    A. Th1 分泌的细胞因子　　　　B. Th2 分泌的细胞因子
    C. Th3 分泌的细胞因子　　　　D. Th17 分泌的细胞因子
    E. Treg 分泌的细胞因子

13. 可诱导初始 T 细胞分化为 Th2 细胞的细胞因子是
    A. IL-4　　　　　　B. TGF-β　　　　　　C. IL-6、IL-21

D. IFN-γ、IL-12　　　　　　E. IL-6、TGF-β

14. 体液免疫应答过程中，Th 细胞活化的第一信号是基于
    A. MHC Ⅰ类分子与 CD8 分子间相互作用
    B. MHC Ⅱ类分子与 CD8 分子间相互作用
    C. MHC Ⅱ类分子 - 抗原肽与 TCR 间相互作用
    D. IL-2 与 IL-2 受体间相互作用
    E. 协同刺激分子与相应受体的相互作用

15. T 细胞表面与其活化第二信号的产生密切相关的 CD 分子是
    A. CD3　　　　　　　　　B. CD4　　　　　　　　　C. CD8
    D. CD16　　　　　　　　　E. CD28

16. CTL 细胞杀伤靶细胞的特点包括
    A. 可通过释放穿孔素、颗粒酶杀伤靶细胞
    B. 受 MHC Ⅱ类分子限制
    C. 无抗原特异性
    D. 可通过 ADCC 作用杀伤靶细胞
    E. 可通过分泌 IL-10 杀伤靶细胞

17. 自然调节 T 细胞（nTreg）特征性膜分子和胞质转录因子是
    A. $CD4^+CD25^+CTLA-4^-/FoxP3^+$　　　　　B. $CD4^+CD25^+CTLA-4^+/FoxP3^+$
    C. $CD4^+CD25^+CTLA-4^+/FoxP3^-$　　　　　D. $CD4^+CD25^-CTLA-4^-/FoxP3^+$
    E. $CD4^+CD25^-CTLA-4^+/FoxP3^+$

18. 通过与树突状细胞密切接触发挥负向调节作用的 T 细胞是
    A. $CD4^+CD25^-FoxP3^-$nTreg 细胞　　　　　B. $CD4^+CD25^-FoxP3^+$iTreg 细胞
    C. $CD4^+CD25^+FoxP3^+$iTreg 细胞　　　　　D. $CD4^+CD25^+FoxP3^+$nTreg 细胞
    E. $CD4^+CD25^+FoxP3^-$T 细胞

19. 可诱导初始 T 细胞分化为 $CD4^+CD25^+FoxP3^+$iTreg 细胞的细胞因子是
    A. IL-4　　　　　　　　　B. IL-6　　　　　　　　　C. IL-10
    D. IL-12　　　　　　　　　E. TGF-β 和 IL-2

20. 以下具有免疫记忆功能的淋巴细胞是
    A. B1 细胞　　　　　　　B. NK 细胞　　　　　　　C. αβT 细胞
    D. γδT 细胞　　　　　　　E. NKT 细胞

21. B 细胞作为专职 APC，其表面最重要的共刺激分子是
    A. CD19　　　　　　　　B. CD21　　　　　　　　C. CD40
    D. CD40L　　　　　　　　E. CD80/CD86

22. 下列分子中，B 细胞不表达的是
    A. BCR　　　　　　　　　B. CD4　　　　　　　　　C. IL-6R
    D. CR1　　　　　　　　　E. FcγRⅡ

23. 关于 B 细胞的叙述，正确的是
    A. 主要参与天然免疫应答
    B. 介导细胞免疫应答
    C. 在胸腺内发育分化

D. 既是抗原提呈细胞，也是执行免疫应答的细胞

E. 可直接分泌产生免疫球蛋白

24. B1 细胞和 B2 细胞表面具有鉴别意义的表面标志是

   A. CD4　　　　　　　　B. CD5　　　　　　　　C. CD79

   D. mIgM　　　　　　　E. MHC

25. B1 细胞具有鉴别意义的表面标志是

   A. $CD5^+mIgM^+$　　　　B. $CD5^-mIgM^+$　　　　C. $CD5^+mIgM^-$

   D. $CD25^+mIgM^+$　　　E. $CD25^+mIgM^-$

26. 下列关于 B1 细胞的描述，错误的是

   A. 对细菌多糖抗原产生免疫应答　　B. 表达 mIgM

   C. 表达 CD5　　　　　　　　　　D. 无免疫记忆性

   E. 易发生体细胞高频突变

27. 具有自我更新能力的淋巴细胞是

   A. NK 细胞　　　　　　B. B1 细胞　　　　　　C. γδT 细胞

   D. αβT 细胞　　　　　E. B2 细胞

28. 唯一能直接激活初始 T 细胞的 APC 是

   A. 经典树突状细胞　　　B. 单核 / 巨噬细胞　　　C. B 细胞

   D. 内皮细胞　　　　　　E. 上皮细胞

29. 抗原提呈细胞能够摄取、加工外源性抗原并以抗原肽 -MHC Ⅱ类分子复合物的形式提呈给

   A. $CD3^+T$ 细胞　　　　B. $CD4^+T$ 细胞　　　　C. $CD8^+T$ 细胞

   D. $CD25^+T$ 细胞　　　E. $CD45^+T$ 细胞

30. 抗原提呈细胞能够加工内源性抗原并以抗原肽 -MHC Ⅰ类分子复合物的形式提呈给

   A. $CD3^+T$ 细胞　　　　B. $CD4^+T$ 细胞　　　　C. $CD8^+T$ 细胞

   D. $CD25^+T$ 细胞　　　E. $CD45^+T$ 细胞

31. APC 摄取外源性抗原的主要方式不包括

   A. 胞饮作用　　　　　　C. 受体介导的内吞作用　　B. 吞噬作用

   D. 内化　　　　　　　　E. 酶解作用

32. 外源性抗原被抗原提呈细胞（APC）识别并处理通常是通过

   A. 吞噬作用或胞饮作用进入细胞内，然后在内体或溶酶体中被处理

   B. 细胞膜上的抗原受体直接与 APC 表面的 MHC 分子结合

   C. 细胞膜上的抗原受体与循环中的抗原结合，然后通过吞噬作用或胞饮作用进入细胞内

   D. 直接与循环中的抗原结合，然后通过细胞膜上的 MHC 分子提呈

   E. 细胞膜上的 MHC Ⅰ类分子直接提呈

33. 内源性抗原包括

   A. 病毒蛋白、肿瘤抗原和某些细胞内的自身抗原

   B. 被吞噬的细胞、被吞噬的细菌或内化蛋白质

   C. 病毒蛋白、肿瘤抗原或内化蛋白质

   D. 被吞噬的细胞、被吞噬的细菌和某些细胞内的自身抗原

E．病毒蛋白、肿瘤抗原或被吞噬的细菌
34．内源性抗原在被蛋白酶体降解前需要
A．甲基化　　　　　　　B．乙酰化　　　　　　　C．泛素化
D．羧基化　　　　　　　E．糖基化
35．可修剪抗原肽使之更适合与 MHC Ⅰ 类分子抗原肽结合槽结合的是
A．钙联素　　　　　　　B．HLA-DM　　　　　　C．ERAP
D．Ii　　　　　　　　　E．TAP
36．介导抗原肽替换 CLIP 使之与 MHC Ⅱ 类分子抗原肽结合槽结合的是
A．钙联素　　　　　　　B．HLA-DM　　　　　　C．ERAP
D．Ii　　　　　　　　　E．TAP
37．T 细胞免疫突触接触面形成过程中涉及的分子不包括
A．TCR-CD3　　　　　　B．CD4/CD8　　　　　　C．CD28
D．LFA-1　　　　　　　E．B7
38．关于适应性免疫应答，下列说法错误的是
A．适应性免疫应答包括细胞免疫应答和体液免疫应答
B．识别活化阶段是指 T 或 B 细胞识别抗原及 T/B 细胞的活化阶段
C．适应性免疫应答包括识别活化阶段、增殖分化阶段和效应阶段
D．效应阶段是免疫效应细胞的形成
E．浆细胞主要通过分泌抗体来发挥免疫学效应
39．介导适应性细胞免疫应答的效应细胞包括
A．Th1、Th2　　　　　　B．Th1、NK　　　　　　C．Th1、CTL
D．Th2、CTL　　　　　　E．Th2、DC
40．Th1 细胞分泌的细胞因子不包括
A．IFN-γ　　　　　　　B．TNF-α　　　　　　　C．IL-2
D．IL-4　　　　　　　　E．GM-CSF
41．在清除胞内菌感染的免疫应答中，下列叙述错误的是
A．效应 Th1 细胞识别病原体具有 MHC 限制性
B．巨噬细胞活化产生 ROI、NO 和溶酶体酶杀伤清除病原体
C．巨噬细胞凋亡，导致胞内病原体释放
D．效应 Th1 细胞的 Fas 与巨噬细胞表面 FasL 结合使其凋亡
E．凋亡巨噬细胞释放的病原体被局部正常吞噬细胞吞噬
42．可活化 $CD8^+$ 初始 T 细胞，且不需要依赖 Th1 细胞辅助的细胞是
A．病毒感染后高表达 B7 分子的经典 DC
B．低表达共刺激分子巨噬细胞
C．病毒感染细胞
D．肿瘤细胞
E．低表达共刺激分子的 APC
43．效应 CTL 极化后产生的效应分子不包括
A．FasL　　　　　　　　B．穿孔素　　　　　　　C．IL-8
D．颗粒酶　　　　　　　E．TNF-α

44. 主要由 Th2 细胞分泌且在免疫应答中主要参与调节体液免疫和炎症反应的细胞因子是
    A．IL-2、IL-12、IFN-γ   B．IL-4、IL-5、IL-13
    C．TNF-α、IL-1、IL-6   D．TGF-β、IL-17、IL-21
    E．GM-CSF、IL-3、IL-5

45. 不参与体液免疫应答的细胞是
    A．CTL 细胞   B．Th2 细胞   C．Tfh 细胞
    D．B 细胞   E．浆细胞

46. 关于 B 细胞增殖活化和抗体产生过程叙述错误的是
    A．活化 B 细胞接受刺激后增殖分化为浆母细胞
    B．浆母细胞接受刺激后发生 Ig 类别转换分化为浆细胞
    C．有部分 B 细胞停止分化成为长寿记忆 B 细胞
    D．Th2 细胞辅助 B 细胞产生的抗体以 IgG 为主
    E．长寿记忆 B 细胞可参与再次体液免疫应答

47. IgG 抗体介导产生的生物学效应不包括
    A．抑菌和中和毒素   B．通过 ADCC 效应杀伤破坏寄生虫
    C．激活补体经典途径   D．促进吞噬的免疫调理作用
    E．C3b 介导的调理作用

48. 抗体产生的一般规律中，浆细胞分泌抗体发挥特异性体液免疫作用的阶段属于
    A．感应阶段   B．反应阶段   C．效应阶段
    D．免疫记忆阶段   E．活化阶段

49. 初次应答的特征包括
    A．所需抗原剂量较小   B．抗体产生的潜伏期较短
    C．平台期持续时间较长   D．以低亲和力 IgM 类抗体为主
    E．抗体浓度较高

50. 再次应答的特征包括
    A．所需抗原剂量较小   B．抗体产生的潜伏期较长
    C．平台期持续时间较短   D．以低亲和力 IgM 类抗体为主
    E．抗体浓度较高

51. 患儿，男。出生时被诊断为风疹病毒宫内感染，检测血清相关抗体水平较高，产生该抗体的细胞是
    A．T 细胞   B．B1 细胞   C．B2 细胞
    D．APC   E．巨噬细胞

52. 患者，女，28 岁。咳嗽数月，盗汗，被诊断为结核分枝杆菌感染。该患者体内 CD4⁺T 细胞被抗原活化后主要分化为
    A．Th1   B．Th2   C．Th3
    D．Treg   E．CTL

53. 患者，男，18 岁。咳嗽数月，盗汗，被诊断为肺结核。可将结核分枝杆菌胞壁成分提呈给 γδT 细胞的是
    A．MHC I   B．MHC II   C．CD1

D. CD4　　　　　　　　　　E. CD8

54. 患者，男，62岁。体检发现肺部结节，被诊断为肺癌。患者体内的肿瘤抗原被提呈给T细胞主要通过
   A. CD1分子途径　　　　B. 交叉提呈途径　　　　C. MHC I类分子途径
   D. MHC II类分子途径　　E. 外源性抗原提呈途径

55. 患者，男，17岁。近来常腹痛、恶心、腹泻，被诊断为钩虫感染。该患者体内CD4⁺T细胞活化后主要分化为
   A. Th1　　　　　　　　B. Th2　　　　　　　　C. Th3
   D. Treg　　　　　　　　E. CTL

56. 患者，男，40岁。反复发热1个月。伴畏寒、乏力、头痛和四肢肌肉关节痛。EB病毒IgG检测呈阳性，诊断为EB病毒感染。参与抗EB病毒感染的主要细胞表型是
   A. $CD3^+CD4^+CD8^+$　　B. $CD3^-CD4^+CD8^-$　　C. $CD3^+CD4^-CD8^-$
   D. $CD3^+CD4^-CD8^+$　　E. $CD3^-CD4^-CD8^+$

57. 患者，男，5个月。4个月以前很少患病，近1个月反复发生中耳炎、扁桃体炎、肺炎等疾病。血清中未测出免疫球蛋白。临床诊断为X连锁无丙种球蛋白血症。其发育异常的免疫细胞是
   A. B细胞　　　　　　　B. T细胞　　　　　　　C. 巨噬细胞
   D. 树突状细胞　　　　　E. NK细胞

58. 患者，男，40岁。感染HIV 10年，近日因感染卡氏肺孢子菌入院，其介导细胞免疫应答的效应细胞是
   A. Th1细胞　　　　　　B. B细胞　　　　　　　C. Th2细胞
   D. Tfh细胞　　　　　　E. NK细胞

59. 患者，女，25岁。近日因感染结核分枝杆菌入院，其体内吞噬杀伤清除结核分枝杆菌的细胞是
   A. CTL细胞　　　　　　B. 巨噬细胞　　　　　　C. B细胞
   D. Tfh细胞　　　　　　E. NK细胞

60. 患者，男，70岁。近日因患肺癌入院，其介导细胞免疫应答的效应细胞是
   A. Th17细胞　　　　　　B. 巨噬细胞　　　　　　C. Th2细胞
   D. CTL细胞　　　　　　E. B细胞

61. 患者，女，25岁。因新型冠状病毒肺炎入院，其通过适应性免疫应答杀伤病毒感染靶细胞的效应细胞是
   A. Th17细胞　　　　　　B. 巨噬细胞　　　　　　C. Th2细胞
   D. CTL细胞　　　　　　E. NK细胞

62. 患者，男，30岁。因再次感染链球菌入院，1周后好转，其介导体液免疫应答效应细胞产生的主要抗体类型是
   A. IgA　　　　　　　　B. IgD　　　　　　　　C. IgM
   D. IgG　　　　　　　　E. IgE

63. 患者，女，34岁。因花粉过敏入院，其介导抗花粉抗原体液免疫应答效应细胞产生的主要抗体类型是

A. IgA B. IgD C. IgM
D. IgG E. IgE

64. 乙肝疫苗接种时间分别为出生时、出生后 1 个月和 6 个月，三次接种的目的是诱导机体产生
A．高效价、高亲和力 IgG 类抗体   B．高效价、低亲和力 IgM 类抗体
C．高效价、高亲和力 IgA 类抗体   D．高效价、低亲和力 IgG 类抗体
E．高效价、低亲和力 IgA 类抗体

65. 临床采用肥达试验辅助诊断伤寒，检测抗体类别并动态监测抗体效价变化的原因不包括
A．有利于早期诊断疾病
B．有助于了解疾病的转归
C．有助于增强免疫效果
D．抗体效价增高 4 倍以上才具有诊断意义
E．有助于 IgG 类抗体的产生

B 型题

（66～70 题共用备选答案）
A．CD3 B．CD40L C．CTLA-4
D．ICOS E．Igα/β（CD79a/CD79b）

66. 胞质区含 ITAM，可传递 T 细胞活化信号的分子是
67. 胞质区含 ITIM，可传递 T 细胞活化抑制信号的分子是
68. 胞质区含 ITAM，可传递 B 细胞活化信号的分子是
69. 活化 T 细胞表达，可诱导 B 细胞产生活化第二信号的分子是
70. 活化 T 细胞表面与其合成分泌细胞因子和增殖分化相关的分子是

（71～75 题共用备选答案）
A．$CD4^+$Th1 细胞 B．$CD4^+$Tfh 细胞 C．$CD4^+$Treg 细胞
D．$CD4^+$Th17 细胞 E．$CD8^+$CTL

71. 通过分泌穿孔素和颗粒酶使病毒感染或肿瘤靶细胞溶解破坏的 T 细胞是
72. 通过直接接触和分泌 TGF-β 产生免疫抑制作用的 T 细胞是
73. 通过分泌 IL-4 和 TGF-β 等细胞因子诱导 B 细胞增殖分化产生抗体的 T 细胞是
74. 通过分泌 IL-17 和 IL-22 细胞因子参与炎症反应的 T 细胞是
75. 通过分泌 IFN-γ 和 IL-2 参与细胞免疫应答的 T 细胞是

（76～80 题共用备选答案）
A．效应 CTL B．效应 Th1 细胞 C．效应 Th2 细胞
D．活化巨噬细胞 E．浆细胞

76. 抗胞内病原体感染的免疫效应细胞是
77. 吞噬杀伤清除胞内病原体的细胞是
78. 定向杀伤病毒感染或肿瘤靶细胞的适应性免疫细胞是

79. 辅助 B 细胞产生 IgE 类抗体的细胞是
80. 通过分泌抗体介导体液免疫应答的细胞是

三、问答题

1. 简述 T 细胞的亚群和分类依据。
2. 简述 T 细胞表面的重要分子。
3. 简述专职 APC 对 CD4$^+$Th 细胞和 CD8$^+$CTL 激活的双信号。
4. 简述 CD4$^+$Th1 细胞的主要功能。
5. 简述 CD4$^+$Th2 细胞的主要功能。
6. 简述 CD4$^+$Th17 细胞的主要功能。
7. 简述 MHC Ⅰ 类分子的抗原提呈途径。
8. 简述 MHC Ⅱ 类分子的抗原提呈途径。
9. 简述 CTL 介导的细胞免疫应答过程。
10. 比较 Th2 细胞和 Tfh 细胞协助 B 细胞产生体液免疫应答过程的不同点。

参考答案与解析

一、名词解释

1. T 淋巴细胞（T lymphocyte）：在胸腺中发育成熟，故称为胸腺依赖性淋巴细胞（thymus-dependent lymphocyte），简称 T 细胞。成熟 T 细胞定居于外周淋巴器官，在此接受抗原刺激后可产生免疫应答。不同 T 细胞亚群执行不同的功能，分别参与 T 细胞介导的细胞免疫应答、B 细胞介导的体液免疫应答和对免疫应答的调节作用。

2. TCR 共受体（TCR co-receptor）：CD4 和 CD8 分子分别是辅助性 T 细胞（helper T lymphocyte，Th）和细胞毒性 T 细胞（cytotoxic T lymphocyte，CTL）的重要表面标志，也是 T 细胞表面 TCR 识别结合抗原肽 -MHC Ⅱ/Ⅰ 类分子复合物的共受体。CD4 和 CD8 分子和抗原肽 -MHC Ⅱ/Ⅰ 类分子复合物中的 MHC Ⅱ/Ⅰ 类分子的非多肽区结合后，可使 T 细胞与 APC 之间的相互作用显著增强；CD4 和 CD8 分子的胞内区尾肽与蛋白酪氨酸激酶 LCK 相关联，活化的 LCK 激酶可使与 CD3 分子胞内区 ITAM 结合的 ZAP-70 充分活化，从而促进和增强 T 细胞后续活化信号的转导。

3. 共刺激分子（co-stimulating molecule，CM）：共刺激分子是表达于 T、B 淋巴细胞和抗原提呈细胞（APC）表面，参与树突状细胞 - 初始 T 细胞、巨噬细胞 -Th 细胞、B 细胞 -Th 细胞间相互作用的一类黏附分子。此类黏附分子包括表达于上述免疫细胞表面的分子及其相关配体，因其能够介导产生 T、B 细胞活化所需的共刺激信号（即活化第二信号），故称为共刺激分子。

4. 免疫受体酪氨酸活化基序（immunoreceptor tyrosine-based activation motif，ITAM）：是免疫细胞活化受体分子胞内段所携带的结构，其内所含酪氨酸残基发生磷酸化后可招募含有 SH2 结构域的蛋白激酶或衔接蛋白，参与启动细胞活化信号的转导。

5. 免疫受体酪氨酸抑制基序（immunoreceptor tyrosine-based inhibitory motif，ITIM）：是免疫细胞抑制性受体分子胞内段所携带的结构，其内所含酪氨酸残基发生磷酸化后可招募含有 SH2 结构域的蛋白磷酸激酶，通过脱磷酸化作用抑制活化信号的转导。

6. 初始 T 细胞（naïve T cell，Tn）：初始 T 细胞是指离开胸腺进入外周淋巴组织后，尚未接受相关抗原刺激的静息成熟 T 细胞。初始 T 细胞能够识别结合树突状细胞提呈的抗原肽，而不能有效识别结合巨噬细胞和 B 细胞提呈的抗原肽。初始 T 细胞在不同微环境中被树突状细胞激活后，可增殖分化为功能不同的 T 细胞亚群参与适应性免疫应答。

7. 效应 T 细胞（effector T cell，Teff）：效应 T 细胞是指接受相应抗原刺激后，经过克隆扩增和分化形成的能够产生免疫效应的终末 T 细胞。效应 T 细胞不参与淋巴细胞再循环，但能向外周炎症部位或某些器官组织迁移发挥免疫效应。$CD4^+/CD8^+$ 效应 T 细胞与专职 APC 或肿瘤/病毒感染等非专职 APC 细胞表面相应抗原肽-MHC Ⅱ/Ⅰ 分子复合物特异性结合后，可通过释放不同类型细胞因子或分泌细胞毒性物质介导产生免疫效应和免疫调节作用。

8. 记忆 T 细胞（memory T cell，Tm）：记忆 T 细胞是指接受相应抗原刺激后，在增殖分化过程中停止分化所形成的处于静息状态和具有免疫记忆功能的长寿 T 细胞。记忆 T 细胞与相应抗原再次相遇后可迅速活化、增殖分化为效应 T 细胞和产生新的记忆 T 细胞。

9. B 淋巴细胞（B lymphocyte）：B 淋巴细胞由灵长目动物骨髓或禽类法氏囊中始祖 B 细胞分化成熟而来，故称骨髓/囊依赖性淋巴细胞（bone marrow/bursa of fabricius dependent lymphocyte），简称 B 淋巴细胞或 B 细胞。根据分布、表面标志和功能特征可将 B 细胞分为 B1 和 B2 两个亚群：B1 细胞是执行非特异性体液免疫应答的固有淋巴细胞；B2 细胞（即 B 细胞）是执行特异性体液免疫应答的淋巴细胞，也是启动适应性体液免疫应答的专职 APC。

10. BCR-Igα/Igβ 复合体（BCR-Igα/Igβ complex）：BCR-Igα/Igβ 复合体是由 B 细胞受体（B cell receptor，BCR）与 Igα/Igβ（CD79a/CD79b）异二聚体非共价结合组成的复合体，其中 BCR 是 B 细胞表面的特异性抗原识别受体，Igα/Igβ 异二聚体是传递细胞活化信号的免疫分子。当 B 细胞通过表面 BCR-Igα/Igβ 复合体中 BCR 识别结合相应抗原后，可使其 Igα/Igβ 异二聚体胞内区 ITAM 磷酸化，从而引发一系列激酶级联反应，产生 B 细胞活化第一信号。

11. 抗原提呈细胞（antigen presenting cell，APC）：抗原提呈细胞泛指能够摄取、加工抗原，并将抗原加工产物以抗原肽-MHC 分子复合物形式表达于细胞表面，供 T 淋巴细胞识别启动适应性免疫应答和参与免疫调节作用的一类免疫细胞，包括专职 APC 和非专职 APC。

12. 专职抗原提呈细胞（professional antigen presenting cell）：专职抗原提呈细胞通常是指能够组成性表达 MHC Ⅱ 类分子和 B7 等共刺激分子，可摄取、加工抗原，并将抗原加工产物以抗原肽-MHC Ⅱ 类分子复合物形式表达于细胞表面，供 $CD4^+$ T 细胞识别，启动适应性免疫应答的一组异质性细胞，主要包括经典 DC、巨噬细胞和 B 细胞。

13. 非专职抗原提呈细胞（non-professional antigen presenting cell）：非专职抗原提呈细胞主要包括两类：一类是指通常不表达 MHC Ⅱ 类分子和共刺激分子，但在炎症反应或某些细胞因子作用下可诱导表达非己/自身抗原肽-MHC Ⅱ 类分子复合物和 B7 等共刺激分子的内皮细胞、上皮细胞、成纤维细胞和某些具有器官特异性自身抗原的组织细胞（如胰岛 β 细胞）等；另一类是指能够将内源性蛋白抗原降解为抗原性短肽，并以抗原肽-MHC Ⅰ 类分子复合物的形式表达于细胞表面，供 $CD8^+$ CTL 识别结合的病毒感染或肿瘤等靶细胞。

14. 抗原的交叉提呈（antigen cross-presentation）：抗原的交叉提呈指 APC 将摄入胞质内的外源性抗原通过 MHC Ⅰ 类分子途径提呈给 $CD8^+$CTL，或将内源性抗原通过 MHC Ⅱ 类分子途径提呈给 $CD4^+$Th 细胞的抗原提呈途径。

15. 适应性免疫应答（adaptive immune response）：是指体内抗原特异性 T 细胞或者 B

细胞被病原体等非己抗原激活、增殖分化为效应 T 细胞或浆细胞后，通过释放细胞因子、细胞毒性介质或分泌抗体介导产生一系列生物学效应，有效清除体内病原体等抗原性异物的生理过程。

16．免疫突触（immunological synapse）：是指 T 细胞与 APC 特异性结合后，二者表面相关免疫分子聚集在接触面上形成的一种相对稳定和密闭的界面环状结构，其中央由 T 细胞表面一组 TCR 与 APC 表面相应抗原肽-MHC 分子复合物组成，四周由 T 细胞表面若干 LFA-1 等黏附分子与 APC 表面若干 ICAM-1 等黏附分子结合组成。

17．效应 CTL 极化（effector CTL polarization）：是指此类细胞表面某些膜分子及其胞质内细胞骨架、高尔基复合体、胞质颗粒等细胞器向效-靶细胞接触部位重新排列分布，形成相对密闭和狭小空间结构的现象。

二、选择题

1. A 2. C 3. B 4. C 5. B 6. E 7. B 8. A 9. D 10. E 11. D
12. A 13. A 14. C 15. E 16. A 17. B 18. D 19. E 20. C 21. E
22. B 23. D 24. B 25. A 26. C 27. D 28. A 29. D 30. C 31. E
32. C 33. A 34. C 35. C 36. D 37. D 38. C 39. C 40. D 41. C
42. A 43. C 44. B 45. A 46. D 47. B 48. C 49. D 50. A 51. C
52. C 53. C 54. C 55. B 56. D 57. A 58. D 59. D 60. D 61. D
62. D 63. E 64. A 65. E 66. A 67. C 68. E 69. B 70. D 71. E
72. C 73. B 74. D 75. A 76. B 77. D 78. A 79. C 80. E

解析：

1．CD3 和 TCR 组成 TCR-CD3 复合物，TCR 结合抗原表位，CD3 传递活化信号，作为 T 细胞识别结合抗原活化的第一信号。CD28 表达于 CD4$^+$ T 细胞和半数以上的 CD8$^+$ T 细胞。活化的 T 细胞上调表达 CD40L。

2．CTL 为 CD8$^+$ T 细胞，CD8 作为辅助受体，识别 MHC I 类分子，促进和增强 T 细胞后续活化信号的转导。

3．Th 为 CD4$^+$ T 细胞，CD4 作为辅助受体，识别 MHC II 类分子，促进和增强 T 细胞后续活化信号的转导。

4．CD4 分子是人类免疫缺陷病毒（HIV）壳膜蛋白 gp120 的受体，因此 HIV 可选择性感染 CD4$^+$ T 细胞引发获得性免疫缺陷综合征。

5．T 细胞表面的信号受体通常与胞内的酪氨酸激酶（如 CD3 分子与 ZAP-70）结合。这些受体的胞内区含有 ITAM（免疫受体酪氨酸活化基序）结构，ITAM 结构由两个靠近的酪氨酸残基组成，当受体与抗原结合后，通过酪氨酸激酶的催化，这些酪氨酸残基会被磷酸化，从而激活下游的信号转导通路。因此，T 细胞的信号受体通过胞内区含有多个酪氨酸磷酸化位点的蛋白质（即 ITAM）来激活下游信号通路。

6．T 细胞表面表达共刺激分子和共抑制分子，共刺激分子包括 CD28、LFA-1、LFA-2、CD40L 和 ICOS，其与相应配体结合后，能够介导产生 T 细胞活化所需的共刺激信号（即活化第二信号）；共抑制分子表达于活化 T 细胞表面，能与经典 DC 等多种细胞表面相应配体结合介导产生负向调节作用，主要包括 CTLA-4 和 PD-1，其胞质区所含 ITIM 可传递细胞活化抑制信号。

7. 活化 T 细胞通过表面共抑制分子 CTLA-4 和共刺激分子 CD28 在对 APC 表面共用 B7 分子竞争结合过程中，因前者对 B7 分子的亲和力显著高于后者，而使 T 细胞活化抑制信号占优势，并由此导致 T 细胞失活处于克隆无能状态，对 T 细胞介导的免疫应答产生负向调节作用。

8. T 细胞表面表达的共刺激分子包括 CD28、LFA-1、LFA-2、CD40L 和 ICOS，其中最为重要的是 CD28 与相应配体 B7-1/2 的结合，能够介导产生 T 细胞活化所需的共刺激信号（即活化第二信号）。

9. γδT 细胞是执行固有免疫应答的 T 细胞，其表面 TCR 多样性有限，为泛特异性抗原识别受体。γδT 细胞主要分布于黏膜和皮下组织，可直接识别结合某些肿瘤和病毒感染细胞表面异常表达的膜分子或感染细胞表面 CD1 分子提呈的磷脂/糖脂类抗原，产生如下主要作用：①通过释放穿孔素、颗粒酶和表达 FasL 等作用方式杀伤破坏肿瘤和病毒感染等靶细胞；②通过合成分泌多种不同类型的细胞因子发挥免疫调节作用和介导炎症反应。

10. Th1 细胞通过表面 TCR 及其共受体 CD4 分子和 CD28 等共刺激分子与感染部位巨噬细胞表面相关抗原肽 -MHC Ⅰ类分子复合物和 B7 分子结合相互作用活化后，可表达膜结合效应分子 CD40L、FasL 和分泌 IL-2、IFN-γ、TNF-α、LT-α、GM-CSF 等 Th1 型细胞因子。效应 Th1 可分泌 IFN-γ 诱导病毒感染/肿瘤等非专职 APC 表达 B7 等共刺激分子，有效刺激 $CD8^+$ 初始 T 细胞产生活化第二信号，刺激 CTL 分化增殖和活化，可增强细胞介导的抗胞内病原体感染。可促进经典 DC/巨噬细胞分泌 IL-12，并与 IFN-γ 协同作用诱导初始 T 细胞分化为 Th1，扩大 Th1 细胞介导的细胞免疫应答，抑制初始 T 细胞分化为 Th2。效应 Th2 细胞通过分泌 IL-4 和 IL-13 诱导活化的 B 细胞增殖分化为浆细胞后可产生 IgE 抗体。

11. Th17 具有多种功能，包括增强黏膜化学/物理屏障作用；促进骨髓产生中性粒细胞，增强局部抗感染免疫作用；免疫调节作用。例如，Th17 通过分泌 IL-17 协助 IFN-γ 促进浆母细胞发生 Ig 类别转换，产生具有调理作用的 IgG，从而发挥免疫调节作用。

12. Th1 细胞通过表面 TCR 及其共受体 CD4 分子和 CD28 等共刺激分子与感染部位巨噬细胞表面相关抗原肽 -MHC Ⅰ类分子复合物和 B7 分子结合相互作用活化后，可表达膜结合效应分子 CD40L、FasL 和分泌 IL-2、IFN-γ、TNF-α、LT-α、GM-CSF 等 Th1 型细胞因子。效应 Th1 可分泌 IFN-γ 诱导病毒感染/肿瘤等非专职 APC 表达 B7 等共刺激分子，有效刺激 $CD8^+$ 初始 T 细胞产生活化第二信号，刺激 CTL 分化增殖和活化。

13. $CD4^+$ 初始 T 细胞被经典 DC 激活后，通过表面 IL-2R 接受自身分泌的 IL-2 刺激，可成为克隆扩增的初始 T 细胞。初始 T 细胞在接受局部微环境中不同类型细胞因子刺激后可分化为不同种类的细胞，在活化肥大细胞、NKT 等细胞产生的 IL-4 作用下，可增殖活化成为转录因子为 $GATA^+$ 的 Th2 细胞。

14. $CD4^+$Th 细胞通过表面 TCR-CD3 复合物与专职 APC 表面相应抗原肽 -MHC Ⅱ类分子复合物特异性结合后，可通过 CD3 分子将抗原刺激信号传递至胞内诱导产生 T 细胞活化第一信号。

15. 在 T 细胞与 APC 结合相互作用产生活化第一信号基础上，$CD4^+$Th 细胞/$CD8^+$CTL 通过表面 CD28、LFA-1、LFA-2 等共刺激分子与 APC 表面相应 B7、ICAM-1、LFA-3 等共刺激分子结合相互作用，可诱导产生 T 细胞活化第二信号（共刺激信号），使 $CD4^+$Th 细胞和 $CD8^+$CTL 活化。

16．CD8$^+$效应CTL通过表面TCR-CD3复合体和CD8分子与病毒感染或肿瘤靶细胞表面相应抗原肽-MHCⅠ类分子复合物特异性结合后，可通过以下作用方式产生细胞毒作用：①脱颗粒释放穿孔素和颗粒酶使靶细胞溶解破坏；②高表达FasL，分泌大量LT-α和TNF-α诱导靶细胞凋亡。此外，活化效应CTL还可通过分泌IL-2和IFN-γ等细胞因子参与免疫调节作用。

17．自然调节T细胞（nTreg）是指在胸腺中分化发育而成，可组成性表达抑制性膜分子CTLA-4的CD4$^+$CD25$^+$FoxP3$^+$调节T细胞。

18．自然调节T细胞（nTreg）是指在胸腺中分化发育而成，可组成性表达抑制性膜分子CTLA-4的CD4$^+$CD25$^+$FoxP3$^+$调节T细胞。此类细胞主要通过与经典DC密切接触的作用方式，对包括自身反应性T细胞在内的T细胞产生负向调控作用。

19．外周免疫器官和感染组织部位CD4$^+$初始T细胞接受抗原刺激后，在TGF-β和IL-2作用下可诱导分化形成CD4$^+$CD25$^+$FoxP3$^+$调节T细胞，即诱导性调节T细胞。

20．NK细胞属于经典固有细胞，B1细胞、γδT细胞、NKT细胞都属于固有淋巴细胞，只有αβT细胞是介导特异性适应性免疫应答的淋巴细胞，具有记忆性。

21．B细胞作为专职APC对CD4$^+$Th1/Th2细胞的激活作用如下：B细胞通过表面BCR-Igα/β复合体或BCR-Igα/β及其共受体（CD19-CD21-CD81复合体）识别结合摄取抗原或抗原-C3d复合体后，可将抗原加工产物以抗原肽-MHCⅠ类分子复合物形式表达于细胞表面供CD4$^+$Tfh/Th2细胞识别结合，诱导产生T细胞活化第一信号；通过表面B7（CD80/CD86）和ICAM-1等共刺激分子与CD4$^+$Tfh/Th2细胞表面CD28和LFA-1等相关共刺激分子结合，可诱导产生T细胞活化第二信号。

22．B细胞表面表达多种与其功能密切相关的分子。BCR是B细胞识别结合抗原的受体分子；CR1广泛表达于红细胞和有核细胞表面（包括B细胞），与C3转化酶的形成抑制有关，避免自身组织细胞因补体系统激活而溶解破坏；B细胞表达IL-6R等多种细胞因子受体；B细胞表达FcγRⅡB，能负反馈调节B细胞活化及抗体的分泌。T细胞表面CD4分子作为辅助受体，识别MHCⅡ类分子，促进和增强T细胞后续活化信号的转导。

23．B细胞在骨髓内发育、分化、成熟，其活化后分化成为浆细胞，浆细胞分泌抗体，B细胞是执行特异性体液免疫应答的淋巴细胞。B细胞也是专职APC。

24．根据B细胞发生、分布、表面标志和功能特征，可将其分为执行固有免疫应答的B1细胞和执行适应性体液免疫应答的B2细胞。B1细胞是具有自我更新能力的CD5$^+$mIgM$^+$B细胞，B2细胞是没有自我更新能力的CD5$^-$mIgM$^+$/mIgD$^+$B细胞，即通常所说的参与适应性免疫应答的B细胞。因此，B1细胞和B2细胞表面具有鉴别意义的表面标志是CD5。

25．根据B细胞发生、分布、表面标志和功能特征，可将其分为执行固有免疫应答的B1细胞和执行适应性体液免疫应答的B2细胞。B1细胞是具有自我更新能力的CD5$^+$mIgM$^+$B细胞。

26．根据B细胞发生、分布、表面标志和功能特征，可将其分为执行固有免疫应答的B1细胞和执行适应性体液免疫应答的B2细胞。B1细胞是具有自我更新能力的CD5$^+$mIgM$^+$B细胞，其表面BCR较少多样性，不发生体细胞高频突变，主要识别细菌多糖类TI抗原和某些变性自身抗原，参与非特异免疫应答，无免疫记忆性。

27．B1细胞是具有自我更新能力的CD5$^+$mIgM$^+$B细胞。备选项中其他细胞是没有自我更新能力的。

28．专职抗原提呈细胞通常是指能够组成性表达MHCⅡ类分子和B7等共刺激分子，可摄取、加工抗原，并将抗原加工产物以抗原肽-MHCⅡ类分子复合物形式表达于细胞表面，供CD4$^+$T细胞识别，启动适应性免疫应答的一组异质性细胞，主要包括经典DC、巨噬细胞和B细胞。其中，唯一能直接激活初始T细胞的APC是经典树突状细胞。

29．抗原提呈细胞能够摄取、加工外源性抗原，并将抗原加工产物以抗原肽-MHCⅡ类分子复合物形式表达于细胞表面，供CD4$^+$T细胞识别，启动适应性免疫应答。

30．抗原提呈细胞能够摄取、加工内源性抗原，并将抗原加工产物以抗原肽-MHCⅠ类分子复合物形式表达于细胞表面，供CD8$^+$T细胞识别，启动适应性免疫应答。

31．抗原提呈细胞摄取外源性抗原的方式包括胞饮作用、吞噬作用、内化和受体介导的胞吞作用，外源性抗原被摄取进入胞内后可在内体溶酶体中，在酸性环境和蛋白水解酶的作用下被进一步降解为抗原肽。

32．外源性抗原通常存在于细胞外环境中，如细菌、病毒或其产物。当这些抗原被吞噬细胞（如巨噬细胞或树突状细胞）吞噬或通过胞饮作用进入细胞内后，通常在内体或溶酶体中被降解为多肽片段，然后与MHCⅡ类分子结合，以抗原肽-MHCⅡ类分子复合物的形式被提呈给T细胞，从而启动T细胞的活化过程。

33．内源性抗原是指某些在抗原提呈细胞（APC）内产生后存在于胞质内的抗原，如病毒感染细胞内合成的病毒蛋白和肿瘤细胞内产生的肿瘤抗原等。此类抗原在非专职APC内经蛋白酶体作用后，能以抗原肽-MHCⅠ类分子复合物的形式表达于细胞表面供CD8$^+$T细胞识别。

34．细胞内合成的内源性蛋白抗原首先与泛素结合，形成泛素化蛋白，在泛素作用下线性化内源性蛋白抗原进入蛋白酶体，再经蛋白酶体被降解为多肽片段，进一步通过内源性途径完成加工提呈过程。

35．在内源性抗原提呈过程中，胞质中抗原肽TAP异二聚体进入内质网后，可被内质网氨基肽酶（ER aminopeptidase，ERAP）加工成为适合于MHCⅠ类分子识别结合的由8～10个氨基酸组成的抗原肽，同时使MHCⅠ类分子抗原肽结合槽暴露，并与上述抗原肽结合形成内源性抗原肽-MHCⅠ类分子复合物。

36．在外源性抗原提呈过程中，在MHCⅡ类区室（MHC class Ⅱ compartment）特化囊泡内，HLA-DM分子协助CLIP与MHCⅡ类分子解离，继而外源性抗原肽与MHCⅡ类分子结合形成抗原肽-MHCⅡ类分子复合物，并被转运至APC表面供CD4$^+$Th细胞识别启动适应性免疫应答。

37．T细胞通过表面TCR-CD3复合体及其共受体CD4/CD8分子和CD28、LFA-1等黏附分子分别与APC表面相应抗原肽-MHCⅡ/Ⅰ类分子复合物及B7和ICAM-1等黏附分子结合导致接触面形成。

38．适应性免疫应答包括适应性细胞免疫应答和体液免疫应答两种类型。适应性免疫应答过程包括识别活化、增殖分化和效应3个阶段。①识别活化阶段：是指APC摄取抗原并将其加工产物以抗原肽-MHCⅡ/Ⅰ类分子复合物形式表达于细胞表面，被相应T细胞识别或抗原直接被B细胞识别结合后在细胞间共刺激分子或Th细胞协同作用下诱导T细胞或B细胞活化的阶段。②增殖分化阶段：是指T细胞或B细胞被相应抗原激活后，在不同类型细胞因子作用下增殖分化为免疫效应细胞，即CD4$^+$效应Th细胞、CD8$^+$效应CTL或浆细胞的阶段。该阶段有部分 T 细胞或 B 细胞中途停止分化，成为静息状态的长寿记忆 T 细胞或长寿记忆 B 细胞参与再次应答。③效应阶段：是 CD4⁺ 效应 Th 细胞释放细胞因子或浆细胞合成分泌抗体，同时在某些固有免疫细胞和分子参与下介导产生炎症反应和免疫效应的阶段；也是 CD8⁺ 效应 CTL 与肿瘤 / 病毒感染等靶细胞特异性结合后，通过释放细胞毒性介质使上述靶细胞溶解破坏或发生凋亡的阶段。

39．T 细胞介导的细胞免疫应答由胸腺依赖性抗原（TD-Ag）引起，参与和执行适应性细胞免疫应答的细胞主要包括经典DC、巨噬细胞、肿瘤 / 病毒感染等非专职 APC、初始 T 细胞、CD4⁺Th1/Th17 细胞和 CD8⁺CTL。

40．效应 Th1 细胞可通过高表达功能性膜分子 CD40L、FasL 和分泌 IFN-γ、TNF-α 及 LT-α、IL-2、IL-3、GM-CSF 等 Th1 型细胞因子产生生物学效应。

41．抗胞内病原体感染的免疫作用包括：①效应 Th1 细胞通过表面 TCR-CD3 复合体、CD40 及其分泌的 IFN-γ 与胞内病原体感染巨噬细胞表面抗原肽 -MHCⅡ类分子复合物、CD40 和 IFN-γR 结合，可使上述巨噬细胞活化产生大量反应性氧中间物（ROI）、NO 和溶酶体酶将胞内感染的病原体杀伤清除；②效应 Th1 细胞通过表面 TCR-CD3 复合体、FasL 及其分泌的 LT-α 与巨噬细胞表面抗原肽 -MHCⅡ类分子复合物、Fas 和 TNFR-Ⅰ结合，可使巨噬细胞凋亡，导致胞内病原体释放并被局部正常吞噬细胞吞噬杀伤进而有效清除。

42．病毒感染后高表达 B7 等共刺激分子的经典 DC 可直接激活 CD8⁺ 初始 CTL 而无需 Th1 细胞协助。低表达共刺激分子的专职 APC 激活初始 CTL 需要 Th1 细胞协助。病毒感染 / 肿瘤等非专职 APC 不表达 B7 等共刺激分子，它们激活初始 CTL 需要 Th1 细胞协助。

43．效应 CTL 极化可使其表达和分泌的效应分子（如 FasL、穿孔素、颗粒酶、TNF-α、LT-α 等细胞毒性介质）集中局限在效 - 靶细胞接触面上形成的狭小空间内，从而保证上述免疫效应分子定向作用于靶细胞使其溶解破坏或发生凋亡，而不殃及周围正常组织细胞，使其免受"无辜旁观受累"（innocent bystander attack，IBA）作用的影响。

44．Th2 细胞是 T 细胞的一种亚群，主要参与体液免疫反应和炎症反应。Th2 细胞主要分泌的细胞因子包括 IL-4、IL-5 和 IL-13 等。这些细胞因子在免疫应答中起着关键作用，如促进抗体的产生（特别是 IgE 和 IgG4）、增强嗜酸性粒细胞和肥大细胞的活性、抑制 Th1 细胞的活性以及调节炎症反应。

45．B 细胞介导产生体液免疫应答需要 CD4⁺Th2 或 CD4⁺Tfh 细胞协助。

46．B 细胞增殖分化和 IgG 类抗体产生 B 细胞增殖分化过程包括：①活化 B 细胞通过表面 IL-21R 接受效应 Tfh 细胞分泌的 IL-21 刺激后可增殖分化为浆母细胞；②浆母细胞通过表面 IFN-γR 接受 Tfh 细胞产生的 IFN-γ 刺激后，可发生 Ig 类别转换发育成熟为能够合成分泌高亲和力 IgG 抗体的浆细胞；IL-17 与浆母细胞表面 IL-17R 结合后，可促进浆母细胞发生 IgG 类别转换产生高亲和力 IgG 类抗体；③在 B 细胞增殖分化和发生 IgG 类别转换过程中，有部分 B 细胞停止分化成为长寿记忆 B 细胞参与再次体液免疫应答。

47．IgG 抗体介导产生的生物学效应包括：①与相应病原体或细菌外毒素特异性结合后可产生抑菌和中和毒素的作用；②与相应病原体等抗原结合后，在吞噬细胞参与下可产生促进吞噬的免疫调理作用；③与相应抗原结合形成免疫复合物后可激活补体经典途径，产生溶菌和 C3b 介导的调理作用；④与病毒感染 / 肿瘤靶细胞表面相应抗原结合后，可通过 ADCC 效应使上述靶细胞溶解破坏。

48．在抗体产生的一般规律中，效应阶段是浆细胞分泌抗体发挥特异性体液免疫作用的阶段。

49．初次应答（primary response）是指病原体等抗原性异物初次进入机体后，诱导宿主相关初始 T、B 淋巴细胞活化介导产生的适应性体液免疫应答。初次应答与再次应答相比具有如下特征：①所需抗原剂量较大；②抗体产生潜伏期较长；③抗体浓度较低，达到平台期所需时间较长；④平台期持续时间较短，抗体水平下降迅速；⑤血清中以低亲和力 IgM 类抗体为主，IgG 为辅且出现相对较晚。

50．再次应答（secondary response）是指机体初次应答后再次接受相同抗原刺激时，体内相关免疫记忆细胞介导产生的体液免疫应答。再次应答具有如下特征：①所需抗原剂量较初次应答显著减少；②抗体产生潜伏期明显缩短；③抗体浓度升高显著，达到平台期所需时间明显缩短；④平台期高浓度抗体维持时间较长，下降缓慢；⑤血清中以高亲和力 IgG 类抗体为主。

51．胎儿在胚胎晚期可合成并产生 IgM，这是由 B2 细胞介导的特异性免疫应答。

52．结核分枝杆菌感染属于胞内菌感染，机体抗胞内菌感染的适应性免疫应答以特异 $CD4^+Th1$ 和 $CD8^+CTL$ 为主。CTL 可裂解靶细胞或将靶细胞诱导凋亡，Th1 可诱导初始 T 细胞分化为 CTL，并促进 CTL 进一步活化。

53．结核分枝杆菌胞壁成分为可被 CD1 分子提呈的磷脂类分子，γδT 细胞可通过表面 TCR 对胞内菌感染细胞表面 CD1 分子提呈的磷脂类分子的识别而被激活，并通过释放穿孔素、分泌 LT-α 和表达 FasL 使胞内菌感染细胞溶解破坏，导致胞内菌释放进而被中性粒细胞吞噬杀伤清除。

54．肿瘤抗原是内源性抗原。内源性抗原是指某些在抗原提呈细胞（APC）内产生后存在于胞质内的抗原，如病毒感染细胞内合成的病毒蛋白和肿瘤细胞内产生的肿瘤抗原等。此类抗原在非专职 APC 内经蛋白酶体作用后，能以抗原肽 -MHC I 类分子复合物的形式表达于细胞表面供 $CD8^+T$ 细胞识别。

55．在机体抗胞外寄生虫感染后期适应性免疫应答阶段，Th2 细胞通过表面 TCR/CD4 分子和 CD28 等共刺激分子与 B 细胞表面寄生虫抗原肽 -MHC II 类分子复合物和 B7 等共刺激分子结合活化、增殖分化为效应 Th2 细胞后，可通过分泌 Th2 型细胞因子介导产生与 ILC2 相同但作用更为显著的抗胞外寄生虫感染的免疫效应。

56．EB 病毒感染是通过内源性抗原提呈途径。内源性抗原是指某些在抗原提呈细胞（APC）内产生后存在于胞质内的抗原，如病毒感染细胞内合成的病毒蛋白和肿瘤细胞内产生的肿瘤抗原等。此类抗原在非专职 APC 内经蛋白酶体作用后，能以抗原肽 -MHC I 类分子复合物的形式表达于细胞表面供 $CD8^+T$ 细胞识别。

57．X- 连锁无丙种球蛋白血症为 X- 连锁隐性遗传病，是由于人类 B 细胞系列发育障碍引起的原发性免疫缺陷病。本病仅见于男性，又名 Bruton 病。

58．抗胞内病原体感染的免疫作用：①效应 Th1 细胞通过表面 TCR-CD3 复合体、CD40L 及其分泌的 IFN-γ 与胞内病原体感染巨噬细胞表面抗原肽 -MHC II 类分子复合物、CD40 和 IFN-γR 结合，可使上述巨噬细胞活化产生大量反应性氧中间物（ROI）、NO 和溶酶体酶将胞内感染的病原体杀伤清除；②效应 Th1 细胞通过表面 TCR-CD3 复合体、FasL 及其分泌的 LT-α 与巨噬细胞表面抗原肽 -MHC II 类分子复合物、Fas 和 TNFR- I 结合，可使巨噬细胞凋亡，导致胞内病原体释放并被局部正常吞噬细胞吞噬杀伤有效清除。

59．抗胞内病原体感染的免疫作用包括：①效应 Th1 细胞通过表面 TCR-CD3 复合体、

CD40L 及其分泌的 IFN-γ 与胞内病原体感染巨噬细胞表面抗原肽 -MHCⅡ类分子复合物、CD40 和 IFN-γR 结合，可使上述巨噬细胞活化产生大量反应性氧中间物（ROI）、NO 和溶酶体酶将胞内感染的病原体杀伤清除；②效应 Th1 细胞通过表面 TCR-CD3 复合体、FasL 及其分泌的 LT-α 与巨噬细胞表面抗原肽 -MHCⅡ类分子复合物、Fas 和 TNFR-Ⅰ结合，可使巨噬细胞凋亡，导致胞内病原体释放并被局部正常吞噬细胞吞噬杀伤有效清除。

60．效应 CTL 通过表面 TCR-CD3 复合体和黏附分子与病毒感染或肿瘤靶细胞表面抗原肽 -MHCⅠ类分子复合物和相关黏附分子密切结合，可使效应 CTL 极化定向杀伤病毒感染或肿瘤靶细胞。

61．效应 CTL 通过表面 TCR-CD3 复合体和黏附分子与病毒感染或肿瘤靶细胞表面抗原肽 -MHCⅠ类分子复合物和相关黏附分子密切结合，可使效应 CTL 极化定向杀伤病毒感染或肿瘤靶细胞。

62．再次应答（secondary response）是指机体初次应答后再次接受相同抗原刺激时，体内相关免疫记忆细胞介导产生的体液免疫应答。再次应答具有如下特征：①所需抗原剂量较初次应答显著减少；②抗体产生潜伏期明显缩短；③抗体浓度升高显著，达到平台期所需时间明显缩短；④平台期高浓度抗体维持时间较长，下降缓慢；⑤血清中以高亲和力 IgG 类抗体为主。

63．抗原特异性 IgE 抗体通过其 Fc 段与肥大细胞或嗜碱性粒细胞表面高亲和力 IgE Fc 受体结合后可使上述效应细胞致敏；相同抗原与上述致敏效应细胞表面相邻 IgE 抗体"桥联"结合后可使其活化，并通过脱颗粒释放和产生一系列生物活性介质引发过敏性炎症反应。

64．再次应答主要由记忆 T、B 淋巴细胞介导产生，其应答规律已广泛应用于临床实践，在疫苗接种和制备免疫血清时，可通过再次或多次加强免疫诱导机体产生高效价、高亲和力 IgG 类抗体以增强免疫效果。

65．再次应答主要由记忆 T、B 淋巴细胞介导产生，其应答规律已广泛应用于临床实践，如：①患者血液中病原体特异性 IgM 类抗体升高，可作为相关病原体早期感染的诊断依据之一；②患者血清中病原体特异性抗体含量动态变化，可用于某些疾病的诊断或有助于了解相关疾病的转归，如以 IgG 类抗体或总抗体作为诊断指标进行动态观察，抗体效价增高 4 倍以上时具有诊断意义；③肥达试验检测 O 抗体效价在 1∶80 以上，H 抗体效价在 1∶160 以上，或者 O 抗体效价有 4 倍以上的升高，对伤寒有辅助诊断的临床意义。

66．CD3 与 TCR 形成复合体，其胞质区含 ITAM 基序，可传递 T 细胞活化信号。

67．CTLA-4 是一种免疫检查点分子，其胞质区含 ITIM 基序，可传递 T 细胞活化抑制信号。

68．Igα/β（CD79a/CD79b）与 BCR 组成复合体，其胞质区含 ITAM 基序，可向 B 细胞传递活化信号。

69．活化 Th2/Tfh 细胞表达的 CD40L 分子能结合 B 细胞表达的 CD40 分子，是可诱导 B 细胞活化的第二信号。

70．ICOS 是活化 T 细胞表达的，可调控该细胞增殖分化及合成分泌细胞因子的重要分子。

71．CTL 可分泌穿孔素和颗粒酶溶解破坏病毒感染或肿瘤靶细胞。

72．Treg 细胞可通过直接接触和分泌 TGF-β 等细胞因子抑制免疫应答过程。

73．Tfh 细胞可通过分泌 IL-4 和 TGF-β 等细胞因子诱导 B 细胞增殖分化产生抗体。

74. Th17细胞因能够产生IL-17等细胞因子而得名，其可通过分泌IL-17和IL-22细胞因子参与炎症反应。

75. Th1细胞能够分泌IFN-γ和IL-2，调节细胞免疫应答。

76. 抗胞内病原体感染的免疫作用方式之一是效应Th1细胞通过表面TCR-CD3复合体、CD40L及其分泌的IFN-γ与胞内病原体感染巨噬细胞表面抗原肽-MHCⅡ类分子复合物、CD40和IFN-γR结合，可使上述巨噬细胞活化产生大量反应性氧中间物（ROI）、NO和溶酶体酶将胞内感染的病原体杀伤清除。

77. 抗胞内病原体感染的免疫作用的另一种方式是效应Th1细胞通过表面TCR-CD3复合体、FasL及其分泌的LT-α与巨噬细胞表面抗原肽-MHCⅡ类分子复合物、Fas和TNFR-Ⅰ结合，可使巨噬细胞凋亡，导致胞内病原体释放并被局部正常吞噬细胞吞噬杀伤有效清除。

78. 效应CTL通过表面TCR-CD3复合体和黏附分子与病毒感染或肿瘤靶细胞表面抗原肽-MHCⅠ类分子复合物和相关黏附分子密切结合，可使效应CTL极化，定向杀伤病毒感染或肿瘤靶细胞。

79. 活化Th2细胞通过表面IL-2R接受微环境中的IL-2刺激后，可增殖分化为效应Th2细胞，并通过分泌大量IL-4、IL-13等Th2型细胞因子，为B细胞增殖分化和IgE类别转换提供物质基础。

80. $CD4^+$Tfh/Th2细胞协助B细胞活化、增殖分化为浆细胞产生抗体，介导产生适应性体液免疫应答。

三、问答题

1. 简述T细胞的亚群和分类依据。

【参考答案】根据细胞表面TCR肽链的组成分类可以分为αβT细胞和γδT细胞；根据细胞接受抗原刺激前后状态，可分为初始T细胞、效应T细胞和记忆T细胞；根据细胞表面标志和胞内转录因子以及功能特性可分为辅助性T细胞、细胞毒性T细胞和调节性T细胞。

2. 简述T细胞表面的重要分子。

【参考答案】T细胞表面表达TCR-CD3复合物，TCR共受体CD4和CD8，共刺激分子包括CD28、LFA-1、LFA-2、CD40L和ICOS，共抑制分子包括CTLA-4和PD-1；丝裂原受体；细胞因子受体。

3. 简述专职APC对$CD4^+$Th细胞和$CD8^+$CTL激活的双信号。

【参考答案】$CD4^+$Th细胞/$CD8^+$CTL通过表面TCR-CD3复合体与专职APC表面相应抗原肽-MHCⅡ/Ⅰ类分子复合物特异性结合后，可通过CD3分子将抗原刺激信号传至胞内诱导产生T细胞活化第一信号；CD4/CD8分子作为TCR共受体与上述APC表面提呈抗原肽的MHCⅡ/Ⅰ类分子结合后，可使$CD4^+$Th细胞/$CD8^+$CTL表面TCR-CD3复合体与APC表面相应抗原肽-MHCⅡ/Ⅰ类分子复合物的结合力度显著增强；并使TCR-CD3复合体及其共受体CD4/CD8分子胞质区尾肽相关的Fyn和Lck蛋白酪氨酸激酶活化，促进T细胞产生活化第一信号。在T细胞与APC结合相互作用产生活化第一信号基础上，$CD4^+$Th细胞/$CD8^+$CTL通过表面CD28、LFA-1和LFA-2等共刺激分子与APC表面相应B7、ICAM-1和LFA-3等共刺激分子结合相互作用，可诱导产生T细胞活化第二信号（共刺激信号），使$CD4^+$Th细胞和$CD8^+$CTL活化。

4. 简述 CD4$^+$Th1 细胞的主要功能。

【参考答案】参与抗胞内病原体感染的免疫作用；促进骨髓产生单核细胞增强机体抗感染免疫作用；参与适应性免疫应答的调节。

5. 简述 CD4$^+$Th2 细胞的主要功能。

【参考答案】参与抗寄生虫感染的免疫作用；参与过敏性炎症反应；参与 B 细胞介导的体液免疫应答。

6. 简述 CD4$^+$Th17 细胞的主要功能。

【参考答案】增强黏膜化学/物理屏障作用；促进骨髓产生中性粒细胞，增强局部抗感染免疫作用；免疫调节作用。

7. 简述 MHC I 类分子的抗原提呈途径。

【参考答案】MHC I 类分子主要提呈内源性抗原。①细胞内合成的内源性蛋白抗原首先与泛素结合形成泛素化蛋白，在泛素作用下线性化内源性蛋白抗原进入蛋白酶体；②蛋白酶体是胞质内一种内含多种蛋白水解酶的中空圆柱体结构，线性化内源性抗原经其作用降解后可成为能够进入内质网的多肽片段（抗原肽）；③上述内源性抗原肽能与内质网膜上抗原加工相关转运体 1/2（TAP1/2）组成的异二聚体结合，并以 ATP 依赖的方式主动运输到内质网腔内；④ MHC I 类分子的 α 链和 β$_2$ 微球蛋白（β$_2$m）在内质网中生成；α 链产生后立即与钙联素结合，并在与 β$_2$m 结合形成完整 MHC I 类分子后与钙联素分离；⑤内质网中空载的 MHC I 类分子首先与伴侣蛋白复合体结合，并通过 TAP 相关分子与 TAP 异二聚体结合而使空载 MHC I 类分子驻留在内质网抗原肽入口处；⑥胞质中抗原肽通过 TAP 异二聚体进入内质网后，可被内质网氨肽酶（ER aminopeptidase，ERAP）加工成为适合于 MHC I 类分子识别结合的由 8～10 个氨基酸组成的抗原肽，同时使 MHC I 类分子抗原肽结合槽暴露，并与上述抗原肽结合形成内源性抗原肽 -MHC I 类分子复合物；⑦上述内源性抗原肽 -MHC I 类分子复合物以分泌囊泡形式进入高尔基复合体，经糖基化修饰后表达于 APC 表面供 CD8$^+$T 细胞识别启动适应性细胞免疫应答。

8. 简述 MHC II 类分子的抗原提呈途径。

【参考答案】MHC II 类分子主要提呈外源性抗原。①外源性抗原被 APC 摄入胞内后形成的早期内体在向胞质深处移动过程中逐渐发育成熟为晚期内体，此时囊泡内 pH 降低呈酸性导致蛋白酶活化，将外源性抗原初步降解为较大的多肽片段；②晚期内体与溶酶体融合形成内体溶酶体后，在其内酸性环境中多种蛋白水解酶的作用下，可将上述多肽片段进一步降解为由 13～17 个氨基酸组成的抗原肽；③ MHC II 类分子和恒定链（Ii 链）在内质网中生成；恒定链能与 MHC II 类分子抗原肽结合槽结合，从而有效阻止进入内质网中的内源性抗原肽与 MHC II 类分子结合，并引导 MHC II 类分子进入高尔基复合体形成一种内含恒定链 -MHC II 类分子复合物和相关酶类物质的酸化内噬囊泡；④上述内噬囊泡在向内体溶酶体移动过程中，其内恒定链逐级降解而将 II 类相关恒定链肽（CLIP）滞留在 MHC II 类分子抗原肽结合槽内，形成 CLIP-MHC II 类分子复合物；⑤此种内噬囊泡与内体溶酶体融合后可形成一种被称为 MHC II 类区室（MHC class II compartment）的特化囊泡；⑥在上述特化囊泡内，HLA-DM 分子协助 CLIP 与 MHC II 类分子解离，继而外源性抗原肽与 MHC II 类分子结合形成抗原肽 -MHC II 类分子复合物，并被转运至 APC 表面供 CD4$^+$Th 细胞识别启动适应性免疫应答。

9. 简述 CTL 介导的细胞免疫应答过程。

【参考答案】(1) CD8⁺ 初始 CTL 的活化：CD8⁺ 初始 CTL 的活化包括 Th1 细胞非依赖和 Th1 细胞依赖两种方式。病毒感染后高表达 B7 等共刺激分子的经典 DC 可直接激活 CD8⁺ 初始 CTL 而无需 Th1 细胞协助。低表达共刺激分子的专职 APC 和不表达 B7 等共刺激分子的病毒感染/肿瘤等非专职 APC，激活初始 CTL 需要 Th1 细胞协助。

(2) 效应 CTL 形成：效应 CTL 由活化 CTL 增殖分化而成。①活化 CTL 高表达 IL-2R，同时分泌 IL-2、IFN-γ 等细胞因子；②活化 CTL 通过表面 IL-2R 接受自身分泌和效应 Th1 细胞分泌的 IL-2 刺激后可增殖分化为效应 CTL；③部分 CTL 在增殖分化过程中停止分化，成为长寿 CD8⁺ 记忆 CTL。

(3) 效应 CTL 介导产生的生物学效应：效应 CTL 通过表面 TCR-CD3 复合体和黏附分子与病毒感染或肿瘤靶细胞表面抗原肽-MHC I 类分子复合物和相关黏附分子密切结合，可使效应 CTL 极化定向杀伤病毒感染或肿瘤靶细胞，即通过以下作用方式产生细胞毒作用：①脱颗粒释放穿孔素和颗粒酶使靶细胞溶解破坏；②高表达 FasL、分泌大量 LT-α 和 TNF-α 诱导靶细胞凋亡。效应 CTL 也可通过分泌 IFN-γ 产生以下主要生物学作用：①使局部微环境中巨噬细胞活化，有效吞噬杀伤摄入的病原体；②使局部微环境中 NK 细胞活化，有效杀伤病毒感染/肿瘤靶细胞；③诱导相邻正常组织细胞产生抗病毒蛋白发挥抗病毒感染的免疫保护作用。

10. 比较 Th2 细胞和 Tfh 细胞协助 B 细胞产生体液免疫应答过程的不同点。

【参考答案】(1) 参与免疫调节的细胞因子不同：Th2 细胞产生 IL-4、IL-13 等 Th2 型细胞因子，促进 B 细胞增殖和发生 IgE 类别转换；而 Tfh 细胞产生 IL-21、IFN-γ、IL-17 促进 B 细胞增殖和发生 IgG 类别转换，或产生 IL-4、IL-6、TGF-β 调控浆母细胞发生 IgE 和 IgA 类别转换。

(2) 活化 B 细胞表达的细胞因子受体不同：Th2 细胞辅助 B 细胞活化后高表达 IL-4R、IL-13R 等细胞因子受体，而 Tfh 细胞辅助 B 细胞活化后高表达 IL-21R、IFN-γR 和 IL-17R。

(3) B 细胞增殖分化产生的抗体类别不同：Th2 细胞辅助 B 细胞活化后的浆细胞主要分泌 IgE 类抗体，而 Tfh 细胞辅助 B 细胞活化后的浆细胞主要分泌 IgG 类抗体，有时也产生 IgE 和 IgA 类抗体。

(4) 抗体介导的生物学效应不同：Th2 细胞辅助 B 细胞活化后的浆细胞主要分泌 IgE 类抗体，其主要效应是导致肥大细胞或嗜碱性粒细胞脱颗粒释放和产生一系列生物活性介质，引发过敏性炎症反应或通过 ADCC 效应杀伤破坏寄生虫；而 Tfh 细胞辅助 B 细胞活化后的浆细胞主要分泌 IgG 类抗体，其主要生物学效应是抑菌、中和毒素，促进吞噬细胞介导免疫调理作用，激活补体经典途径产生溶菌和 C3b 介导的调理作用，以及通过 ADCC 效应杀伤病毒感染/肿瘤靶细胞。

(朱一蓓　袁慧慧　王　炜)

第十一章

免疫耐受

一、名词解释

1. 免疫耐受（immunological tolerance）
2. 耐受原（tolerogen）
3. 免疫抑制（immune suppression）
4. 耐受原表位（tolerogenic epitope）
5. 中枢耐受（central tolerance）
6. 外周耐受（peripheral tolerance）
7. 低带耐受（low-zone tolerance）
8. 受体编辑（receptor editing）
9. 耐受分离（split tolerance）
10. 免疫忽视（immunological ignorance）

二、选择题

A 型题

1. 关于免疫耐受，以下描述正确的是
   A. 免疫耐受仅发生于中枢免疫器官
   B. 免疫耐受一旦形成，将永久存在
   C. 免疫耐受是个体对某种抗原刺激不产生免疫应答或产生低应答的现象
   D. 免疫耐受的形成与遗传因素无关
   E. 免疫耐受仅能通过主动免疫诱导产生

2. 天然免疫耐受通常是指
   A. 机体对任何抗原均不产生免疫应答的状态
   B. 机体对自身组织抗原成分产生的免疫无应答状态
   C. 机体对某些改变的自身组织抗原成分产生的免疫无应答状态
   D. 机体对某些非己抗原产生的免疫无应答状态
   E. 机体对某种特定抗原产生的免疫无应答状态

3. 最早发现天然免疫耐受现象的科学家是
   A. Kohler   B. Medawar   C. Jerne
   D. Owen   E. Burnet

4. 最容易诱导形成免疫耐受的时期是
   A. 胚胎期　　　　　　　　B. 新生期　　　　　　　　C. 幼年期
   D. 成年期　　　　　　　　E. 老年期
5. 对 T 细胞免疫耐受特点描述正确的是
   A. 所需诱导时间较长　　　B. 可由 TI 抗原诱导产生　C. 耐受持续时间较短
   D. 可由 TD 抗原诱导产生　E. 可由 TD 或 TI 抗原诱导产生
6. 对 B 细胞免疫耐受特点描述正确的是
   A. 所需诱导时间较短　　　　　　　　B. 可由低剂量 TI 抗原诱导产生
   C. 耐受维持时间较长　　　　　　　　D. 可由低剂量 TD 抗原诱导产生
   E. 可由高剂量 TD 或 TI 抗原诱导产生
7. 最容易诱导产生免疫耐受的淋巴细胞是
   A. B 细胞　　　　　　　　B. T 细胞　　　　　　　　C. γδT 细胞
   D. NKT 细胞　　　　　　　E. NK 细胞
8. 通常诱导免疫耐受选用的抗原是
   A. 可溶性抗原凝聚物　　　B. 去凝聚可溶性抗原　　　C. 小分子半抗原
   D. 颗粒性抗原　　　　　　E. 可溶性抗原与颗粒性抗原混合物
9. 可诱导产生低带耐受的淋巴细胞是
   A. B 细胞　　　　　　　　B. T 细胞　　　　　　　　C. γδT 细胞
   D. NK 细胞　　　　　　　　E. NKT 细胞
10. 可被高剂量 TI 抗原诱导产生免疫耐受的淋巴细胞是
    A. B 细胞　　　　　　　　B. T 细胞　　　　　　　　C. γδT 细胞
    D. NK 细胞　　　　　　　E. NKT 细胞
11. 维持免疫耐受状态的重要因素是
    A. 耐受原的性质　　　　　B. 耐受原的剂量　　　　　C. 抗原表位特点
    D. 免疫系统的成熟程度　　E. 耐受原在体内持续存在
12. 诱导成年动物产生免疫耐受通常采用的方法是
    A. 单独注射可溶性抗原　　　　　　　B. 可溶性抗原与免疫抑制剂联合使用
    C. 可溶性抗原与佐剂联合使用　　　　D. 单独注射颗粒性抗原
    E. 可溶性抗原与颗粒性抗原联合使用
13. 通常诱导机体产生免疫耐受的最佳抗原注入途径是
    A. 肌内　　　　　　　　　B. 皮下　　　　　　　　　C. 腹腔
    D. 静脉　　　　　　　　　E. 皮内
14. 耐受原表位是指能够诱导
    A. B 细胞活化的抗原表位　　　　　　B. B 细胞耐受的抗原表位
    C. Treg 细胞活化的抗原表位　　　　D. T 细胞活化的抗原表位
    E. T 细胞耐受的抗原表位
15. 自身反应性 T 淋巴细胞克隆清除主要发生在
    A. 胸腺　　　　　　　　　B. 骨髓　　　　　　　　　C. 脾
    D. 淋巴结　　　　　　　　E. 黏膜相关淋巴组织
16. 引起中枢免疫耐受的抗原主要是

A．组织特异性自身抗原　　　　B．内源性抗原　　　　C．外源性抗原
D．自身抗原　　　　　　　　　E．肿瘤抗原

17．外周免疫耐受机制不包括
A．克隆无能导致免疫耐受　　　　　　B．免疫忽视导致免疫耐受
C．Treg 细胞诱导的免疫耐受　　　　　D．免疫屏障作用导致的免疫耐受
E．通过阴性选择产生的免疫耐受

18．可通过解除患者免疫耐受状态进行治疗的疾病是
A．慢性病毒性肝炎　　　　B．呼吸道过敏反应　　　　C．宿主抗移植物反应
D．类风湿关节炎　　　　　E．移植物抗宿主反应

19．维持自身免疫耐受的机制包括
A．Th1 细胞缺陷　　　　　　　　B．巨噬细胞功能障碍　　　　C．补体系统功能不全
D．T 细胞和 B 细胞发育不全　　　E．自身反应性 T、B 细胞的清除

20．与免疫耐受性诱导成功有关的机体因素包括
A．免疫耐受性的建立与动物的种属品系无关
B．免疫细胞功能愈完善，愈容易形成免疫耐受性
C．免疫细胞功能越不成熟，越易于建立免疫耐受性
D．只有在胚胎期才能诱导形成免疫耐受性
E．只有在应用免疫抑制剂条件下，才能形成免疫耐受性

21．胚胎期易于诱导免疫耐受，其原因是
A．免疫系统处于免疫抑制状态　　　　B．免疫系统处于异常活跃状态
C．免疫系统尚未发育成熟　　　　　　D．具有从母体获得的 IgG 抗体
E．免疫系统已经发育成熟

22．哺乳动物 B 淋巴细胞中枢耐受发生的阶段是
A．祖 B 细胞　　　　B．大前 B 细胞　　　　C．小前 B 细胞
D．未成熟 B 细胞　　E．成熟 B 细胞

23．对 T 细胞和 B 细胞形成免疫耐受的特点描述正确的是
A．T 细胞形成耐受性出现较早，维持时间较短
B．B 细胞形成耐受性出现较早，维持时间较短
C．T 细胞形成耐受性出现较早，维持时间较长
D．B 细胞形成耐受性出现较早，维持时间较长
E．T、B 细胞形成耐受性所需时间和耐受性维持时间大致相同

24．抗原经口服后诱导免疫耐受有可能建立
A．仅局部胃肠道免疫耐受　　　　B．免疫隔离
C．免疫豁免　　　　　　　　　　D．局部肠道黏膜免疫耐受和全身免疫耐受
E．局部肠道黏膜特异免疫，全身免疫耐受

25．有关免疫屏障作用导致免疫耐受描述错误的是
A．免疫豁免部位的组织特异性自身抗原包括眼晶状体蛋白、精子等
B．屏障组织可隔离自身反应淋巴细胞进入豁免部位
C．免疫豁免部位组织细胞高表达 FasL 或 TGF-β
D．某些豁免部位的组织免疫原性较弱，移植后不易发生排斥

E. 某些豁免部位缺少输入血管和淋巴管，移植后不易发生排斥

26. 关于免疫耐受错误的叙述是
   A. 多次注射耐受原可延长免疫耐受状态
   B. 静脉注射抗原易诱导免疫耐受
   C. 大分子颗粒性抗原易诱导免疫耐受
   D. 遗传背景与免疫耐受相关
   E. 克隆清除是形成免疫耐受的机制之一

27. 下列方式中，容易诱导免疫耐受的是
   A. 皮内注射凝聚的抗原
   B. 静脉注射颗粒性抗原
   C. 肌内注射含佐剂的抗原
   D. 静脉注射可溶性抗原
   E. 皮下注射抗原和丝裂原

28. 外周免疫耐受形成的机制不包括
   A. 缺乏T细胞活化第一信号导致自身反应性T细胞克隆无能
   B. 缺乏T细胞活化第二信号导致自身反应性T细胞克隆无能
   C. 通过阴性选择导致自身反应性T细胞克隆清除
   D. Treg细胞对自身反应性T细胞的抑制作用
   E. 免疫豁免部位组织细胞高表达FasL诱导自身反应性淋巴细胞发生细胞凋亡或失活

29. 下列不属于免疫耐受现象的是
   A. 机体对自身组织细胞不应答
   B. 免疫忽视
   C. 正常生理情况下精子的免疫耐受
   D. AIDS患者感染白念珠菌
   E. 正常妊娠

30. 下列细胞中，既可被高剂量TD抗原、又可被低剂量TD抗原诱导形成免疫耐受的是
   A. T细胞
   B. 巨噬细胞
   C. B细胞
   D. NK细胞
   E. 中性粒细胞

31. 下列方法中，可以用于解除免疫耐受的是
   A. 注射大量耐受原
   B. X射线照射
   C. 注射维生素C
   D. 注射交叉抗原
   E. 注射小剂量耐受原

32. 自身耐受被打破时，可能发生
   A. 超敏反应
   B. 自身免疫病
   C. 肿瘤
   D. 免疫缺陷病
   E. 持续性病毒感染

33. 不能通过诱导免疫耐受进行治疗的疾病是
   A. 花粉过敏症
   B. 肝癌患者
   C. 系统性红斑狼疮
   D. 同种异体皮肤移植
   E. 骨髓移植

34. 口服抗原诱导肠黏膜局部特异免疫应答，却导致全身对该抗原的免疫耐受，这种现象称作
   A. 免疫忽视
   B. 高带耐受
   C. 克隆清除
   D. 耐受分离
   E. 克隆失能

35. 关于人工诱导的免疫耐受不正确的是
   A. 1953年Medawar成功复制出胚胎期耐受动物模型
   B. 胚胎期动物耐受模型证实了Burnet提出的耐受形成理论
   C. 1964年Mitchison给成年鼠注射低剂量或高剂量牛血清蛋白可诱导小鼠耐受

D．人工诱导免疫耐受可用于防治疾病

E．人工诱导免疫耐受在成年期、新生儿期和胚胎期均可进行，且难易程度相同

36．有关免疫耐受形成的抗原因素的叙述，正确的是

  A．抗原持续存在   B．耐受原多为大分子颗粒性物质

  C．抗原有多种不同的表位容易形成耐受   D．抗原经皮下注射容易形成耐受

  E．TD-Ag 无论多少剂量均不易引起 T 细胞耐受

37．T 淋巴细胞缺乏第二信号可导致

  A．克隆清除   B．克隆失能   C．免疫忽视

  D．耐受分离   E．免疫豁免

38．诱导 T 细胞耐受较为有效的方法是

  A．肌内注射大剂量 TI-Ag   B．皮下注射大剂量 TI-Ag

  C．皮下注射大剂量 TD-Ag   D．静脉注射大剂量 TI-Ag

  E．静脉注射大剂量 TD-Ag

39．B 细胞中枢耐受最重要的形成机制是

  A．免疫忽视   B．高频突变   C．克隆清除

  D．免疫抑制   E．独特性网络调节

40．在骨髓中，未成熟 B 细胞通过克隆清除建立对自身抗原的中枢耐受，主要是由于

  A．自身反应性 B 细胞发生了程序性细胞凋亡

  B．自身反应性 B 细胞缺乏辅助细胞而不能激活

  C．细胞表面受体封闭

  D．缺乏协同刺激信号

  E．体细胞高频突变

41．T 细胞中枢耐受是在胚胎时期 T 细胞的分化过程中，其表面受体与胸腺中 APC 表达的自身抗原肽 -MHC 分子复合物相互作用而被消除，这一过程属于

  A．阴性选择   B．阳性选择   C．T 细胞克隆无能

  D．MHC 限制性建立   E．基因缺陷

42．在异卵双生小牛体内观察到血型嵌合体，此类异卵双生小牛接受对方皮肤移植物后也不会发生排斥反应，其发生的主要机制是

  A．这是由于两头小牛的基因差别不大

  B．这两头小牛的 MHC 基因发生了变异

  C．这两头小牛都处于免疫抑制状态

  D．由于胚胎期免疫发育尚未成熟，接触同种异型抗原诱导了免疫耐受

  E．由于这两头小牛在母体发育成熟，因而互相不发生排斥

43．临床尝试以口服重组胰岛素的方法预防和治疗糖尿病，主要机制是

  A．模拟骨髓阴性选择诱导 B 细胞免疫耐受

  B．模拟胸腺阴性选择诱导 T 细胞免疫耐受

  C．增强胰岛素作用

  D．口服自身抗原诱导免疫耐受

  E．消除患者体内的自身抗体

44．患者，男，50 岁。行肾移植术 20 年。1 周前入院检查未发现明显的免疫排斥反应，

其可能原因是

A．受者的免疫细胞功能活跃　　　　B．移植物的免疫细胞功能活跃
C．移植物失去了免疫原性　　　　　D．移植物对受者发生了免疫耐受
E．受者对移植物发生了免疫耐受

45．患者，男，60岁。5年前成功进行了肾移植手术。术后长期接受免疫抑制剂治疗。近半年来，该患者出现自身抗体水平显著下降，导致这种现象最可能的机制是

A．免疫增强　　　　　　B．免疫耐受　　　　　　C．免疫缺陷
D．免疫逃避　　　　　　E．免疫记忆

B 型题

(46～50 题共用备选答案)

A．只引起 T 细胞耐受　　　　　B．只引起 B 细胞耐受
C．引起 T、B 细胞免疫耐受　　　D．引起免疫抑制
E．不引起免疫耐受

46．高剂量 TD-Ag
47．低剂量 TD-Ag
48．高剂量 TI-Ag
49．低剂量 TI-Ag
50．免疫抑制药物

(51～55 题共用备选答案)

A．克隆清除　　　　　　B．克隆失能　　　　　　C．免疫忽视
D．耐受分离　　　　　　E．免疫抑制

51．未成熟树突状细胞因其低表达 B7 等共刺激分子不能有效诱导产生 T 细胞活化第二信号可导致 T 细胞
52．在胸腺发育过程中，对自身反应性 T 细胞进行清除的机制是
53．口服抗原后，机体在局部产生黏膜免疫应答，同时导致全身免疫耐受的状态称为
54．对于某些低亲和力或低浓度的自身抗原，免疫系统可能不产生应答，这种现象称为
55．使用免疫抑制剂可以降低机体的免疫应答能力，这种机制属于

(56～60 题共用备选答案)

A．天然耐受　　　　　　B．中枢免疫耐受　　　　C．获得性耐受
D．低带耐受　　　　　　E．外周免疫耐受

56．胚胎期接触自身组织抗原产生的耐受称为
57．出生后外来抗原诱导机体产生的免疫耐受称为
58．胚胎期未成熟 T、B 淋巴细胞在中枢免疫器官与自身抗原结合相互作用形成的耐受属于
59．自身反应性 T 细胞因缺乏活化第二信号导致克隆失能形成的免疫耐受属于
60．抗原剂量过低引起的免疫耐受称为

（61～65题共用备选答案）
A．超抗原　　　　　　B．共同自身抗原　　　　C．隐蔽自身抗原
D．佐剂　　　　　　　E．胸腺依赖性抗原（TD-Ag）

61．能够诱导自身反应性T细胞形成中枢免疫耐受的抗原是
62．非特异免疫增强剂是
63．存在于免疫豁免部位的组织特异性自身抗原是
64．能够诱导T细胞和B细胞产生免疫耐受的抗原是
65．能够非特异刺激多克隆T细胞增殖分化的抗原是

三、问答题

1．请列表比较T、B细胞免疫耐受的特点。
2．简述影响免疫耐受形成的抗原因素。
3．试述机体中枢免疫耐受的形成机制。
4．简述研究免疫耐受的意义。
5．免疫耐受与免疫抑制有何异同？

参考答案与解析

一、名词解释

1．免疫耐受（immunological tolerance）：是指机体免疫系统接受某种抗原作用后产生的特异性免疫无应答状态。对某种抗原产生免疫耐受的个体再次接受同一抗原刺激后不能产生相应抗体和（或）效应T细胞，但对其他抗原仍有正常的免疫应答能力。

2．耐受原（tolerogen）：诱导机体产生免疫耐受的抗原称为耐受原。

3．免疫抑制（immune suppression）：是指机体免疫系统因遗传缺陷或后天应用免疫抑制药物等因素所引起的机体对任何抗原均不应答或应答减弱的状态。

4．耐受原表位（tolerogenic epitope）：能够诱导调节性T细胞活化的抗原表位称为耐受原表位。

5．中枢耐受（central tolerance）：是指胚胎期未成熟T、B淋巴细胞在中枢免疫器官与自身抗原结合相互作用后形成的免疫耐受。

6．外周耐受（peripheral tolerance）：是指成熟T、B细胞在外周免疫器官与外源性抗原或自身抗原结合相互作用后，所形成的免疫不应答状态。

7．低带耐受（low-zone tolerance）：抗原剂量过低引起的免疫耐受称为低带耐受。

8．受体编辑（receptor editing）：部分自身反应性B细胞在受到自身抗原刺激后可重新启动免疫球蛋白基因重排，使B细胞免疫球蛋白的重链或轻链位点基因发生重排，产生一种抗原识别特性（BCR）与之前不同的B细胞克隆，从而不再对相应自身抗原产生应答。

9．耐受分离（split tolerance）：是指某些抗原经口服用后可诱导黏膜相关淋巴组织中T、B细胞产生免疫应答，同时又可诱导其他外周免疫器官中相关T、B淋巴细胞产生免疫耐受，该现象称为耐受分离。

10．免疫忽视（immunological ignorance）：是指体内某些组织自身抗原表达水平低下，

或 APC 提呈的自身抗原肽与 T 细胞表面 TCR 之间的亲和力过低，均不能诱导相应自身反应性 T 细胞活化而呈现免疫无应答状态。这种自身反应性 T 细胞与自身抗原并存，但不引发免疫应答的状态称为免疫忽视。

二、选择题

1．C 2．B 3．D 4．A 5．D 6．E 7．B 8．B 9．B 10．A 11．E
12．B 13．D 14．C 15．A 16．E 17．E 18．A 19．E 20．C 21．C
22．D 23．C 24．E 25．D 26．C 27．D 28．C 29．D 30．A 31．D
32．B 33．D 34．D 35．E 36．A 37．B 38．E 39．C 40．A 41．A
42．D 43．D 44．E 45．B 46．C 47．A 48．B 49．E 50．D 51．B
52．A 53．C 54．C 55．E 56．C 57．C 58．B 59．E 60．D 61．B
62．D 63．C 64．E 65．A

解析：

1．免疫耐受是机体免疫系统接受某种抗原作用后产生的特异性免疫无应答状态。
2．胚胎期接触的自身抗原产生的免疫耐受称为天然耐受。
3．Owen 于 1945 年首次发现异卵双生小牛由于胎盘血管融合发生的天然免疫耐受现象。
4．最容易诱导形成免疫耐受的时期是胚胎期。
5．T 细胞免疫耐受可由 TD-Ag 诱导产生。
6．B 细胞免疫耐受可由高剂量 TD 或 TI 抗原诱导产生。
7．最容易诱导产生免疫耐受的淋巴细胞是 T 淋巴细胞。
8．去凝聚可溶性抗原不易被 APC 摄取，无法有效激活 T 细胞，多为耐受原。
9．可诱导产生低带耐受的淋巴细胞是 T 细胞。
10．高剂量 TI 抗原诱导 B 淋巴细胞产生免疫耐受。
11．耐受原在体内持续存在是维持机体免疫耐受状态的重要条件。
12．采用免疫抑制措施有助于免疫耐受的建立。
13．各种诱导免疫耐受的途径中，静脉途径最容易，腹腔途径次之，皮下途径和肌肉途径最难。
14．能够诱导 Treg 细胞活化的抗原表位为耐受原表位。
15．自身反应性 T 细胞的克隆清除是 T 细胞中枢免疫耐受的主要方式。T 细胞中枢耐受发生在胸腺。
16．胚胎期未成熟 T、B 淋巴细胞在中枢免疫器官与自身抗原相互作用后形成免疫耐受。
17．通过阴性选择产生的免疫耐受属于中枢免疫耐受。
18．解除免疫耐受的方法可用于某些传染性疾病。
19．自身反应性 T、B 细胞的清除可维持自身免疫耐受。
20．未成熟免疫细胞易于被诱导产生免疫耐受。
21．胚胎期易于诱导免疫耐受的产生，其原因是免疫系统尚未发育成熟。
22．哺乳动物 B 细胞中枢免疫耐受发生在未成熟 B 细胞时期。
23．诱导 T 细胞形成耐受所需时间较短（1 天内），维持时间较长。
24．某些抗原经口服后可诱导黏膜免疫应答，而产生全身耐受，称为耐受分离。

25．豁免部位组织特异性抗原可通过物理屏障与自身反应性淋巴细胞隔离。

26．小分子可溶性抗原不易被 APC 摄取，容易引起免疫耐受。

27．静脉注射的进入途径与可溶性抗原均容易引起免疫耐受。

28．阴性选择导致自身反应性 T 细胞克隆清除属于中枢耐受机制。

29．AIDS 患者感染白念珠菌属于获得性免疫缺陷。

30．高剂量和低剂量 TD 抗原均可使 T 细胞发生免疫耐受。

31．注射交叉抗原，新免疫原取代耐受原诱导免疫应答产生。

32．自身免疫耐受对保持免疫系统的自身稳定具有重要意义。

33．诱导免疫耐受可用于超敏反应、自身免疫病和器官移植排斥反应的防治。

34．口服抗原诱导肠黏膜局部特异免疫应答，却导致全身对该抗原的免疫耐受，这种现象称为耐受分离。

35．人工诱导免疫耐受在成年期、新生儿期和胚胎期均可进行，其中胚胎期最易，成年期最难。

36．耐受原在体内持续存在是维持机体免疫耐受状态的重要条件。

37．缺乏第二信号可导致 T 淋巴细胞失能。

38．静脉注射的进入途径与大剂量 TD-Ag 可诱导 T 细胞耐受。

39．B 细胞中枢耐受最重要的形成机制是克隆清除。

40．骨髓中未成熟 B 细胞通过 mIgM 与自身抗原高亲和力结合可发生凋亡，导致克隆清除。

41．T 细胞在胸腺发生的中枢耐受是阴性选择。

42．由于胚胎期免疫发育尚未成熟，接触同种异型抗原诱导了天然免疫耐受。

43．利用耐受分离口服自身抗原诱导外周免疫耐受。

44．移植耐受是指受体免疫系统在不用任何免疫抑制剂的情况下，对移植物不产生排斥反应，且保持对其他抗原的免疫应答反应，从而使移植物长期存活的免疫状态。

45．患者因长期接受免疫抑制剂治疗导致免疫系统功能低下，进而出现多种自身抗体水平下降，这是免疫耐受的典型表现。

46．高剂量 TD-Ag 能使 T、B 两种细胞均产生免疫耐受。

47．低剂量 TD-Ag 只能使 T 细胞产生耐受，而不能使 B 细胞产生耐受。

48．高剂量 TI-Ag 只能使 B 细胞产生耐受，而不能使 T 细胞产生耐受。

49．低剂量 TI-Ag 既不能使 T 细胞产生耐受，也不能使 B 细胞产生耐受。

50．免疫抑制药物是引起免疫抑制的主要原因。

51．由于某种原因（如抗原提呈不足、共刺激信号缺失等），免疫细胞未能产生有效的免疫应答，从而失去功能。

52．自身反应性 T 细胞通过阴性选择发生凋亡可导致克隆清除。

53．口服抗原可产生局部黏膜免疫应答，同时引发全身性免疫耐受的状态为耐受分离。

54．免疫忽视是指免疫系统对某些低亲和力或低浓度的自身抗原不产生应答的现象。这些抗原由于浓度低或亲和力弱，不足以触发免疫系统的应答。

55．免疫抑制是指使用免疫抑制剂降低机体的免疫应答能力的机制。

56．胚胎期接触自身组织抗原产生的耐受为天然耐受。

57．出生后外来抗原诱导机体产生的免疫耐受为获得性耐受。

58. 自身反应性 T 细胞通过阴性选择发生凋亡形成的免疫耐受为中枢免疫耐受。
59. 自身反应性 T 细胞因缺乏活化第二信号导致克隆失能形成的免疫耐受为外周免疫耐受。
60. 抗原剂量过低引起的免疫耐受称为低带耐受。
61. 能够诱导自身反应性 T 细胞形成中枢免疫耐受的抗原是共同自身抗原。
62. 能够诱导自身反应性 T 细胞形成外周免疫耐受的抗原是组织特异性自身抗原。
63. 存在于免疫豁免部位的组织特异性自身抗原属于隐蔽自身抗原。
64. 能够诱导 T 细胞和 B 细胞产生免疫耐受的抗原是 TD-Ag。
65. 能够诱导多克隆 T 细胞增殖分化的抗原是超抗原。

三、问答题

1. 请列表比较 T 细胞和 B 细胞免疫耐受的特点。

【参考答案】

	T 细胞	B 细胞
耐受形成时间	1 天内	1～2 周
耐受维持时间	较长（150 天）	较短（50 天）
最小抗原剂量	10 μg（低带耐受）	1～10 mg（高带耐受）
高剂量 TD 抗原	可耐受	可耐受
低剂量 TD 抗原	可耐受	不耐受
高剂量 TI 抗原	不耐受	可耐受
低剂量 TI 抗原	不耐受	不耐受

2. 简述影响免疫耐受形成的抗原因素。

【参考答案】

（1）抗原性状：通常小分子非聚合可溶性抗原（如血清蛋白等）多为耐受原，大分子颗粒性抗原和蛋白质聚合物为良好的免疫原。

（2）抗原剂量：抗原剂量过低或过高时引起的免疫耐受分别称为低带耐受和高带耐受。

（3）抗原持续存在：耐受原持续存在是维持机体免疫耐受状态的重要条件之一，若耐受原在体内消失，则原来已经建立的免疫耐受也将逐渐减弱甚至消失。

（4）抗原进入途径：通常静脉注射抗原最易诱导机体产生免疫耐受，腹腔注射次之，皮下和肌内注射最难；某些抗原经口服用可诱导其他外周免疫器官中相关 T、B 淋巴细胞产生免疫耐受，称为耐受分离现象。

（5）抗原表位特点：抗原表面某些表位（耐受原表位）可通过诱导 Treg 细胞活化对自身反应性 T 细胞产生抑制作用而形成免疫耐受。

3. 试述机体中枢免疫耐受的形成机制。

【参考答案】（1）T 细胞中枢免疫耐受的建立：未成熟单阳性 T 细胞与胸腺树突状细胞或胸腺上皮细胞表面相应自身抗原肽-MHC Ⅱ/Ⅰ类分子复合物高亲和力结合（强识别）后发生凋亡，即通过阴性选择使高亲和力自身反应性 T 细胞克隆从体内清除形成中枢免疫耐受。

(2) B 细胞中枢免疫耐受的建立：骨髓是未成熟 B 细胞发育分化的中枢免疫器官，未成熟 B 细胞可通过"克隆清除""克隆失能"或"受体编辑"等机制对自身抗原产生免疫耐受：①未成熟 B 细胞通过表面 BCR（mIgM）与骨髓微环境中基质细胞表面自身抗原高亲和力结合，可发生凋亡，从而导致自身反应性 B 细胞"克隆清除"；②未成熟 B 细胞通过 BCR 与高浓度可溶性自身抗原结合，可因 BCR 表达下调或功能丧失而处于"克隆失能"状态；③部分自身反应性 B 细胞在受到自身抗原刺激后还可重新启动免疫球蛋白基因重排，即通过"受体编辑"使上述 B 细胞免疫球蛋白重链或轻链位点基因发生重排，产生一种抗原识别特性（BCR）与之前不同的 B 细胞克隆，从而不再对相应自身抗原产生应答。

4．简述研究免疫耐受的意义。

【参考答案】免疫耐受及其机制的研究不仅较好地解释了机体能够识别并清除病原体等非己抗原性异物而对自身抗原不应答的现象，还为阐明免疫应答的调节及其作用机制提供了理论和实验依据。免疫耐受与临床多种疾病的发生、发展和转归密切相关。诱导和维持免疫耐受的方法可用于超敏反应、自身免疫病和器官移植排斥反应的防治；而对某些传染性疾病和肿瘤则可采用解除免疫耐受状态和激发免疫应答等方法，促进机体对某些病原体和肿瘤的清除。因此，揭示免疫耐受的形成机制，建立诱导或打破免疫耐受的方法，对指导临床实践具有重要意义。

5．免疫耐受与免疫抑制有何异同？

【参考答案】免疫耐受与免疫抑制均表现为"免疫不应答"，但两者有本质的区别。免疫耐受具有特异性，只对特定抗原不应答，对其他抗原正常应答。而免疫抑制是对免疫系统的普遍抑制作用，不具有特异性。

（徐　雯　王　利）

第十二章

免疫调节

一、名词解释

1. 免疫调节（immune regulation）
2. 活化诱导的细胞死亡（activation-induced cell death，AICD）

二、选择题

A 型题

1. 免疫调节是指免疫应答过程中
   A．免疫细胞之间的相互作用
   B．免疫细胞亚群之间的相互作用
   C．免疫细胞与免疫分子之间的相互作用
   D．免疫系统和其他系统之间的相互作用
   E．上述所有细胞、分子和系统之间的作用

2. 可替代某些病原体进行免疫获得有效防御效果的抗体是针对
   A．Ab1/BCR 互补决定区独特位的 β 型抗独特型抗体
   B．Ab1/BCR 骨架区独特位的 γ 型抗独特型抗体
   C．Ab1/BCR CH1 功能区抗原表位的抗体
   D．Ab1/BCR CH2 功能区抗原表位的抗体
   E．Ab1/BCR 铰链区抗原表位的抗体

3. 对 T 细胞活化具有抑制作用的分子是
   A．CD28   B．CD2   C．CD19
   D．CD40L   E．CTLA-4

4. 能使同一 B 细胞表面 BCR 与 FcγRⅡB 交联产生活化抑制信号的抗体是
   A．IgG 类抗 Ig 恒定区抗体   B．IgM 类抗独特型抗体
   C．IgG 类抗独特型抗体   D．IgG 类抗 Ig 铰链区
   E．IgM 类抗 Ig 恒定区抗体

5. 能使同一 B 细胞表面 BCR 与 FcγRⅡB 交联产生活化抑制信号的物质是低浓度的
   A．IgA 类抗体与相应抗原结合形成的复合物
   B．IgM 类抗体与相应抗原结合形成的复合物
   C．IgE 类抗体与相应抗原结合形成的复合物

D．IgG 类抗体与相应抗原结合形成的复合物

E．IgD 类抗体与相应抗原结合形成的复合物

6．NK 细胞表面具有杀伤抑制作用的受体是

  A．NKG2D   B．NKp44   C．NKp46

  D．KIR2DL/3DL   E．CD94/NKG2C

7．nTreg 细胞的 CTLA-4 与 CD28 竞争结合的配体分子是

  A．PD-1   B．PD-L1   C．PD-L2

  D．B7   E．FoxP3

8．$CD4^+CD25^+$ Treg 细胞分泌的可抑制固有免疫细胞功能的细胞因子是

  A．IL-1   B．IL-2   C．IL-6

  D．TGF-β   E．IL-12

9．Th 细胞亚群间所不具备的负向调控作用是

  A．活化 Th1 细胞通过分泌 IFN-γ 抑制 Th2 细胞形成和增殖分化

  B．活化 Th2 细胞通过分泌 TGF-β 抑制 Th1 细胞形成和增殖分化

  C．活化 Th2 细胞通过分泌 IL-4 抑制 Th1 细胞形成和增殖分化

  D．Th1 细胞通过分泌 IFN-γ 拮抗 IL-6 产生而抑制 Th17 细胞形成

  E．Treg 细胞通过分泌 TGF-β，抑制 Th1 和 Th2 细胞活化与增殖分化

10．活化 Th1 细胞分泌的可影响 Th2 细胞活化的细胞因子是

  A．IL-4   B．IL-12   C．IL-6

  D．IL-8   E．TGF-β

11．Treg 细胞分泌的可抑制 Th1 细胞增殖分化的细胞因子是

  A．IL-10   B．IFN-γ   C．IL-6

  D．IL-8   E．IL-7

12．与活化诱导的细胞死亡（AICD）发生机制不符的是

  A．主要通过脱颗粒释放穿孔素、颗粒酶导致细胞凋亡

  B．T、B 细胞活化后 Fas 表达水平显著升高

  C．T 细胞活化后可表达膜型 FasL

  D．T 细胞活化后可表达分泌型 FasL

  E．Fas 和 FasL 结合诱导细胞凋亡

13．NK 细胞表面杀伤抑制受体的胞内段有

  A．ITAM   B．ITIM   C．蛋白酪氨酸激酶

  D．PD-1   E．CTLA-4

14．NK 细胞表面杀伤活化受体的胞内段有

  A．ITAM   B．ITIM   C．蛋白酪氨酸激酶

  D．PD-1   E．CTLA-4

15．M2 细胞介导的免疫调节作用是

  A．分泌促炎因子，促进炎症发生

  B．分泌 IL-18 诱导中性粒细胞活化，参与和促进炎症

  C．分泌 IL-12，诱导初始 $CD4^+$ T 细胞向 Th1 分化

  D．抑制吞噬细胞活性，产生抑炎作用

E. 促进 T 细胞分泌 IL-2 而促进 T 细胞增殖

16. 患者，女，35 岁。周末外出郊游采花。3 天后双手背部开始出现散在红斑、小丘疹，自觉瘙痒，抓挠后红肿加重，感觉发热，有痛感。5 天后就诊，经检查诊断为接触性皮炎。参与介导该患者皮肤炎症反应的细胞主要是
    A. M1　　　　　　　　　　B. M2　　　　　　　　　　C. nTreg
    D. iTreg　　　　　　　　　E. Tfh

17. 患者，男，70 岁。10 天前无明显诱因下出现疲乏、倦怠，自觉上腹部发胀就诊。经检查肝功能异常，腹部 CT 显示肝硬化、腹水。年轻时曾接受血吸虫病治疗 2 次。入院后经详细检查诊断为晚期血吸虫肝病。在肝硬化形成中发挥抑制作用的细胞主要是
    A. 嗜碱性粒细胞　　　　　　B. M1 细胞　　　　　　　C. M2 细胞
    D. 嗜酸性粒细胞　　　　　　E. NK 细胞

18. 患者，女，45 岁。15 年前诊断为Ⅳ型狼疮性肾炎，接受常规治疗后获得部分缓解。后来多次因肾病性蛋白尿入院。1 周前病情加重再次入院，经麦考酚酸酯、泼尼松联合阿巴西普（即 CTLA-4-Ig）治疗后病情得到完全缓解。阿巴西普干预的是
    A. M2 细胞　　　　　　　　B. T 细胞　　　　　　　　C. M1 细胞
    D. NK 细胞　　　　　　　　E. B 细胞

19. 患者，男，55 岁。1 年前因头晕、头痛 1 周就诊。入院后经全面检查诊断为右肺腺癌脑转移，给予 2 个疗程化疗，但肿瘤指标稳定不降，遂行锁骨下淋巴结组织活检，结果显示肿瘤细胞 PD-L1 表达占比 60%，于是在化疗基础上联合抗 PD-1 单抗治疗 6 个疗程后，肿瘤指标持续下降，肺部病灶明显缩小，脑部病灶接近消失。被 PD-1 单抗靶向干预以提高活性的是
    A. NK 细胞　　　　　　　　B. NKT 细胞　　　　　　　C. B 细胞
    D. 树突状细胞　　　　　　　E. T 细胞

B 型题

（20～24 题共用备选答案）
    A. γ 型抗独特型抗体　　　　　　B. β 型抗独特型抗体
    C. 活化诱导的细胞死亡　　　　　D. PD-1
    E. 活化 T 细胞表面 CTLA-4

20. 能与 APC 表面 B7 分子结合介导产生抑制信号的是
21. 能够通过高表达 FasL 诱导活化 T/B 细胞凋亡的是
22. 可模拟抗原刺激 B 细胞增殖分化产生相应抗体的是
23. 可通过空间位阻作用抑制抗原对 B 细胞激活的是
24. 与靶细胞表面的 PD-L1 结合介导产生活化抑制信号的是

（25～29 题共用备选答案）
    A. CD40　　　　　　　　　B. FcγRⅡ-B　　　　　　　C. CD94/NKG2A
    D. NKG2D　　　　　　　　E. CTLA-4

25. NK 细胞表面的抑制性受体是
26. B 细胞表面的抑制性受体是

27. NK 细胞表面的活化性受体是
28. B 细胞表面的活化性受体是
29. nTreg 细胞表面的抑制性受体是

（30～34 题共用备选答案）
    A．naïve T 细胞   B．Th1 细胞   C．Th2 细胞
    D．Treg 细胞   E．Th17 细胞
30. 可通过分泌 TGF-β 抑制其他 $CD4^+T$ 细胞亚群形成的细胞是
31. 可通过分泌 IFN-γ 抑制 Th2 细胞形成和增殖分化的细胞是
32. 可通过分泌 IL-4 抑制 Th1 细胞形成和增殖分化的细胞是
33. 可通过分泌 IL-17、IL-22 抵御胞外病原体入侵的细胞是
34. 具有向不同 Th 细胞亚群分化潜能的细胞是

三、问答题

1. 简述 IgG 类抗独特型抗体抑制 B 细胞活化的机制。
2. 简述低浓度 IgG 类抗体抑制 B 细胞活化的机制。
3. 简述诱导 M1 和 M2 巨噬细胞亚群分化的细胞因子及其作用。
4. 简述活化 T 细胞表面 CTLA-4 发挥负向调节作用的机制。
5. 简述诱导性 Treg 细胞介导负向免疫调节作用的机制。

参考答案与解析

一、名词解释

1. 免疫调节（immune regulation）：指免疫应答过程中免疫细胞间、免疫细胞与免疫分子间和免疫系统与其他系统之间相互作用，使免疫应答维持在适度水平以保证机体内环境相对稳定的生理过程。

2. 活化诱导的细胞死亡（activation-induced cell death，AICD）：指活化的 T 细胞通过其表面的 FasL 与邻近活化 T 细胞表面的 Fas 结合，诱导后者发生凋亡，或者通过分泌 FasL，以自分泌方式诱导自身凋亡（即自杀），或以旁分泌方式诱导邻近活化 T、B 细胞发生凋亡的细胞死亡方式。

二、选择题

1．E 2．A 3．E 4．C 5．D 6．D 7．D 8．D 9．B 10．B 11．A 12．A 13．B 14．A 15．D 16．A 17．C 18．B 19．E 20．E 21．C 22．B 23．A 24．D 25．C 26．B 27．D 28．A 29．E 30．D 31．B 32．C 33．E 34．A

解析：
1. 免疫调节是指免疫应答过程中，各种免疫细胞、免疫分子和免疫系统之间的作用。

2. 可替代某些病原体进行免疫获得有效防御效果的抗体是针对 Ab1/BCR 互补决定区独特位的 β 型抗独特型抗体。

3. CTLA-4 是对 T 细胞活化具有免疫抑制作用的共抑制分子。

4. IgG 类抗独特型抗体通过其抗原结合部位与 B 细胞表面 BCR 可变区相应独特位结合，再通过其 Fc 段与同一 B 细胞表面 FcγRⅡ-B 结合产生"桥联"作用，使 FcγRⅡ-B 胞质区 ITIM 脱磷酸化而对 B 细胞活化产生抑制作用。

5. 低浓度 IgG 类抗体可通过与相应抗原结合形成免疫复合物抑制 B 细胞活化。抗原-抗体复合物通过其抗原分子表面多价抗原表位与 B 细胞表面 BCR 特异性结合，再通过其 IgG 的 Fc 段与同一 B 细胞表面 FcγRⅡ-B 结合，产生"桥联"作用，使 FcγRⅡ-B 胞内区 ITIM 脱磷酸化而对 B 细胞活化产生抑制作用。

6. KIR2DL/3DL 是 NK 细胞表面具有杀伤抑制作用的受体。

7. nTreg 细胞高表达的 CTLA-4 可与 CD28 竞争结合 APC 上的 B7 分子发挥免疫调节作用。

8. TGF-β 由 Treg 细胞分泌，对大多数固有免疫细胞具有抑制作用。

9. 活化 Th2 细胞通过分泌 IL-4 抑制 Th1 细胞形成和增殖分化，TGF-β 由 Treg 细胞分泌，对大多数固有免疫细胞具有抑制作用。

10. IL-12 是活化 Th1 细胞分泌的可影响 Th2 细胞活化的一种细胞因子。

11. IL-10 由 Treg 细胞产生，可抑制 Th1 细胞增殖分化。

12. CTL 细胞通过释放穿孔素、颗粒酶杀伤靶细胞。

13. NK 细胞表面杀伤抑制性受体的胞内段有 ITIM，ITIM 可转导抑制信号。

14. NK 细胞表面杀伤活化性受体的胞内段有 ITAM，ITAM 可转导活化信号。

15. M2 细胞具有抑制炎症反应的作用。

16. 接触性皮炎早期介导炎症反应的细胞主要是巨噬细胞、中性粒细胞以及 $CD4^+Th$ 细胞和 $CD8^+CTL$。巨噬细胞中 M1 细胞具有参与、促进免疫应答、引发炎症反应的作用；M2 细胞具有抑制炎症反应、下调和抑制免疫应答的作用。nTreg 和 iTreg 发挥负向免疫调节作用。Tfh 位于淋巴滤泡内，主要功能是辅助 B 细胞产生 IgG 类抗体。

17. M2 型巨噬细胞具有抑制炎症反应、下调抑制免疫应答的作用，有利于组织纤维化和组织修复，在肝硬化形成进展中发挥抑制作用的主要是 M2 型巨噬细胞。其他几种细胞如 M1 细胞、嗜碱性粒细胞、嗜酸性粒细胞和 NK 细胞主要在感染早期发挥促炎作用。

18. 阿巴西普为注射用重组人 CTLA-4-Ig 融合蛋白，可与 T 细胞的 CD28 分子竞争结合 APC 的 B7 分子，抑制 T 细胞活化，延缓疾病进展。M1 细胞、M2 细胞、NK 细胞和 B 细胞不表达 CD28 分子。

19. 活化 T 细胞表达的共抑制分子包括 PD-1 和 CTLA-4。封闭 T 细胞抑制性分子的活性有助于活化 T 细胞，发挥抗肿瘤效应。

20. 与 APC 表面 B7 分子结合产生抑制信号的是活化 T 细胞表面的 CTLA-4。

21. 通过高表达 FasL 诱导活化 T/B 细胞凋亡的是活化诱导的细胞死亡，即 AICD。

22. 可模拟抗原刺激 B 细胞增殖分化产生相应抗体的是 β 型抗独特型抗体。

23. 可通过空间位阻作用抑制抗原对 B 细胞激活的是 γ 型抗独特型抗体。

24. 与靶细胞表面的 PD-L1 结合介导产生活化抑制信号的是 PD-1。

25. CD94/NKG2A 是 NK 细胞表面的抑制性受体。

26. FcγRⅡ-B 是 B 细胞表面的抑制性受体。

27．NKG2D 是 NK 细胞表面的活化性受体。
28．CD40 是 B 细胞表面的活化性受体。
29．CTLA-4 是活化 T 细胞表面的抑制性受体。
30．Treg 细胞产生 TGF-β 可抑制 Th1 细胞和 Th2 细胞增殖分化。
31．活化 Th1 细胞产生的 IFN-γ 通过拮抗 IL-4 抑制 Th2 细胞形成及增殖分化。
32．活化 Th2 细胞产生的 IL-4 通过拮抗 IFN-γ 抑制 Th1 细胞形成及增殖分化。
33．Th17 细胞可通过分泌 IL-17、IL-22 等诱导局部黏膜上皮细胞产生抗菌肽，抵御胞外病原菌和真菌入侵。
34．局部微环境中的 naïve T 细胞可在抗原和不同细胞因子的作用下分化为具有不同免疫功能的细胞亚群。

三、问答题

1．简述 IgG 类抗独特型抗体抑制 B 细胞活化的机制。

【参考答案】IgG 类抗独特型抗体通过其抗原结合部位与 B 细胞表面 BCR 可变区相应独特位结合，再通过其 Fc 段与同一 B 细胞表面 FcγRⅡ-B 结合产生"桥联"作用，使 FcγRⅡ-B 胞质区 ITIM 脱磷酸化而对 B 细胞活化产生抑制作用。

2．简述低浓度 IgG 类抗体抑制 B 细胞活化的机制。

【参考答案】低浓度 IgG 类抗体可通过与相应抗原结合形成免疫复合物抑制 B 细胞活化。抗原-抗体复合物通过其抗原分子表面多价抗原表位与 B 细胞表面 BCR 特异性结合，再通过其 IgG 的 Fc 段与同一 B 细胞表面的 FcγRⅡ-B 结合，产生"桥联"作用，使 FcγRⅡ-B 胞内区 ITIM 脱磷酸化而对 B 细胞活化产生抑制作用。

3．简述诱导 M1 和 M2 巨噬细胞亚群分化的细胞因子及其作用。

【参考答案】在局部微环境中不同类型细胞因子的诱导下，单核细胞可发育分化为 1 型巨噬细胞（M1）和 2 型巨噬细胞（M2）两个亚群。IFN-γ 可诱导单核细胞分化为 M1 细胞，而抑制单核细胞向 M2 细胞分化；IL-4 和 IL-13 可诱导单核细胞发育分化为 M2 细胞，而抑制单核细胞向 M1 细胞分化。

4．简述活化 T 细胞表面 CTLA-4 发挥负向调节作用的机制。

【参考答案】T 细胞活化后会高表达 CTLA-4，细胞表面高密度表达的共抑制分子 CTLA-4 可与经典 DC 表面相应的配体分子 B7 高亲和力结合，竞争抑制活化 T 细胞表面的共刺激分子 CD28 与同一经典 DC 表面 B7 分子结合，使 T 细胞失活处于克隆无能状态。

5．简述诱导性 Treg 细胞介导负向免疫调节作用的机制。

【参考答案】诱导性调节 T 细胞（iTreg）可通过分泌 TGF-β 和 IL-10 等抑制性细胞因子发挥负向调节作用：①抑制 $CD4^+$ 初始 T 细胞活化，影响 T 细胞各亚群形成，导致机体免疫应答能力降低；②抑制 T 细胞合成分泌 IL-2，影响 T 细胞增殖分化，导致机体免疫应答能力降低；③抑制巨噬细胞活化产生 IL-12，影响 Th1 细胞形成及其介导的免疫应答；④抑制巨噬细胞表达 MHC Ⅱ 类分子和 B7 等共刺激分子，不能有效激活 Th 细胞，导致机体适应性免疫应答能力降低。

（马翠卿　刘　平）

第十三章

抗感染免疫

一、名词解释

1. 真菌（fungus）
2. 胞外菌（extracellular bacteria）
3. 胞内菌（intracellular bacteria）
4. 中和抗体（neutralizing antibody）

二、选择题

A 型题

1. 抗胞外菌感染的即刻固有免疫应答发生于
   A. 感染后 4～96 h   B. 感染后 4～24 h   C. 感染后 4～48 h
   D. 感染后 4 h 内   E. 感染 96 h 后

2. 抗胞外菌感染的早期固有免疫应答发生于
   A. 感染后 4～96 h   B. 感染后 4～24 h   C. 感染后 4～48 h
   D. 感染后 4 h 内   E. 感染 96 h 后

3. 抗胞外菌感染的适应性免疫应答发生于
   A. 感染后 4～96 h   B. 感染后 4～24 h   C. 感染后 4～48 h
   D. 感染后 4 h 内   E. 感染 96 h 后

4. 在抗胞外菌感染的即刻固有免疫应答阶段，感染局部大量浸润的炎性细胞主要是
   A. 肥大细胞   B. NKT 细胞   C. 中性粒细胞
   D. 巨噬细胞   E. 朗格汉斯细胞

5. 以下不属于针对胞外菌感染的固有免疫应答特征的是
   A. IgE 水平升高   B. 上皮细胞合成分泌 CXCL8 等趋化因子
   C. 补体活化   D. 中性粒细胞合成分泌 IL-1 等促炎细胞因子
   E. B1 细胞产生 IgM 类泛特异性抗体

6. B1 细胞接受多糖抗原刺激后，相应抗体可在
   A. 24 h 之内产生   B. 1 周之内产生   C. 72 h 之内产生
   D. 96 h 之内产生   E. 48 h 之内产生

7. 以下不参与抗胞外菌感染的主要免疫细胞或分子是
   A. 中性粒细胞   B. 巨噬细胞   C. 补体系统

D. 胞外菌特异性抗体 E. NK 细胞

8. 以下不属于感染早期参与抗胞内菌感染的免疫细胞是
   A. 中性粒细胞 B. 巨噬细胞 C. NK 细胞
   D. ILC1 E. Th1 细胞

9. 胞内菌感染早期，γδT 细胞抗感染的主要方式是
   A. 分泌抗菌肽 B. 释放溶菌酶 C. 分泌 IFN-γ
   D. 释放穿孔素等裂解细胞 E. 分泌 IL-12 和 IL-18

10. CD4$^+$效应 Th1 细胞抗胞内菌感染的主要作用机制是
    A. 促进 B 细胞增殖 B. 活化巨噬细胞，增强其杀伤作用
    C. 增强抗原提呈 D. 直接杀伤感染细胞
    E. 分泌趋化因子

11. 主要由病毒感染细胞产生的细胞因子是
    A. Ⅰ型干扰素 B. Ⅱ型干扰素 C. 肿瘤坏死因子
    D. 白细胞介素 E. 趋化性细胞因子

12. 下列细胞因子中，具有抗病毒作用的是
    A. IL-1 B. IL-4 C. GM-CSF
    D. MCP-1 E. 干扰素

13. Ⅰ型干扰素的作用特点中，不正确的一项是
    A. 对病毒作用无特异性 B. 诱导细胞产生抗病毒蛋白
    C. 干扰病毒核酸复制 D. 抑制病毒蛋白合成
    E. 干扰素产生时间晚于适应性免疫应答启动的时间

14. Ⅰ型干扰素主要作用于病毒的
    A. 吸附 B. 穿入 C. 脱壳
    D. 生物合成 E. 突变

15. 以下关于 NK 细胞杀伤病毒感染细胞的描述正确的是
    A. 有特异性 B. Ⅰ型干扰素增强其作用 C. 需要补体参与
    D. 有 MHC 限制性 E. 直接杀伤病毒感染细胞

16. 对抗病毒抗体中和作用描述正确的是
    A. 能中和毒素毒性作用的抗体 B. 针对病毒某些表面抗原的抗体
    C. 针对病毒内部抗原的抗体 D. 针对细胞受体的抗体
    E. 能使包膜病毒裂解的抗体

17. 以下不属于特异性抗体抗病毒免疫作用的是
    A. 中和作用 B. 裂解包膜病毒
    C. 补体依赖的细胞毒作用 D. 抗体依赖的细胞毒作用
    E. 增强效应 CD8$^+$CTL

18. 杀伤病毒感染靶细胞过程中，发挥主要作用的是
    A. 干扰素 B. B 细胞 C. CD8$^+$CTL
    D. 补体 E. 单核吞噬细胞

19. 以下不属于参与抗病毒感染的免疫细胞或分子是
    A. NK 细胞 B. 中性粒细胞 C. CD8$^+$CTL

D. I 型干扰素　　　　　　　　E. 病毒特异性抗体

20. 特异识别并杀伤病毒感染细胞的是
    A. 中性粒细胞　　　　B. NK 细胞　　　　C. Th 细胞
    D. CTL　　　　　　　E. 浆细胞

21. 固有免疫应答阶段机体抗真菌感染的重要免疫效应细胞有
    A. 中性粒细胞、巨噬细胞、ILC1
    B. 中性粒细胞、巨噬细胞、ILC2
    C. 中性粒细胞、巨噬细胞、ILC3
    D. 中性粒细胞、嗜酸性粒细胞、Th1 细胞
    E. 中性粒细胞、嗜酸性粒细胞、Th2 细胞

22. 卡氏肺孢子菌属于哪种类型的病原体
    A. 胞外菌　　　　　　B. 病毒　　　　　　C. 胞内菌
    D. 真菌　　　　　　　E. 寄生虫

23. 关于中性粒细胞抗胞外感染真菌的作用，描述不正确的是
    A. 吞噬杀伤　　　　　B. 释放活性氧　　　C. 释放溶酶体酶
    D. 分泌防御素　　　　E. 分泌趋化因子 CXCL8、IL-1β 和 IL-23

24. 下列细胞因子中，由效应 Th17 细胞分泌发挥抗真菌感染免疫效应的是
    A. IL-22、IL-17　　　B. IL-1、IL-5　　　C. IL-1、IL-10
    D. IL-12、IL-18　　　E. IL-2、IL-7

25. 关于 Th1 细胞介导的抗真菌感染免疫作用，描述不正确的是
    A. 活化巨噬细胞
    B. 通过分泌 IL-3 和 GM-CSF 促进骨髓产生单核细胞
    C. 分泌 IL-1β 和 IL-23 诱导感染部位 ILC3 活化
    D. 通过分泌 TNF-α 诱导局部血管内皮细胞活化
    E. 将单核细胞招募至感染部位分化发育为组织巨噬细胞

26. 关于机体抗胞外寄生虫感染的免疫作用，描述正确的是
    A. IL-13 促进黏膜杯状细胞分泌、黏膜上皮细胞脱落更新
    B. IL-13 刺激黏膜下平滑肌细胞舒张
    C. IL-5、IL-9 可募集活化巨噬细胞，使其释放主要碱性蛋白和组胺等生物活性介质以杀伤或排出寄生虫
    D. IL-7 可诱导 CD4$^+$ 初始 T 细胞向 Th2 细胞分化
    E. IL-4 和 IL-13 协同作用可诱导 B 细胞增殖分化参与适应性体液免疫应答

27. 在寄生虫感染后期适应性免疫应答阶段，效应 Th2 细胞发挥效应的主要细胞因子有
    A. IL-4、IL-5、IL-13　　　　　B. IL-1、IL-22、IL-17
    C. IL-25、IL-33 和 TSLP　　　 D. IL-1、IL-17、IFN-γ
    E. TNF-α、IL-1、IL-2

28. 在寄生虫感染后期适应性免疫应答阶段，发挥作用的关键抗体是
    A. IgA　　　　　　　B. IgD　　　　　　C. IgM
    D. IgE　　　　　　　E. IgG

29. 抗寄生虫感染过程中，由效应 Th2 细胞分泌，可募集活化更多嗜酸/嗜碱性粒细胞

和肥大细胞，增强机体抗胞外寄生虫感染的免疫作用的细胞因子是

　　A．CXCL10　　　　　　B．CCL11　　　　　　C．IL-1

　　D．IL-2　　　　　　　　E．IL-17

30．参与抗寄生虫感染的主要适应性免疫细胞是

　　A．效应Th2细胞和效应Th1细胞　　　B．效应Th17细胞和效应Th1细胞

　　C．效应Th2细胞和效应Th17细胞　　　D．效应Th1细胞和NK细胞

　　E．效应Th2细胞和巨噬细胞

31．参与抗寄生虫感染的主要固有免疫细胞不包括

　　A．ILC2　　　　　　　B．嗜酸性粒细胞　　　C．肥大细胞

　　D．巨噬细胞　　　　　E．ILC3

32．对肺炎链球菌免疫逃逸机制描述正确的是

　　A．表面菌毛抗原变异　　　　　　　　B．表达多糖荚膜

　　C．分泌某种能将SIgA降解的蛋白酶　　D．产生过氧化氢酶

　　E．下调巨噬细胞抗原加工提呈能力

33．对流感嗜血杆菌免疫逃逸机制描述正确的是

　　A．分泌某种能将SIgA降解的蛋白酶，使黏膜相关抗体丧失抵御病原菌入侵的功能

　　B．产生过氧化氢酶清除反应性氧中间物，使其不被吞噬细胞杀伤破坏

　　C．表达多糖荚膜抵抗宿主吞噬细胞的吞噬杀伤作用

　　D．所含唾液酸残基可抑制补体旁路途径激活及其介导的溶菌作用

　　E．通过表面菌毛抗原变异，逃避相应中和抗体的识别

34．对胞内菌免疫逃逸过程描述错误的是

　　A．巨噬细胞内结核分枝杆菌因能阻止吞噬体与溶酶体融合形成吞噬溶酶体，而不被吞噬细胞杀伤清除

　　B．结核分枝杆菌通过下调巨噬细胞抗原加工提呈能力，而使相关效应Th2细胞介导的抗感染作用受到抑制

　　C．吞噬细胞内麻风杆菌因能产生过氧化氢酶破坏ROI，而不被吞噬细胞杀伤清除

　　D．单核细胞增生李斯特菌感染吞噬细胞后，可通过破坏吞噬体膜进入细胞质而不能被吞噬细胞杀伤清除

　　E．单核细胞增生李斯特菌通过细胞与细胞密切接触的作用方式感染宿主吞噬细胞，而使体液中相关中和抗体无法发挥作用

35．人类免疫缺陷病毒可通过基因突变导致

　　A．抗原漂移　　　　　B．抗体漂移　　　　　C．抗原消失

　　D．抗原增加　　　　　E．抗原修饰

36．某些病毒可通过抑制感染细胞内MHC I类分子抗原加工提呈相关的重要环节，影响CD8⁺CTL活化及其介导的抗病毒作用，相关描述错误的是

　　A．EB病毒可抑制蛋白酶体活化　　　　B．巨细胞病毒可抑制蛋白酶体活化

　　C．单纯疱疹病毒可阻止TAP转运　　　D．腺病毒可阻止MHC II类分子合成

　　E．巨细胞病毒可阻止MHC I类分子合成

37．巨细胞病毒免疫逃逸过程中诱导感染细胞表达"诱骗"性病毒MHC I类样分子，NK细胞表面可与其结合的受体为

A. 活化性受体 B. 抑制性受体 C. TCR
D. BCR E. 趋化因子受体

38. 最可能被人类免疫缺陷病毒感染并杀伤或灭活的宿主细胞是
A. $CD4^+$ T 细胞 B. $CD8^+$ T 细胞 C. 巨噬细胞
D. 中性粒细胞 E. 嗜酸性粒细胞

39. 对寄生虫免疫逃逸机制描述错误的是
A. 自发或在结合特异性抗体后将其抗原性外膜脱落，逃避相关抗体介导的 CDC 作用
B. 通过体表包被宿主细胞膜表面抗原"伪装"自身
C. 阻止吞噬体与溶酶体融合形成吞噬溶酶体
D. 通过蛋白水解方式将其表面结合的补体活化片段或抗体 Fc 段消化降解
E. 抑制宿主免疫应答

40. 恶性疟原虫诱导 Th 细胞产生的，可导致树突状细胞/巨噬细胞抗原加工提呈能力减弱的细胞因子是
A. IL-1 B. IL-2 C. IL-4
D. IL-7 E. IL-10

41. 患者，男，62 岁。3 天前行膀胱导尿术后出现发热，发热第 3 天病情恶化，出现轻度意识障碍，低血压。实验室检查：C 反应蛋白升高，白细胞高，血液菌培养阳性，病原鉴定为葡萄球菌。导致该患者白细胞水平升高的主要原因是
A. 淋巴细胞增加 B. 单核细胞增加 C. 中性粒细胞增加
D. 嗜酸性粒细胞增加 E. 嗜碱性粒细胞增加

42. 患者，男，8 个月。发育迟缓，发生反复感染，包括播散性卡介苗（BCG）感染。经实验室检查该患儿存在一种细胞因子受体缺陷，该受体最可能是
A. IL-6R B. IFN-γR C. IL-10R
D. IFN-αR1 E. IL-21R

43. 患者，男，55 岁。因新型冠状病毒感染致重症肺炎住院治疗，院方给患者输注新冠康复者血浆 200 mL，临床症状明显好转，患者由危重型转为普通型。康复期血浆中抗病毒的有效成分主要是
A. 干扰素 B. 白蛋白 C. 激素
D. 病毒特异性 IgG 抗体 E. 病毒特异性 IgM 抗体

44. 患者，女，29 岁。咨询可预防宫颈癌的疫苗，该疫苗是
A. 百白破疫苗 B. 破伤风疫苗 C. 卡介苗
D. HBV 疫苗 E. HPV 疫苗

45. 患者，男，28 岁。HBV 和 HIV 感染，肺部活检显示卡波西肉瘤，最可能的原因是
A. HBV 感染影响了肝功能 B. HBV 感染破坏了免疫功能
C. HBV 感染影响了肺功能 D. HIV 感染影响了肝功能
E. HIV 感染破坏了免疫功能

46. 患者，女，38 岁。初诊为肺结核，该患者痰中最可能检测到的微生物是
A. 伤寒沙门菌 B. 大肠埃希菌 C. 结核分枝杆菌
D. 乙肝病毒 E. HIV

B 型题

（47～51题共用备选答案）

A．Ⅰ型干扰素　　　　　　　B．CD4$^+$ 效应 Th1 细胞和 CD8$^+$ 效应 CTL

C．Th17 细胞　　　　　　　D．皮肤黏膜物理/化学屏障

E．B1 细胞

47．机体抵抗病原体入侵的第一道屏障是

48．抗胞外菌感染适应性免疫应答的主要效应细胞是

49．抗病毒感染的主要固有免疫效应分子是

50．抗胞内菌感染适应性免疫应答的主要效应细胞是

51．胞外菌多糖抗原刺激产生 IgM 类泛特异性抗体的细胞是

（52～56题共用备选答案）

A．EB 病毒　　　　　　　B．肺炎链球菌　　　　　　　C．利什曼原虫

D．牛痘病毒　　　　　　　E．麻疹病毒

52．可通过表达多糖荚膜抵抗宿主吞噬细胞的吞噬杀伤作用的胞外菌是

53．可产生一种 IL-10 样同源蛋白抑制树突状细胞和巨噬细胞活化的微生物是

54．感染未成熟 DC 后，可通过抑制上述 DC 成熟影响适应性免疫应答启动的病毒是

55．感染 DC 后可通过上调表达 DC 表面 FasL 的作用方式，诱导表达相应 Fas 受体的 T 细胞凋亡的微生物是

56．可通过促进 Treg 细胞生成，使机体相关免疫应答能力降低的寄生虫是

三、问答题

1．简述效应 CTL 介导的抗胞内菌感染作用机制。

2．简述 Ⅰ 型干扰素介导的抗病毒作用。

3．试述效应 CTL 介导的抗病毒作用机制。

4．简述 Th1 细胞介导的抗真菌感染免疫作用。

5．列举至少 2 种在固有免疫应答阶段机体抗胞外寄生虫感染的免疫作用机制。

6．列举胞外菌的至少 2 种免疫逃逸机制。

参考答案与解析

一、名词解释

1．真菌（fungus）：是一类能够进行无性或有性繁殖的具有细胞壁、细胞核和完整细胞器的真核细胞型微生物。

2．胞外菌（extracellular bacteria）：是指在宿主细胞外侵袭/增殖，产生内、外毒素等致病物质引发相关感染性疾病的病原菌。

3．胞内菌（intracellular bacteria）：是指能在单核/巨噬细胞和某些组织细胞内存活甚至繁殖的一类病原菌。

4．中和抗体（neutralizing antibody）：是指机体产生的能够与病毒特异性结合，阻断病毒与宿主细胞表面相应受体结合发挥抗病毒作用的分泌型 IgA 或 IgG 类抗体。

二、选择题

1．D 2．A 3．E 4．C 5．A 6．E 7．E 8．E 9．D 10．B 11．A
12．E 13．E 14．D 15．E 16．B 17．E 18．C 19．B 20．D 21．C
22．D 23．E 24．A 25．C 26．A 27．A 28．D 29．B 30．A 31．E
32．B 33．A 34．B 35．A 36．A 37．B 38．A 39．A 40．E 41．C
42．B 43．D 44．E 45．E 46．C 47．D 48．C 49．A 50．B 51．E
52．B 53．A 54．D 55．E 56．C

解析：

1．抗胞外菌感染的即刻固有免疫应答发生在感染后 4 h 内。

2．抗胞外菌感染的早期固有免疫应答发生于感染后 4～96 h。

3．抗胞外菌感染的适应性免疫应答发生于感染 96 h 后。

4．感染部位上皮细胞分泌趋化因子招募并活化中性粒细胞，中性粒细胞是机体抵抗胞外菌感染的主要效应细胞。

5．IgE 在机体接触过敏原和（或）感染某些寄生虫感染时水平升高。

6．B1 细胞接受胞外菌共有多糖抗原刺激后 48 h 内产生 IgM 类泛特异性抗体与胞外菌结合。

7．中性粒细胞、巨噬细胞、补体系统和胞外菌特异性 IgG 抗体是机体抵抗胞外菌感染的主要免疫细胞和分子。

8．感染早期参与抗胞内菌感染的免疫细胞包括中性粒细胞、巨噬细胞、NK 细胞、ILC1 和 γδT 细胞。

9．γδT 细胞识别被感染细胞表面 CD1 分子提呈的磷脂抗原，通过释放穿孔素等使被感染细胞溶解破坏，导致胞内菌释放进而被中性粒细胞吞噬杀伤。

10．$CD4^+$ 效应 Th1 细胞抗胞内菌感染免疫作用：通过表面 TCR-CD3 复合体 /CD4 分子和 CD40L 及其分泌的 IFN-γ，与胞内菌感染巨噬细胞表面相关抗原肽 -MHC Ⅱ类分子复合物及 CD40 和 IFN-γR 结合相互作用，使上述巨噬细胞充分活化，产生大量 ROI、NO 和溶酶体酶等杀菌物质，对胞内菌产生强大杀伤破坏作用进而将其全部杀灭清除。效应 Th1 细胞产生的 IFN-γ 和 IL-2 还参与诱导 $CD8^+$CTL 活化和效应 CTL 形成。

11．Ⅰ型干扰素主要由病毒感染细胞、上皮 / 内皮细胞、成纤维细胞和浆细胞样 DC 产生，包括 IFN-α 和 IFN-β。

12．Ⅰ型干扰素是机体早期抗病毒感染的最重要的固有免疫分子。

13．Ⅰ型干扰素是机体早期抗病毒感染的固有免疫分子，其产生时间早于适应性免疫应答中病毒特异性 IgG 抗体的产生。

14．Ⅰ型干扰素使病毒易感细胞产生抗病毒蛋白，干扰病毒核酸复制和病毒蛋白表达等生物合成过程。

15．NK 细胞可识别病毒感染细胞，通过释放穿孔素、颗粒酶等杀伤感染细胞；还可通过表面 IgG Fc 受体结合感染细胞表面的 IgG Fc 段，通过 ADCC 效应杀伤感染细胞。

16．机体产生的中和抗体如分泌型 IgA 或 IgG 类抗体能与病毒特异性结合，阻断病毒与宿主细胞表面相应受体结合发挥抗病毒作用。

17．病毒特异性抗体的作用机制：①分泌型 IgA 或 IgG 类中和抗体发挥作用；② IgG 类抗体与包膜病毒表面相应抗原结合后，可通过激活补体经典途径产生攻膜复合物而使包膜病毒裂解破坏；③IgG 类抗体与病毒感染细胞表面相应抗原特异性结合后，可通过激活补体经典途径产生补体依赖的细胞毒作用（CDC）；NK 细胞通过表面 IgGFc 受体与病毒感染细胞表面 IgG 抗体 Fc 段结合后，可通过 ADCC 效应裂解靶细胞；④发挥调理作用增强吞噬细胞的吞噬杀伤作用。

18．$CD8^+$CTL 通过表面 TCR-CD3 复合体和 CD8 分子与病毒感染细胞表面相应病毒抗原肽 -MHC I 类分子复合物特异性结合后，可通过脱颗粒释放穿孔素、颗粒酶、分泌 LT-α 和高表达 FasL 等作用方式，使病毒感染细胞溶解破坏或发生凋亡。

19．参与抗病毒感染的免疫细胞和分子主要包括 NK 细胞、$CD8^+$CTL、I 型干扰素和病毒特异性抗体。

20．效应 CTL 通过表面 TCR-CD3 复合体和 CD8 分子与病毒感染细胞表面相应病毒抗原肽 -MHC I 类分子复合物特异性结合后，可通过脱颗粒释放穿孔素、颗粒酶、分泌 LT-α 和高表达 FasL 等作用方式，使病毒感染细胞溶解破坏或发生凋亡导致病毒释放。

21．中性粒细胞、巨噬细胞、ILC3 是机体早期抗真菌感染的重要免疫效应细胞。

22．临床常见的感染性真菌主要包括皮肤癣菌、荚膜组织胞浆菌、念珠菌、新生隐球菌和卡氏肺孢子菌等。

23．在抗真菌感染过程中，分泌趋化因子 CXCL8、IL-1β 和 IL-23 的细胞是巨噬细胞。

24．Th17 细胞可通过分泌大量 IL-22 和 IL-17 等细胞因子介导抗真菌感染的免疫效应。

25．在抗真菌感染过程中，分泌 IL-1β 和 IL-23 诱导感染部位 ILC3 活化的细胞是巨噬细胞。

26．IL-13 可促进黏膜杯状细胞分泌黏液、促进黏膜上皮细胞脱落更新、刺激黏膜下平滑肌细胞收缩，有助于寄生虫的排出。

27．效应 Th2 细胞通过合成分泌大量 IL-4、IL-5、IL-13 等细胞因子介导抗胞外寄生虫感染的免疫效应。

28．IgE 是机体抗寄生虫感染免疫应答的关键性抗体。

29．效应 Th2 细胞分泌的 CCL11 可募集活化更多嗜酸 / 嗜碱性粒细胞和肥大细胞，是增强机体抗胞外寄生虫感染的重要细胞因子。

30．参与抗寄生虫感染的适应性免疫细胞主要包括效应 Th2 细胞和效应 Th1 细胞。

31．参与抗寄生虫感染的固有免疫细胞主要包括 ILC2、嗜酸性粒细胞、肥大细胞和巨噬细胞。

32．肺炎链球菌可通过表达多糖荚膜抵抗宿主吞噬细胞的吞噬杀伤作用。

33．流感嗜血杆菌能够分泌可降解 SIgA 的蛋白酶，使黏膜相关抗体丧失抵御该菌入侵的作用。

34．结核分枝杆菌可通过下调巨噬细胞抗原加工提呈能力，而使相关效应 Th1 细胞介导的抗感染作用受到抑制。

35．人类免疫缺陷病毒可通过基因突变导致表面"抗原漂移"或"抗原转换"，使其逃离相关中和抗体的识别及其介导的抗病毒作用。

36．腺病毒可通过阻止 MHC I 类分子合成等作用方式抑制病毒感染细胞对内源性抗原的加工提呈。

37．巨细胞病毒能够诱导被其感染宿主细胞表达"诱骗"性的病毒 MHC I 类样分子，与 NK 细胞表面的杀伤抑制性受体结合，从而逃逸免疫系统的监视。

38. CD4⁺ T 细胞是人体内最主要的被 HIV 感染而受损或者死亡的宿主细胞。

39. 某些血吸虫可自发或在结合特异性抗体后将其抗原性外膜脱落，逃避相关抗体的识别及其介导的 ADCC 作用。

40. 恶性疟原虫可诱导 Th 细胞产生 IL-10，抑制树突状细胞/巨噬细胞的抗原加工提呈能力。

41. 中性粒细胞是机体抵抗胞外菌感染的主要效应细胞。

42. IFN-γ 与胞内菌感染巨噬细胞表面 IFN-γ 受体结合相互作用，使巨噬细胞充分活化，产生大量 ROI、NO 和溶酶体酶等杀菌物质，对胞内菌产生强大的杀伤破坏作用。因此，IFN-γ 是抗 BCG 感染的重要因素，其受体缺陷使上述杀伤机制发生障碍，因而发生严重的播散性 BCG 感染。

43. 病毒感染人体后，适应性免疫应答产生特异性抗体发挥抗病毒免疫作用，IgM 出现在感染早期，恢复期血浆中以 IgG 抗体为主。

44. HPV 疫苗可用于预防宫颈癌。

45. HIV 感染可通过使患者 CD4⁺ T 细胞数目显著减少/功能严重障碍等机制造成免疫损伤。

46. 结核分枝杆菌是导致肺结核的病原体，肺结核患者的痰中最可能存在该菌。

47. 皮肤黏膜屏障是机体抵抗病原体入侵的第一道屏障。

48. Th17 细胞是抗胞外菌感染适应性免疫应答的主要效应细胞。

49. Ⅰ型干扰素是介导机体抗病毒感染的主要细胞因子，也是主要固有免疫效应分子。

50. CD4⁺Th1 细胞和 CD8⁺CTL 是机体抗胞内菌感染的主要适应性免疫应答效应细胞。

51. 胞外菌多糖抗原可刺激 B1 细胞产生 IgM 类的泛特异性抗体。

52. 肺炎链球菌是一种可引起肺炎的胞外菌，其具有的多糖荚膜能够抵抗宿主吞噬细胞的吞噬杀伤作用。

53. EB 病毒可产生一种 IL-10 样的同源蛋白，从而抑制树突状细胞和巨噬细胞的活化。

54. 牛痘病毒能够感染未成熟 DC，并抑制其成熟，从而影响适应性免疫应答的启动。

55. 麻疹病毒可感染 DC 并上调其 FasL 的表达，从而诱导表达 Fas 分子的 T 细胞发生凋亡而逃逸免疫作用。

56. 利什曼原虫是一种寄生虫，可促进 Treg 细胞的生成，降低机体的免疫应答能力。

三、问答题

1. 简述效应 CTL 介导的抗胞内菌感染作用机制。

【参考答案】效应 CTL 通过其表面 TCR-CD3 复合体和 CD8 分子与胞内菌感染的经典 DC 或胞内菌感染组织细胞表面相关抗原肽-MHC Ⅰ类分子复合物结合相互作用后，可通过释放穿孔素、颗粒酶、表达 FasL 和分泌 LT-α 等作用方式，使上述胞内菌感染细胞裂解破坏或发生凋亡导致胞内菌释放。在局部微环境中胞内菌特异性抗体、补体系统和中性粒细胞参与作用下，通过激活补体经典途径形成攻膜复合物介导的溶菌作用、补体裂解片段 C3b 介导的非特异调理作用及胞内菌特异性 IgG 抗体介导的特异性调理作用，可将上述释放至胞外的胞内菌杀伤破坏并从体内清除。

2. 简述Ⅰ型干扰素介导的抗病毒作用。

【参考答案】Ⅰ型干扰素主要由病毒感染细胞、上皮/内皮细胞、成纤维细胞和浆细胞样 DC 产生，包括 IFN-α 和 IFN-β。Ⅰ型干扰素具有以下主要作用：①诱导体内相邻易感组织细胞产生抗病毒蛋白、干扰病毒核酸复制和病毒蛋白合成，对病毒感染和扩散起到抑制作用；②促进病毒感染细胞表达病毒抗原肽-MHCⅠ类分子复合物，增强效应 $CD8^+CTL$ 对病毒感染细胞的杀伤破坏作用。

3．试述效应 CTL 介导的抗病毒作用机制。

【参考答案】效应 CTL 通过表面 TCR-CD3 复合体和 CD8 分子与病毒感染细胞表面相应病毒抗原肽-MHCⅠ类分子复合物特异性结合后，可通过脱颗粒释放穿孔素、颗粒酶、分泌 LT-α 和高表达 FasL 等作用方式，使病毒感染细胞溶解破坏或发生凋亡导致病毒释放。在病毒特异性 IgG 抗体和吞噬细胞参与下，通过 IgG 介导的调理作用可将释放至胞外的病毒吞噬杀伤清除。效应 CTL 还可通过分泌 IFN-γ 等细胞因子诱导 NK 细胞和巨噬细胞活化，发挥抗病毒感染等免疫保护作用。

4．简述 Th1 细胞介导的抗真菌感染免疫作用。

【参考答案】真菌特异性效应 Th1 细胞通过表面 TCR/CD4 分子和 CD40L 及其分泌的 IFN-γ 与真菌感染巨噬细胞表面相应抗原肽-MHCⅡ类分子复合物及 CD40 和 IFN-γR 结合相互作用后，可使上述巨噬细胞活化，将胞内感染的真菌杀伤破坏。上述效应 Th1 细胞还可通过分泌 IL-3 和 GM-CSF 促进骨髓产生单核细胞；通过分泌 TNF-α 诱导局部血管内皮细胞活化，使其表达参与单核细胞黏附外渗相关的膜分子和产生 CCL2 等趋化因子；在局部 CCL2 等趋化因子作用下，可将单核细胞招募至感染部位分化发育为组织巨噬细胞；通过分泌 IFN-γ 诱导上述巨噬细胞活化，使其吞噬杀菌能力增强，发挥抗感染免疫作用。

5．列举至少 2 种在固有免疫应答阶段机体抗胞外寄生虫感染的免疫作用机制。

【参考答案】胞外寄生虫（蠕虫）感染刺激黏膜上皮细胞合成分泌的 IL-25、IL-33 和 TSLP 可诱导局部 ILC2 活化，产生 IL-4、IL-5、IL-9、IL-13 等 Th2 型细胞因子，介导以下作用：① IL-13 可促进黏膜杯状细胞分泌、黏膜上皮细胞脱落更新和刺激黏膜下平滑肌细胞收缩，即通过增强黏膜物理屏障作用阻止寄生虫入侵定植；② IL-5、IL-9 可募集活化嗜酸/嗜碱性粒细胞和肥大细胞，使其释放主要碱性蛋白和组胺等生物活性介质杀伤或排出寄生虫；③ IL-4 可诱导 $CD4^+$ 初始 T 细胞向 Th2 细胞分化；IL-4 和 IL-13 协同作用可诱导 B 细胞增殖分化参与适应性体液免疫应答。（回答出 2 种即可）

6．列举胞外菌的至少 2 种免疫逃逸机制。

【参考答案】①肺炎链球菌可通过表达多糖荚膜抵抗宿主吞噬细胞的吞噬杀伤作用；② B 群链球菌荚膜中所含唾液酸残基可抑制补体旁路途径激活及其介导的溶菌作用；③淋球菌可通过表面菌毛抗原变异，逃避相应中和抗体的识别及其介导的抗感染免疫作用；④某些胞外菌可因糖苷酶改变导致细胞表面脂多糖或其他多糖发生化学变化，而使其能够逃离相关多糖抗原特异性抗体的识别及其介导的抗感染免疫作用；⑤流感嗜血杆菌可通过分泌某种能将 SIgA 降解的蛋白酶，而使上述黏膜相关抗体丧失抗御病原菌入侵的功能；⑥葡萄球菌可通过产生过氧化氢酶清除反应性氧中间物（ROI），使其得以存活而不被吞噬细胞杀伤破坏。（回答出 2 种即可）

（周玉洁　黄　鹤）

第十四章

超敏反应

一、名词解释

1. 超敏反应（hypersensitivity）
2. Ⅰ型超敏反应（type Ⅰ hypersensitivity）
3. 特异性变应原脱敏疗法（specific allergen desensitization）
4. 异种免疫血清脱敏疗法（specific immunoserum desensitization）
5. Ⅱ型超敏反应（type Ⅱ hypersensitivity）
6. Arthus 反应（Arthus reaction）
7. 血清病（serum disease）
8. 类风湿因子（rheumatoid factor，RF）
9. 免疫复合物型超敏反应（immune complex hypersensitivity）

二、选择题

A 型题

1. Ⅰ型超敏反应所不具备的特征是
   A. 有明显的个体差异和遗传倾向
   B. 可通过激活补体系统引发过敏性炎症反应
   C. 主要由特异性 IgE 抗体介导产生
   D. 通常发生和消退迅速
   E. 可通过释放组胺等生物活性介质引发过敏性炎症反应
2. 关于变应原的描述错误的是
   A. 能够选择性诱导机体产生特异性 IgE 抗体
   B. 天然变应原大多分子量小
   C. 天然变应原大多为可溶性抗原
   D. 多为外源性抗原物质
   E. 都具有免疫原性
3. 引起 Ⅰ型超敏反应的抗体是
   A. IgG 类抗体 B. IgE 类抗体 C. IgA 类抗体
   D. IgD 类抗体 E. IgM 类抗体
4. ILC2 不具有的特点是

A．GATA3⁺ 固有淋巴样细胞

B．通过表面活化相关受体接受细胞因子刺激活化

C．通过分泌 Th2 型细胞因子诱导 B 细胞增殖分化

D．分泌 IL-8 募集活化中性粒细胞

E．主要分布于黏膜下结缔组织和黏膜相关淋巴组织

5．参与 I 型超敏反应的主要效应细胞是

A．ILC1 细胞　　　　　　B．ILC2 细胞　　　　　　C．肥大细胞

D．Th1 细胞　　　　　　　E．B 细胞

6．肥大细胞膜表面能与 IgE 的 Fc 段高亲和力结合的受体是

A．FcεR I 　　　　　　　B．FcεR II 　　　　　　　C．FcγR I

D．FcγR II 　　　　　　　E．FcγR III

7．表面具有 FcεR I 的细胞是

A．单核细胞和巨噬细胞　　　　　　B．中性粒细胞和肥大细胞

C．中性粒细胞和嗜碱性粒细胞　　　D．肥大细胞和嗜碱性粒细胞

E．嗜酸性粒细胞和嗜碱性粒细胞

8．关于致敏肥大细胞引发过敏性炎症反应描述错误的是

A．可通过游离 IgE 抗体与变应原结合后产生

B．可脱颗粒释放组胺等血管活性物质

C．可分泌脂类介质和细胞因子

D．可合成分泌降钙素基因相关肽

E．可合成分泌血管内皮生长因子（VEGF）

9．与 I 型超敏反应发生无关的生物活性介质是

A．补体　　　　　　　　　B．组胺　　　　　　　　　C．细胞因子

D．白三烯　　　　　　　　E．前列腺素 D2

10．诱导 B 细胞产生 IgE 抗体的细胞因子是

A．IL-1　　　　　　　　　B．IL-2　　　　　　　　　C．IL-3

D．IL-4　　　　　　　　　E．IL-5

11．过敏即刻反应主要发生于患者再次接受变应原后

A．数秒～1 h 发生　　　　B．1～24 h 发生　　　　　C．24～72 h 发生

D．4～96 h 发生　　　　　E．4 h 内发生

12．过敏迟发相反应主要发生于患者再次接受变应原后

A．数秒～1 h 发生　　　　B．1～24 h 发生　　　　　C．24～72 h 发生

D．4～96 h 发生　　　　　E．4 h 内发生

13．I 型超敏反应性疾病不包括

A．过敏性休克　　　　　　B．过敏性哮喘　　　　　　C．过敏性鼻炎

D．过敏性胃肠炎　　　　　E．接触性皮炎

14．属于 I 型超敏反应性疾病的是

A．急性荨麻疹　　　　　　B．过敏性接触性皮炎　　　C．类 Arthus 反应

D．新生儿溶血症　　　　　E．类风湿关节炎

15．在特异性变应原脱敏治疗中，诱导机体产生的封闭抗体是

A．IgG 类抗体 B．IgM 类抗体 C．IgA 类抗体
D．IgE 类抗体 E．IgD 类抗体

16．可采用异种免疫血清脱敏疗法进行防治的超敏反应性疾病是
A．血清过敏性休克 B．过敏性哮喘 C．荨麻疹
D．青霉素过敏性休克 E．药物过敏性血细胞减少症

17．对异种免疫血清脱敏疗法的错误叙述是
A．适用于抗毒素皮试阳性的患者
B．抗毒素每次注射剂量小，不足以引发临床症状
C．抗毒素注射间隔时间为 20 ~ 30 min
D．抗毒素需在 24 h 内反复多次注射，达到治疗剂量
E．抗毒素需在数天内反复多次注射，达到治疗剂量

18．由嗜酸性粒细胞释放的、可以直接激活肥大细胞的物质是
A．主要碱性蛋白 B．过氧化物歧化酶 C．基质金属蛋白酶
D．白三烯 E．血小板活化因子

19．通过稳定细胞膜阻止致敏肥大细胞脱颗粒，释放生物活性介质的药物是
A．齐留通 B．色甘酸二钠 C．氨茶碱
D．异丙嗪 E．阿司匹林

20．通过激活腺苷酸环化酶促进 cAMP 合成，抑制肥大细胞脱颗粒的药物是
A．肾上腺素 B．氨茶碱 C．阿司匹林
D．色甘酸二钠 E．苯海拉明

21．通过抑制磷酸二酯酶阻止 cAMP 分解，抑制肥大细胞脱颗粒的药物是
A．异丙肾上腺素 B．葡萄糖酸钙 C．扎鲁司特
D．氨茶碱 E．阿司匹林

22．关于人源化 IgE 单克隆抗体的错误叙述是
A．是针对 IgE 抗体 Fc 功能区的单克隆抗体
B．主要用于过敏性鼻炎和慢性过敏性哮喘的防治
C．抑制变应原特异性 IgE 抗体与肥大细胞/嗜碱性粒细胞表面 FcεRⅠ结合
D．使肥大细胞/嗜碱性粒细胞表面 FcεRⅠ表达下调，有效减轻患者致敏状态
E．可抑制骨髓产生嗜酸性粒细胞

23．Ⅱ型超敏反应引起细胞溶解破坏作用的机制是
A．巨噬细胞通过模式识别受体直接识别吞噬破坏靶细胞
B．效应 CTL 特异性识别杀伤靶细胞
C．激活补体产生攻膜复合物使靶细胞溶解破坏
D．中性粒细胞释放胞外酶溶解破坏靶细胞
E．吞噬细胞活化产生大量 TNF 杀伤破坏靶细胞

24．与Ⅱ型超敏反应发生无关的免疫细胞是
A．中性粒细胞 B．CTL C．抗原提呈细胞
D．巨噬细胞 E．NK 细胞

25．关于 ABO 血型不合新生儿溶血症的错误叙述是
A．母亲为 A 型或 B 型血，新生儿为 O 型血

B. 红细胞溶解破坏主要由补体系统激活引起

C. 使新生儿红细胞溶解破坏的抗体为 IgM 类血型抗体

D. 临床症状较轻，通常可自然痊愈

E. 目前尚无有效预防方法

26. 能使胎儿或新生儿 Rh⁺ 红细胞发生溶解破坏的抗体是

    A. IgE 类亲细胞抗体   B. IgG 类免疫血型抗体   C. 血清单体 IgA

    D. 分泌型 IgA   E. IgM 类天然血型抗体

27. Rh 血型不合引起的新生儿溶血症多发生于

    A. Rh⁻ 母亲首次妊娠，血型为 Rh⁺ 的新生儿

    B. Rh⁻ 母亲首次妊娠，血型为 Rh⁻ 的新生儿

    C. Rh⁻ 母亲再次妊娠，血型为 Rh⁺ 的新生儿

    D. Rh⁻ 母亲再次妊娠，血型为 Rh⁻ 的新生儿

    E. Rh⁺ 母亲首次妊娠，血型为 Rh⁻ 的新生儿

28. 预防 Rh⁻ 母亲再次妊娠时发生 Rh 血型不合新生儿溶血症的方法是

    A. 给新生儿注射抗 Rh 抗体

    B. 给新生儿输入母亲的红细胞

    C. 用过量 Rh 抗原中和母体内的抗 Rh 抗体

    D. 用免疫抑制剂抑制母体产生抗 Rh 抗体

    E. 分娩后 72 h 内给产妇注射抗 Rh 抗体

29. 属于 II 型超敏反应的疾病是

    A. 系统性红斑狼疮   B. 血清病   C. 接触性皮炎

    D. 药物过敏性血细胞减少症   E. 过敏性结膜炎

30. III 型超敏反应发生的始动因素是

    A. 中分子可溶性循环免疫复合物形成

    B. 小分子可溶性免疫复合物形成

    C. 免疫复合物在血管基底膜或组织间隙沉积

    D. 免疫复合物激活补体系统

    E. 中性粒细胞募集活化释放酶类物质

31. 与 III 型超敏反应发生无关的免疫细胞是

    A. 嗜碱性粒细胞   B. NK 细胞   C. 肥大细胞

    D. 血小板   E. 中性粒细胞

32. III 型超敏反应性疾病不包括

    A. 类风湿关节炎   B. 链球菌感染后肾小球肾炎

    C. 类 Arthus 反应   D. 接触性皮炎

    E. Arthus 反应

33. 能与类风湿因子特异性结合的物质是

    A. 自身 IgM 分子   B. 自身 IgG 分子   C. 自身变性 IgM 分子

    D. 自身变性 IgG 分子   E. 自身变性 IgE 分子

34. 局部反复注射胰岛素可引起

    A. I 型超敏反应   B. II 型超敏反应   C. III 型超敏反应

D．抗体阻抑型超敏反应　　　　　E．抗体刺激型超敏反应

35．临床常见能够引发Ⅳ型超敏反应性疾病的原因是
A．结核分枝杆菌等胞内寄生菌感染　　　B．溶血性链球菌感染
C．注射抗毒素血清　　　　　　　　　　D．中分子循环免疫复合物形成和沉积
E．局部反复注射胰岛素

36．与Ⅳ型超敏反应发生无关的免疫细胞或分子是
A．CD4$^+$Th1细胞　　　B．巨噬细胞　　　C．CD8$^+$CTL
D．细胞因子　　　　　　E．抗体和补体

37．迟发型超敏反应的组织病理学特点是
A．以中性粒细胞浸润为主的炎症反应
B．以嗜酸性粒细胞浸润为主的炎症反应
C．补体系统激活介导产生的炎症反应和损伤
D．以肥大细胞浸润为主的炎症反应
E．以单个核细胞浸润和组织细胞损伤为主的炎症反应

38．属于迟发型超敏反应的皮肤试验是
A．青霉素皮肤试验　　　B．尘螨皮肤试验　　　C．抗毒素皮肤试验
D．结核菌素皮肤试验　　E．类Arthus反应

39．无需抗体或补体参与的超敏反应性疾病是
A．过敏性休克　　　　　B．重症肌无力　　　　C．支气管哮喘
D．血清病　　　　　　　E．过敏性接触性皮炎

40．抗体和补体同时参与的超敏反应是
A．Ⅰ型和Ⅱ型超敏反应　　　　　　B．Ⅱ型和Ⅲ型超敏反应
C．Ⅰ型和Ⅲ型超敏反应　　　　　　D．Ⅱ型和Ⅳ型超敏反应
E．Ⅲ型和Ⅳ型超敏反应

41．与免疫复合物型超敏反应发病无关的因素是
A．血管活性胺类物质的释放　　　　B．免疫复合物在血管壁沉积
C．激活补体活化产生大量C3a、C5a　D．大量免疫复合物形成
E．大量淋巴细胞局部浸润

42．关于Ⅳ型超敏反应的特点，不正确的是
A．不需要补体参与　　　　　　　　B．以单个核细胞浸润为主的炎症
C．导致组织损伤　　　　　　　　　D．接触变应原6 h内发病
E．以T淋巴细胞介导的细胞免疫为基础

43．Ⅳ型超敏反应被动转移可通过
A．巨噬细胞　　　　　　B．致敏淋巴细胞　　　C．血清Ig
D．血清补体　　　　　　E．中性粒细胞

44．患者，男，62岁。左下肢皮肤化脓性感染，有青霉素过敏史。皮试阴性后，给患者静脉滴注头孢克洛。滴注5 min后，患者出现胸闷、气急、呼吸困难，血压70/40 mmHg，心率110次/分。立即停止输液，并给予患者地塞米松、肾上腺素静注。30 min后患者胸闷、气急、呼吸困难症状缓解，血压恢复至110/70 mmHg，心率降至80次/分。该患者最可能发生的超敏反应类型是

A. 过敏速发相反应 B. 过敏迟发相反应 C. Ⅱ型超敏反应
D. Ⅲ型超敏反应 E. Ⅳ型超敏反应

45. 患者，男，34 岁。手外伤缝合处理后，破伤风抗毒素皮试阳性，最正确的处理方式是
    A. 特异性变应原脱敏疗法
    B. 异种免疫血清脱敏疗法
    C. 使用抑制生物活性介质合成和释放的药物
    D. 使用生物活性介质拮抗剂
    E. 使用改善效应器官反应性的药物

46. 患者，女，22 岁。因呼吸道感染服用复方新诺明，导致红细胞减少，其最可能的发病机制是
    A. 过敏速发相反应 B. 过敏迟发相反应 C. Ⅱ型超敏反应
    D. Ⅲ型超敏反应 E. Ⅳ型超敏反应

47. 患者，男，25 岁。患Ⅰ型糖尿病。局部反复注射胰岛素后导致注射部位出现红肿、出血和坏死，明确非感染所致。最可能的原因是局部发生了
    A. 过敏速发相反应 B. 过敏迟发相反应 C. Ⅱ型超敏反应
    D. Ⅲ型超敏反应 E. Ⅳ型超敏反应

48. 患者，女，35 岁。无肾病病史，突发肾小球肾炎，检查发现患者急性感染溶血性链球菌，已能检测出抗体。推测该患者肾小球肾炎的发病机制为
    A. Ⅰ型超敏反应 B. Ⅱ型超敏反应
    C. Ⅱ型和Ⅲ型超敏反应 D. Ⅲ型和Ⅳ型超敏反应
    E. Ⅳ型超敏反应

B 型题

(49 ~ 53 题共用备选答案)
   A. 血小板 B. 红细胞 C. 变性 IgG 分子
   D. 肺泡基底膜抗原 E. 结合药物的粒细胞

49. 肺出血 - 肾炎综合征相关的自身抗原是
50. 类风湿关节炎的自身抗原是
51. 自身免疫性溶血性贫血的自身抗原是
52. 药物性粒细胞减少症的自身抗原是
53. 自身免疫性血小板减少性紫癜的自身抗原是

(54 ~ 57 题共用备选答案)
   A. 速发型超敏反应 B. 细胞毒型超敏反应 C. 血管炎型超敏反应
   D. 迟发型超敏反应 E. 抗体阻抑型超敏反应

54. 新生儿溶血症属于
55. 血清病属于
56. 血清过敏性休克属于
57. 接触性皮炎属于

（58～62题共用备选答案）
　　A．肾上腺素　　　　　　B．氨茶碱　　　　　　C．齐留通
　　D．阿司匹林　　　　　　E．苯海拉明
58．作为腺苷酸环化酶激活剂，可促进cAMP合成，从而抑制生物活性介质释放的是
59．抑制磷酸二酯酶，阻止cAMP分解而使cAMP浓度升高抑制生物活性介质释放的是
60．作为脂氧合酶抑制剂，可抑制白三烯生成的是
61．作为环氧合酶抑制剂，可抑制前列腺素生成的是
62．作为组胺拮抗剂，能与组胺竞争结合效应器官细胞膜上组胺受体的是

三、简答题

1．以尘螨过敏为例，简述过敏性鼻炎的发病机制和主要治疗方法。
2．脂类炎性介质有哪些？由什么细胞合成分泌？其主要作用是什么？
3．简述在I型超敏反应中IgE抗体的产生过程。
4．简述ABO血型不符引起的新生儿溶血症及其发生机制。
5．以接触性皮炎为例，简述Ⅳ型超敏反应的发生机制。

参考答案与解析

一、名词解释

1．超敏反应（hypersensitivity）：是指机体接受某些/某种抗原性异物刺激后产生的一种以机体生理功能紊乱或组织细胞损伤为主要特征的病理性免疫反应。

2．I型超敏反应（type I hypersensitivity）：是指机体被某些/某种抗原性异物致敏后，再次接受相同抗原刺激时迅速产生的一种以生理功能紊乱为主的病理性免疫反应。

3．特异性变应原脱敏疗法（specific allergen desensitization）：对已查明而难以避免接触的花粉、尘螨和真菌孢子等变应原，可采用小剂量、长间隔（开始数周，以后数月）、多次皮下注射相应变应原的方法进行脱敏治疗。

4．异种免疫血清脱敏疗法（specific immunoserum desensitization）：抗毒素皮试阳性但又必须使用者，可采用小剂量、短间隔多次注射，在24 h内将治疗剂量抗毒素全部注入体内的方法进行脱敏治疗。

5．Ⅱ型超敏反应（type Ⅱ hypersensitivity）：是由IgG或IgM类抗体与靶细胞表面相应抗原结合后，在补体系统、吞噬细胞、NK细胞参与下引发的以细胞溶解破坏或组织损伤为主要特征的病理性免疫反应。

6．Arthus反应（Arthus reaction）：一种实验性局部Ⅲ型超敏反应。Arthus（1903年）发现用马血清经皮下反复免疫家兔数周后，再次注射马血清时可在注射局部出现红肿、出血和坏死等剧烈炎症反应，并将此种现象称为Arthus反应。

7．血清病（serum disease）：通常在初次大量注射破伤风抗毒素等异种动物免疫血清后1～2周发生，其主要临床症状是发热、皮疹、淋巴结肿大、关节肿痛和一过性蛋白尿等。血清病是因患者体内抗毒素抗体已经产生而抗毒素尚未完全排除，二者结合形成中分子可溶性循环免疫复合物激活补体，并在中性粒细胞和嗜碱性粒细胞参与下引发的全身性免疫复合

物病。

8. 类风湿因子（rheumatoid factor，RF）：自身变性 IgG 分子刺激机体产生的以 IgM 为主的自身抗体。上述自身抗体与自身变性 IgG 分子结合形成的循环免疫复合物反复沉积于小关节滑膜，可引起类风湿关节炎等免疫复合物病。

9. 免疫复合物型超敏反应（immune complex hypersensitivity）：即Ⅲ型超敏反应，是指中分子可溶性循环免疫复合物沉积于毛细血管或 IgG 类抗体与相应可溶性抗原在皮肤黏膜组织结合形成免疫复合物后，通过激活补体系统和在血小板、嗜碱性粒细胞、肥大细胞和中性粒细胞参与下，引发的以充血水肿、局部组织细胞坏死和中性粒细胞浸润为主要特征的病理性免疫反应。

二、选择题
1．B 2．E 3．B 4．D 5．C 6．A 7．D 8．A 9．A 10．D 11．A
12．B 13．E 14．A 15．A 16．A 17．E 18．A 19．B 20．A 21．D
22．E 23．C 24．B 25．C 26．B 27．C 28．E 29．D 30．A 31．B
32．D 33．D 34．C 35．A 36．A 37．E 38．D 39．A 40．A 41．E
42．D 43．B 44．A 45．B 46．C 47．A 48．C 49．B 50．C 51．B
52．E 53．A 54．B 55．C 56．A 57．D 58．A 59．B 60．C 61．D
62．E

解析：
1．Ⅰ型超敏反应是特异性 IgE 抗体介导产生的超敏反应，IgE 抗体没有补体结合位点，不能激活补体，所以通过激活补体系统引发过敏性炎症反应不是Ⅰ型超敏反应的特征。

2．变应原不是都具有免疫原性。药物变应原如青霉素是没有免疫原性的半抗原，当其进入机体后能与某种蛋白质结合而获得免疫原性。

3．IgE 是引起Ⅰ型超敏反应的主要抗体。

4．ILC2 不分泌 IL-8。ILC2 通过分泌 IL-5、IL-9 等细胞因子，募集活化嗜酸性粒细胞和肥大细胞参与局部过敏性炎症反应。

5．Ⅰ型超敏反应的主要效应细胞包括肥大细胞、嗜碱性粒细胞和嗜酸性粒细胞。

6．IgE Fc 段受体包括 FcεRⅠ和 FcεRⅡ，FcεRⅠ主要位于肥大细胞和嗜碱性粒细胞表面，属于 IgE 高亲和力受体。FcεRⅡ广泛分布于 B 细胞、单核细胞、树突状细胞和嗜酸性粒细胞表面，属于 IgE 低亲和力受体，又称 CD23。

7．FcεRⅠ为高亲和力受体，主要位于肥大细胞和嗜碱性粒细胞表面。

8．游离 IgE 抗体与肥大细胞结合才能形成致敏肥大细胞。致敏肥大细胞通过表面两个或两个以上相邻 IgE 抗体与相应变应原"桥联"结合后可被激活，产生过敏性炎症反应。

9．补体分子并不参与介导Ⅰ型超敏反应的发生。

10．IL-4 可诱导 B 细胞发生免疫球蛋白类型转换，产生 IgE 抗体。

11．过敏即刻反应主要发生于患者再次接受变应原后的数秒至 1 h。

12．过敏迟发相反应主要发生于患者再次接受变应原后的 1～24 h。

13．接触性皮炎属于Ⅳ型超敏反应。

14．急性荨麻疹属于Ⅰ型超敏反应性疾病。新生儿溶血症属于Ⅱ型超敏反应。类 Arthus

反应和类风湿关节炎属于Ⅲ型超敏反应。接触性皮炎属于Ⅳ型超敏反应。

15．在特异性变应原脱敏治疗中，特异性变应原进入途径改为皮下注射，诱导机体产生变应原特异性IgG类抗体，后者通过与变应原结合产生封闭作用。

16．临床应用动物免疫血清（如破伤风抗毒素、白喉抗毒素、蛇毒抗血清）进行治疗或紧急预防时，有些患者曾经注射或接触过相同变应原而处于致敏状态，此时需要采用异种免疫血清脱敏疗法防治血清过敏反应，即短时间小剂量变应原多次进入体内，可使体内致敏细胞分期、分批脱敏。

17．抗毒素需在24 h内而不是数天内反复多次注射，达到治疗剂量。

18．主要碱性蛋白或过氧化物酶是由嗜酸性粒细胞释放的、可以直接激活肥大细胞的物质。

19．色甘酸二钠可稳定细胞膜、阻止致敏肥大细胞脱颗粒，释放生物活性介质。

20．肾上腺素可激活腺苷酸环化酶促进cAMP合成，抑制肥大细胞的脱颗粒。

21．氨茶碱可抑制磷酸二酯酶阻止cAMP分解，抑制肥大细胞的脱颗粒。

22．人源化IgE单克隆抗体不会抑制骨髓产生嗜酸性粒细胞。

23．激活补体产生攻膜复合物使靶细胞溶解破坏是Ⅱ型超敏反应引起细胞溶解破坏的作用机制之一。

24．Ⅰ~Ⅲ型超敏反应由抗体介导。CTL杀伤靶细胞不依赖抗体介导，不参考Ⅱ型超敏反应的过程。

25．ABO血型不合新生儿溶血症的抗体为IgG类血型抗体。

26．IgG类免疫血型抗体与胎儿或新生儿Rh^+红细胞结合后激活补体，导致红细胞溶解破坏。

27．Rh^-母亲首次怀有血型为Rh^+的新生儿后，Rh^+红细胞刺激Rh^-母亲产生IgG类免疫血型抗体。当Rh^-母亲再次怀有血型为Rh^+的新生儿时，Rh^-母亲IgG类免疫血型抗体通过胎盘屏障进入胎儿体内，产生胎儿或新生儿溶血。

28．产后72 h内给母体注射抗Rh抗体及时清除进入母体的Rh^+红细胞，可有效预防再次妊娠时发生新生儿溶血症。

29．系统性红斑狼疮和血清病属于Ⅲ型超敏反应，接触性皮炎属于Ⅳ型超敏反应，药物过敏性血细胞减少症属于Ⅱ型超敏反应，过敏性结膜炎属于Ⅰ型超敏反应。

30．Ⅲ型超敏反应是由中分子可溶性循环免疫复合物沉积于毛细血管或IgG类抗体与相应可溶性抗原在皮肤黏膜组织结合形成免疫复合物后引发的病理性免疫反应，所以中分子可溶性循环免疫复合物或皮肤黏膜组织中形成的免疫复合物是引发Ⅲ型超敏反应的始动因素。

31．Ⅲ型超敏反应是由中分子可溶性循环免疫复合物沉积于毛细血管或IgG类抗体与相应可溶性抗原在皮肤黏膜组织结合形成免疫复合物后，在血小板、嗜碱性粒细胞、肥大细胞、中性粒细胞等效应细胞参与作用下引发的病理性免疫反应，与NK细胞无关。

32．Ⅲ型超敏反应相关疾病包括：局部免疫复合物病，如Arthus反应和类Arthus反应；全身免疫复合物病，如血清病、链球菌感染后肾小球肾炎和类风湿关节炎。接触性皮炎属于Ⅳ型超敏反应相关疾病。

33．类风湿因子是体内IgG分子发生变性，刺激机体产生的抗变性IgG的自身抗体。这种自身抗体以IgM为主，能与自身变性IgG分子结合形成的免疫复合物引发类风湿关节炎。

34．局部反复注射胰岛素也可刺激机体产生相应IgG类抗体，若此时再次注射胰岛素即可出现红肿、出血和坏死等与 Arthus 反应类似的局部炎症反应和损伤，属于Ⅲ型超敏反应。

35．Ⅳ型超敏反应通常由胞内寄生菌、某些病毒或化学物质诱导产生，所以结核分枝杆菌等胞内寄生菌感染可诱导产生Ⅳ型超敏反应。

36．Ⅳ型超敏反应是由抗原特异性效应 T 细胞与相应抗原结合作用后引发的以单个核细胞浸润和组织细胞损伤为主要特征的病理性免疫反应。参与Ⅳ型超敏反应的效应细胞主要包括 CD4$^+$Th1 细胞、CD8$^+$CTL、巨噬细胞，也包括 CD4$^+$Th17 细胞和中性粒细胞。CD4$^+$ 效应 Th1 细胞可通过分泌 Th1 型细胞因子介导产生炎症反应和诱导巨噬细胞活化，参与炎症反应引发组织细胞损伤，无抗体和补体的参与。

37．Ⅳ型超敏反应是由抗原特异性效应 T 细胞与相应抗原结合作用后引发的以单个核细胞浸润和组织细胞损伤为主要特征的病理性免疫反应。

38．结核菌素皮肤试验是用来检测受试者是否被结核分枝杆菌感染或 BCG（卡介苗）疫苗接种是否成功的一种皮肤迟发型超敏反应。

39．Ⅳ型超敏反应无需抗体或补体的参与，接触性皮炎属于Ⅳ型超敏反应相关疾病。

40．Ⅰ型超敏反应只有抗体（IgE）参与，无补体参与，Ⅱ型和Ⅲ型超敏反应抗体（IgG、IgM）和补体同时参与，Ⅳ型超敏反应无抗体和补体参与。

41．Ⅲ型超敏反应是由中分子可溶性循环免疫复合物沉积于毛细血管或 IgG 类抗体与相应可溶性抗原在皮肤黏膜组织结合形成免疫复合物后，可通过激活补体系统产生 C3a、C5a，激活血小板产生血管活性胺类物质等引起炎症反应，无淋巴细胞参与。

42．Ⅳ型超敏反应是由抗原特异性效应 T 细胞与相应抗原结合作用后引发的以单个核细胞浸润和组织细胞损伤为主要特征的病理性免疫反应，在患者再次接受相应抗原刺激后 24～72 h 方可出现。

43．Ⅳ型超敏反应是由抗原特异性效应 T 细胞与相应抗原结合作用后引发的以单个核细胞浸润和组织细胞损伤为主要特征的病理性免疫反应，无抗体和补体的参与，可通过致敏淋巴细胞被动转移。

44．过敏速发相反应主要发生于患者再次接受变应原后数秒至 1 h，患者静脉滴注头孢克洛 5 min 后出现Ⅰ型超敏反应，属于过敏速发相反应。

45．破伤风类毒素免疫动物获得破伤风抗毒素，反复使用能够诱导人体产生Ⅰ型超敏反应。抗毒素皮试阳性但又必须使用者，可采用异种免疫血清脱敏疗法进行处理。

46．复方新诺明含有磺胺甲𫫇唑，磺胺类药物引发的过敏性血细胞减少症属于Ⅱ型超敏反应。

47．患者局部反复注射胰岛素可刺激机体产生相应 IgG 类抗体，当再次注射胰岛素时，胰岛素可与 IgG 类抗体结合形成免疫复合物，引发局部炎症反应和损伤，即局部免疫复合物病，属于Ⅲ型超敏反应。

48．患者感染溶血性链球菌后，产生的抗链球菌抗体与体内链球菌裂解产物结合，一方面通过激活补体系统产生攻膜复合物、IgG 介导的调理吞噬、抗体依赖细胞介导的细胞毒（ADCC）作用，使肾小球基底膜损伤，即Ⅱ型超敏反应；另一方面形成中分子可溶性循环免疫复合物，后者可沉积在肾小球基底膜上引发免疫复合物型肾炎，即Ⅲ型超敏反应。

49．肺出血-肾炎综合征可能与病毒或细菌感染导致肺泡基底膜抗原改变，诱导机体产生相应 IgG 类自身抗体有关。鉴于肺泡基底膜和肾小球基底膜具有共同抗原表位，因此抗肺泡基底膜自身抗体既能与肺泡基底膜结合，又能与肾小球基底膜结合，并通过激活补体系统和在吞噬细胞、NK 细胞参与作用下使肺泡和肾小球基底膜发生破坏损伤。故相关的自身抗原是肺泡基底膜抗原。

50．类风湿关节炎可能与病毒或支原体等病原微生物在体内反复持续感染有关。目前认为，上述病原体或其代谢产物能使体内 IgG 分子发生变性，从而刺激机体产生抗变性 IgG 的自身抗体，称为类风湿因子（RF）。上述自身变性 IgG 与类风湿因子结合形成的免疫复合物反复沉积于小关节滑膜可不断募集中性粒细胞，并使之活化产生多种酶类物质和促炎细胞因子，从而导致滑膜组织或软骨发生炎性损伤引发类风湿关节炎。故自身抗原是变性的 IgG 分子。

51．自身免疫性溶血性贫血是患者服用甲基多巴类药物或被某些病毒感染后，可因其红细胞膜表面成分发生改变而刺激机体产生抗红细胞抗体。此类抗体与红细胞表面相应抗原表位特异性结合后，可通过激活补体系统使红细胞溶解破坏引发自身免疫性溶血性贫血，故自身抗原是红细胞。

52．药物性粒细胞减少症是青霉素、磺胺等药物半抗原通过与粒细胞结合而获得免疫原性，刺激机体产生药物半抗原特异性 IgG 类抗体。上述抗体与携带相关药物半抗原的粒细胞结合后，可通过激活补体系统产生攻膜复合物、IgG 介导的调理吞噬、抗体依赖细胞介导的细胞毒（ADCC）作用，使粒细胞溶解破坏引发粒细胞减少症，故自身抗原是结合药物的粒细胞。

53．自身免疫性血小板减少性紫癜是患者服用某些药物后，导致血小板表面成分发生改变而刺激机体产生抗血小板抗体。此类抗体与血小板表面相应抗原表位特异性结合后，可通过激活补体系统使血小板溶解破坏引发自身免疫性血小板减少性紫癜，故自身抗原是血小板。

54．新生儿溶血症多为血型为 Rh^- 的母亲由于输血、流产或分娩等原因接受 Rh^+ 红细胞表面相应抗原刺激后产生 IgG 类 Rh 抗体，当体内产生 Rh 抗体的 Rh^- 母亲妊娠或再次妊娠且胎儿血型为 Rh^+ 时，母体内 IgG 类 Rh 抗体通过胎盘进入胎儿体内后与其红细胞表面 Rh 抗原结合，并通过激活补体系统或 IgG 抗体介导的调理吞噬作用使胎儿红细胞溶解破坏，从而导致流产、死产或发生新生儿溶血症，故属于 Ⅱ 型超敏反应。

55．血清病在初次大量注射抗毒素等异种动物免疫血清后 1~2 周发生，是由于患者体内已经产生抗毒素抗体而抗毒素尚未完全清除，二者结合形成中分子可溶性循环免疫复合物所致，故属于 Ⅲ 型超敏反应。

56．血清过敏性休克是临床应用动物免疫血清（如破伤风抗毒素、白喉抗毒素、蛇毒抗血清）进行治疗或紧急预防时，有些患者可因曾经注射或接触过相同变应原已被致敏而发生过敏性休克，属于 Ⅰ 型超敏反应。

57．接触性皮炎是由于具有高反应性的小分子化合物被 APC 摄取，通过 MHC 分子提呈给抗原特异性 $CD4^+Th1$ 细胞或 $CD8^+CTL$，使之活化增殖分化为 $CD4^+$ 效应 Th1 细胞或 $CD8^+$ 效应 CTL。当机体再次接触这些小分子化合物时，抗原特异性效应 T 细胞与相应抗原结合引发以单个核细胞浸润和组织细胞损伤为主要特征的病理性免疫反应。故属于 Ⅳ 型超敏反应。

58．肾上腺素可激活腺苷酸环化酶促进 cAMP 合成，从而抑制生物活性介质的释放。

59．氨茶碱可抑制磷酸二酯酶，阻止 cAMP 分解而使 cAMP 浓度升高，从而抑制生物活性介质的释放。

60．花生四烯酸经 5- 脂加氧酶代谢产生白三烯，齐留通通过抑制脂氧合酶，抑制白三烯的产生。

61．花生四烯酸经环氧合酶代谢产生前列腺素，阿司匹林通过抑制环氧合酶，抑制前列腺素的产生。

62．组胺受体可分 H1、H2 和 H3 三种亚型，临床应用的抗组胺药主要为 H1 受体拮抗剂，苯海拉明通过与组胺竞争结合 H1 受体而发挥抗组胺作用。

三、问答题

1．以尘螨过敏为例，简述过敏性鼻炎的发病机制和主要治疗方法。

【参考答案】发生机制：①尘螨与鼻腔上皮细胞接触时，可将其可溶性蛋白质释放并弥散至鼻黏膜下；②鼻黏膜下致敏肥大细胞通过表面 IgE 抗体与尘螨相关变应原"桥联"结合而被激活；③活化肥大细胞通过释放组胺等生物活性物质，使患者出现鼻痒、打喷嚏、鼻塞、流涕和鼻黏膜发炎等症状。

主要治疗方法：首先可采用特异性变应原脱敏疗法进行脱敏治疗，同时可使用抗组胺等药物减缓患者的临床症状。此外，还可考虑使用人源化 IgE 单克隆抗体治疗，以长期缓解甚或解除患者的致敏状态。

2．脂类炎性介质有哪些？由什么细胞合成分泌？其主要作用是什么？

【参考答案】脂类炎性介质包括 LTs、PAF 和 PGD2，由肥大细胞和嗜酸性粒细胞合成分泌，具有以下主要作用：①使小静脉/毛细血管扩张通透性增强，导致局部黏膜炎性水肿或出现全身过敏反应；②使支气管/胃肠道平滑肌强烈收缩，导致支气管痉挛出现气道狭窄或胃肠道反应等相关症状；③可促进黏膜杯状细胞分泌黏液，加之气道狭窄可影响气道通畅；④可募集活化中性粒细胞和血小板参与和扩大局部过敏性炎症反应。

3．简述在 I 型超敏反应中 IgE 抗体的产生过程。

【参考答案】①变应原通过黏膜上皮细胞进入体内后首先被局部黏膜组织中未成熟 DC（朗格汉斯细胞）摄取，上述未成熟 DC 经淋巴管迁徙到局部黏膜相关淋巴组织后发育成熟为并指状 DC；②成熟 DC 可将变应原加工产物表达于细胞表面供变应原特异性 $CD4^+$ 初始 T 细胞识别使之活化，并在 IL-4 诱导下发育分化为变应原特异性 Th2 细胞；③ B 细胞作为专职 APC 可摄取并将变应原加工产物表达于细胞表面，供变应原特异性 Th2 细胞识别使之活化；④活化 Th2 细胞通过表面 CD40L 及其分泌的 IL-4、IL-5、IL-13 等细胞因子，可诱导 B 细胞增殖分化为能够产生变应原特异性 IgE 抗体的浆细胞；⑤上述浆细胞返回变应原进入的黏膜组织后，可合成分泌变应原特异性 IgE 抗体。黏膜组织中的 ILC2 被局部黏膜上皮/血管内皮细胞产生的 TSLP、IL-25 和 IL-33 激活后，可通过合成分泌 IL-4、IL-5、IL-13 等细胞因子参与 Th2 细胞介导的体液免疫应答。

4．简述 ABO 血型不符引起的新生儿溶血症及其发生机制。

【参考答案】母亲为 O 型、胎儿为 A 型或 B 型引发的新生儿溶血症，其发生机制简述如下：分娩时少量进入母体内的胎儿红细胞可通过表面 A 或 B 血型物质刺激母体产生 IgG 类抗 A 或抗 B 抗体，当母亲再次妊娠时，上述 IgG 类血型抗体通过胎盘进入胎儿体内后能与其红细胞结合，并通过激活补体经典途径而使红细胞溶解破坏引发新生儿溶血症。

5．以接触性皮炎为例，简述Ⅳ型超敏反应的发生机制。

【参考答案】Ⅳ型超敏反应是由抗原特异性效应 T 细胞与相应抗原结合作用后引发的

以单个核细胞浸润和组织细胞损伤为主要特征的病理性免疫反应，包括 $CD4^+Th$ 细胞和 $CD8^+CTL$ 介导的两种类型。接触性皮炎属于Ⅳ型超敏反应性疾病，致敏抗原通常是具有高反应性的小分子化合物，包括非脂溶性和脂溶性两种化学物质：①非脂溶性化学物质（半抗原）与皮肤组织中某些自身蛋白结合形成半抗原化蛋白，可被专职 APC 摄取，并通过 MHC Ⅱ类分子加工提呈途径激活 $CD4^+Th1$ 细胞，介导产生接触性皮炎；②脂溶性化学物质可直接进入皮肤角质细胞或上皮细胞等非专职 APC 内，并与胞质内某些自身蛋白结合形成半抗原化蛋白后，通过 MHC Ⅰ类分子加工提呈途径激活 $CD8^+CTL$ 介导产生接触性皮炎。

（孔庆利　车昌燕）

第十五章 自身免疫病

一、名词解释

1. 自身免疫病（autoimmune disease）
2. 器官特异性自身免疫病（organ specific autoimmune disease）
3. 系统性自身免疫病（systemic autoimmune disease）
4. 隐蔽抗原（sequestered antigen）
5. 分子模拟（molecular mimicry hypothesis）
6. 表位扩展（epitope spreading）

二、选择题

A 型题

1. 以下有关自身免疫（autoimmunity）的叙述，错误的是
   A．自身免疫是一种生理现象
   B．自身免疫应答必然会引起自身免疫病
   C．自身免疫与自身免疫病是两个不同的概念
   D．健康者体内可测到多种自身抗体
   E．健康者体内可测到多种自身反应性 T 细胞

2. 自身免疫病所不具备的特征是
   A．具有遗传倾向
   B．部分自身免疫病多发生于女性
   C．反复发作和慢性迁延
   D．病情转归与自身免疫应答强度不相关
   E．患者体内可检测出高效价自身抗体和（或）自身反应性 T 细胞

3. 下列有关自身免疫病的叙述，错误的是
   A．由自身抗体和（或）自身反应性 T 淋巴细胞介导
   B．实际上是一类针对自身抗原的超敏反应性疾病
   C．通常情况下不造成机体的组织损伤
   D．发生机制属于适应性免疫应答
   E．可分为器官特异性和全身性自身免疫性疾病

4. 关于自身抗体的正确说法是

A. 检出自身抗体即可诊断患有自身免疫病
B. 检出自身反应性T细胞即可诊断患自身免疫病
C. 自身抗体有助于清除衰老变性的自身细胞
D. 健康个体没有自身抗体产生
E. 自身抗体都能导致组织损伤

5. 关于自身免疫病诱发因素的错误说法是
   A. 外伤不能引发自身免疫病
   B. 自身免疫病具有遗传倾向
   C. 性别和年龄与自身免疫病相关
   D. 某些药物可引起自身免疫病的发生
   E. 病原体感染可诱发自身免疫病

6. 关于自身免疫病发病相关因素的正确说法是
   A. 自身免疫病发病完全是由遗传因素决定的
   B. 自身免疫病发病与遗传因素无关
   C. 自身免疫病完全是由环境因素决定的
   D. 自身免疫病与环境因素无关
   E. 某些自身免疫病与特定的HLA型别相关联

7. 下列抗原因素中，与自身免疫病诱发机制无关的是
   A. 表位扩展   B. 自身抗原的改变   C. 隐蔽抗原的释放
   D. 分子模拟   E. 抗原基因突变

8. 不属于隐蔽抗原的是
   A. 眼晶状体蛋白   B. 神经髓鞘磷脂碱性蛋白   C. 精子
   D. 组织相容性抗原   E. 胎儿

9. 自身免疫性交感性眼炎发生的相关因素是
   A. 分子模拟   B. 表位扩展
   C. HLA Ⅱ类分子异常表达   D. 免疫隔离部位抗原的释放
   E. 自身抗原的改变

10. 刺激机体产生类风湿因子的抗原是
    A. 变性IgA   B. 变性IgM   C. 变性IgG
    D. 变性IgE   E. 变性IgD

11. 类风湿因子是针对
    A. 细菌表面抗原的IgM类抗体   B. 变性的胶原蛋白的IgG类抗体
    C. 变性的IgG的IgM类抗体   D. dsDNA的IgG类抗体
    E. 热休克蛋白的IgG类抗体

12. 超抗原引起自身免疫病的机制是
    A. 隐蔽抗原的释放   B. 自身抗原的改变   C. 交叉抗原的存在
    D. T-B细胞旁路活化   E. 分子模拟

13. 柯萨奇病毒感染引发糖尿病的主要机制是
    A. 隐蔽抗原的释放   B. 表位扩展   C. 免疫忽视
    D. 分子模拟   E. 自身抗原改变

14. 与风湿性心脏病发病主要机制有关的是
    A. 免疫隔离部位抗原的释放　　　　B. 分子模拟
    C. 表位扩展　　　　　　　　　　　D. 免疫忽视的打破
    E. 自身抗原的改变
15. A 群乙型溶血性链球菌感染后引起肾小球肾炎是由于
    A. 链球菌与肾小球基底膜具有相似表位　B. 促进隐蔽抗原的释放
    C. 免疫功能缺陷　　　　　　　　　D. 自身抗原的改变
    E. 免疫调节功能异常
16. 发生机制主要与分子模拟有关的疾病是
    A. 风湿性心脏病　　　　　　　　　B. 重症肌无力
    C. 交感性眼炎　　　　　　　　　　D. 药物诱发的自身免疫溶血性贫血
    E. 睾丸外伤后的不育
17. 发生机制主要与表位扩展有关的疾病是
    A. 风湿性心脏病　　　　　　　　　B. 系统性红斑狼疮
    C. 自身交感性眼炎　　　　　　　　D. Graves 病
    E. 药物引起的自身免疫性溶血性贫血
18. 与桥本甲状腺炎发生相关的自身抗体是
    A. 抗甲状腺细胞的抗体　　　　　　B. 抗甲状腺细胞微粒体的抗体
    C. 抗甲状腺球蛋白的抗体　　　　　D. 抗促甲状腺激素受体的抗体
    E. 抗甲状腺素抗体
19. Graves 病患者血清中存在的自身抗体是
    A. 抗 TSHR 抗体　　B. 抗 TSH 抗体　　C. 抗内因子抗体
    D. 抗胰岛素受体抗体　E. 抗乙酰胆碱受体抗体
20. 重症肌无力的自身抗原是
    A. 平滑肌　　　　B. 乙酰胆碱受体　　C. 胰岛素受体
    D. 细胞核　　　　E. 血小板
21. 与人心肌肌球蛋白有交叉（共同）抗原成分的是
    A. 大肠埃希菌 O 脂多糖　　B. 支原体　　　　C. A 群链球菌 M 蛋白
    D. 大肠埃希菌 O86　　　　E. A 群链球菌产生的溶血素
22. 与 1 型糖尿病相关的是
    A. HLA-DR3　　　　B. HLA-DR5　　　　C. HLA-B7
    D. HLA-B27　　　　E. HLA-DQ
23. 携带 DR5 个体易患的自身免疫病是
    A. 类风湿关节炎　　B. 重症肌无力　　　C. 多发性硬化症
    D. 桥本甲状腺炎　　E. 系统性红斑狼疮
24. 自身免疫病的组织损伤机制包括
    A. Ⅰ、Ⅱ、Ⅲ型超敏反应　B. Ⅱ、Ⅲ、Ⅳ型超敏反应　C. Ⅲ、Ⅳ型超敏反应
    D. Ⅰ、Ⅱ、Ⅳ型超敏反应　E. Ⅱ、Ⅲ型超敏反应
25. 胰岛素依赖型糖尿病的主要发生机制是
    A. Ⅰ型超敏反应　　B. Ⅱ型超敏反应　　C. Ⅲ型超敏反应

D．Ⅳ型超敏反应　　　　　　E．固有免疫反应

26．主要由Ⅲ型超敏反应引起的自身免疫病是
A．自身免疫性溶血性贫血　　B．毒性弥漫性甲状腺肿　　C．重症肌无力
D．系统性红斑狼疮　　　　　E．胰岛素依赖型糖尿病

27．由Ⅳ型超敏反应引起的自身免疫病是
A．自身免疫性溶血性贫血　　B．毒性弥漫性甲状腺肿　　C．重症肌无力
D．系统性红斑狼疮　　　　　E．胰岛素依赖型糖尿病

28．属于器官特异性自身免疫病的是
A．类风湿关节炎　　　　　　B．系统性红斑狼疮　　　　C．桥本甲状腺炎
D．强直性脊柱炎　　　　　　E．多发性硬化症

29．下列疾病中，不属于自身免疫病的是
A．SLE　　　　　　　　　　B．溃疡性结肠炎　　　　　C．重症肌无力
D．麻疹　　　　　　　　　　E．甲状腺功能亢进症

30．属于系统性自身免疫病的是
A．胰岛素依赖性糖尿病　　　B．重症肌无力　　　　　　C．交感性眼炎
D．类风湿关节炎　　　　　　E．自身免疫性溶血性贫血

31．患者，女，21岁。面部蝶形红斑3个月，发热伴关节痛2周。3个月前患者因晒太阳导致面部出现红斑，无瘙痒、疼痛。几天后红斑未消退，就诊后擦氢化可的松软膏后部分皮疹消退，但双颊及鼻翼部的红斑消退不明显。2周后开始少量脱发。入院前2周无明显诱因突然出现双腕关节、双膝关节及腰部疼痛，握笔书写及行走均不便，发热，体温39.9℃，无寒战。尿常规：蛋白（++）。抗核抗体（ANA）1：640（正常值＜1：160）阳性。该患者最可能的诊断为
A．系统性红斑狼疮　　　　　B．强直性脊柱炎　　　　　C．类风湿关节炎
D．多发性硬化症　　　　　　E．重症肌无力

32．患者，女，36岁。低热、关节痛、气喘1个月就诊。体查：T 38.2℃，P 110次／分，R 28次／分，BP 123/80 mmHg，面部可见蝶形红斑，口腔溃疡，脱发，怀疑为系统性红斑狼疮，最具有重要参考价值的实验室检查项目是
A．抗DNA和抗组蛋白抗体的测定　　B．抗TSH受体的抗体测定
C．类风湿因子测定　　　　　　　　D．外周血B细胞数量测定
E．抗ACh受体的抗体测定

33．患者，女，42岁。因舌痛、食欲下降、上腹部不适，伴有头晕、乏力、心悸、气急入院。实验室检查见大细胞性贫血，抗内因子抗体阳性，初步诊断为恶性贫血，应采取的合理治疗措施是
A．补充内因子　　　　　　　B．补充维生素B_{12}　　　C．补充铁剂
D．应用免疫抑制剂　　　　　E．脾切除

34．患者，男，45岁。双手和膝关节肿痛伴晨僵1年。体检：肘部可及皮下结节，质硬，无触痛。RF增高，ASO正常。诊断首先考虑为
A．系统性硬化症　　　　　　B．骨关节炎　　　　　　　C．痛风
D．类风湿关节炎　　　　　　E．风湿性关节炎

35．患者，男，25岁。主诉腰痛5个月、背痛1个月。患者5个月前无明显诱因出现

腰痛，牵涉至臀部，为持续锐痛，无明显缓解；1个月前出现背痛，静止后加重，活动后减轻。查体：生命体征平稳，头颈部无特殊，腰部前弯、后仰、侧弯3项活动受限，右侧膝关节肿胀，有压痛。免疫学检查：IgG 18.3 g/L，IgA 970 mg/L，IgM 1500 mg/L，C3 1.25 g/L，C4 0.27 g/L，CIC 0.13 OD，RF < 20 IU/mL，ANA（–），抗dsDNA 阴性，ENE 阴性，CRP 112 mg/L，HLA-B27 阳性。该患者最可能的诊断为

  A．系统性红斑狼疮 B．强直性脊柱炎 C．类风湿关节炎
  D．多发性硬化症 E．重症肌无力

B 型题
（36～40题共用备选答案）
  A．髓磷脂碱性蛋白 B．变性 IgG C．细胞核 DNA
  D．甲状腺球蛋白 E．乙酰胆碱受体

36．SLE 的自身抗原是
37．类风湿关节炎的自身抗原是
38．桥本甲状腺炎的自身抗原是
39．引发多发性硬化症的自身抗原是
40．重症肌无力的自身抗原是

（41～45题共用备选答案）
  A．隐蔽抗原释放 B．自身抗原改变
  C．分子模拟引起交叉反应 D．T-B 细胞旁路活化
  E．抗原表位扩展

41．柯萨奇病毒感染引发糖尿病的机制是
42．输精管损伤导致自身免疫性睾丸炎的主要原因是
43．细菌超抗原引发自身免疫病的主要原因是
44．肺炎支原体感染引起红细胞破坏的主要原因是
45．类风湿关节炎迁延不愈的主要原因是

（46～50题共用备选答案）
  A．多发性硬化症 B．1型糖尿病 C．系统性红斑狼疮
  D．交感性眼炎 E．2型糖尿病

46．主要由自身抗体引发的自身免疫病是
47．主要由自身反应性 $CD4^+Th1$ 细胞引发的自身免疫病是
48．主要由自身反应性 $CD8^+CTL$ 引发的自身免疫病是
49．主要由自身抗体和免疫复合物引发的自身免疫病是
50．主要由自身反应性 $CD8^+CTL$ 和自身抗体引发的自身免疫病是

三、问答题

1．试述自身免疫病的共同特征。

2．请简述自身免疫病的病理损伤机制。
3．请简述系统性红斑狼疮的发病机制。
4．举例说明自身免疫病的分类并例举临床常见疾病。
5．简述1型糖尿病的发病机制。

参考答案与解析

一、名词解释

1．自身免疫病（autoimmune disease）：是机体自身免疫耐受机制失调或破坏，导致体内自身反应性淋巴细胞异常或过度活化引发的以自身组织器官损伤或功能异常为特征的临床病症。

2．器官特异性自身免疫病（organ specific autoimmune disease）：患者的病变通常只局限于具有某种自身抗原的特定器官，而极少累及其他组织器官的自身免疫病。

3．系统性自身免疫病（systemic autoimmune disease）：机体针对多种自身抗原产生的病变累及多个组织器官的病理性免疫反应。

4．隐蔽抗原（sequestered antigen）：是指正常情况下与免疫系统相对隔绝，即从未与适应性免疫细胞接触过的自身抗原成分。

5．分子模拟（molecular mimicry hypothesis）：某些微生物具有与人体正常组织细胞相同或相似的抗原表位，它们感染后诱导机体产生的抗体不仅能与微生物表面相应抗原表位结合，也能与人体正常组织细胞表面相关抗原表位结合，并在其他固有免疫细胞和分子参与下使上述自身组织细胞损伤引发相应自身免疫病。

6．表位扩展（epitope spreading）：在自身免疫病发生的过程中，免疫系统首先针对抗原优势表位发生免疫应答，但在不能有效清除抗原的情况下对低密度表位或清除抗原过程中暴露的隐蔽表位相继发生免疫应答的现象。

二、选择题

1．B 2．D 3．C 4．C 5．A 6．E 7．E 8．D 9．D 10．C 11．C
12．D 13．D 14．B 15．A 16．A 17．B 18．C 19．A 20．B 21．C
22．A 23．D 24．D 25．D 26．D 27．E 28．D 29．D 30．D 31．A
32．A 33．B 34．D 35．B 36．C 37．B 38．D 39．A 40．E 41．C
42．A 43．D 44．B 45．E 46．E 47．A 48．D 49．C 50．B

解析：
1．自身免疫是机体免疫系统对自身成分发生免疫应答的能力，存在于所有的个体，在通常情况下不对机体产生伤害。
2．病情转归与自身免疫应答强度相关。
3．自身免疫病是因机体自身免疫耐受机制失调或破坏，导致体内自身反应性淋巴细胞异常或过度活化引发的以自身组织器官损伤或功能异常为特征的临床病症。
4．识别衰老变性细胞的自身抗体有助于清除衰老变性的自身细胞。

5．外伤如果导致了隐蔽抗原释放就可能会引起自身免疫病。例如眼球外伤导致的交感性眼炎。

6．某些特定的 HLA 类型与自身免疫病的发生有关，例如 HLA-B27 与强直性脊柱炎的发病密切相关。

7．抗原基因突变会导致机体针对该抗原发生免疫应答，属于抗肿瘤免疫，不是自身免疫。

8．组织相容性抗原在几乎所有组织细胞均有表达，不属于隐蔽抗原。

9．一侧眼外伤导致晶状体或葡萄膜色素蛋白释放刺激机体产生的效应 CTL 克隆，可对健侧眼组织发动攻击引发自身免疫性交感性眼炎。

10．变性自身 IgG 可刺激机体产生相应 IgM 类自身抗体（类风湿因子），二者结合形成的免疫复合物可引发类风湿关节炎等自身免疫病。

11．变性的 lgG 可刺激免疫系统产生针对其特异性的 IgM 类抗体，即类风湿因子。

12．超抗原作为连接 T 细胞和 B 细胞的"桥梁"，既能与自身反应性 B 细胞表面 MHC Ⅱ类分子抗原肽结合槽外侧保守序列结合，又能与 Th 细胞表面 TCRβ 链可变区（Vβ3）外侧保守氨基酸序列结合，通过 T-B 细胞"旁路活化"途径诱导自身反应性 B 细胞活化产生相应自身抗体。

13．柯萨奇病毒抗原与胰岛细胞的抗原具有相似性，可引发机体免疫系统产生针对自身胰岛细胞的免疫病理损伤，导致糖尿病。

14．A 群链球菌 M 蛋白与人心肌肌球蛋白具有相同的抗原表位，A 群链球菌感染后诱导机体产生的抗体不仅能与链球菌 M 蛋白抗原表位结合，也能与人心肌肌球蛋白相应抗原表位结合导致心肌损伤。

15．A 群乙型溶血性链球菌具有与肾小球基底膜相似的抗原表位，该菌感染后刺激机体产生的抗体也能识别肾小球基底膜，引起肾小球肾炎。

16．某些链球菌具有与心脏瓣膜相似的抗原表位，该菌感染后刺激机体产生的抗体也能识别心脏瓣膜，引起风湿性心脏病。

17．表位扩展是系统性红斑狼疮、类风湿关节炎等全身性自身免疫病迁延不愈和不断加重的主要原因之一。

18．桥本甲状腺炎是由体内甲状腺过氧化物酶特异性自身抗体或甲状腺球蛋白特异性自身抗体与甲状腺组织相应自身抗原结合后，通过抗体依赖性细胞介导的细胞毒作用（ADCC）和补体激活介导的细胞毒作用（CDC），使甲状腺组织损伤破坏或萎缩的一种器官特异性自身免疫病。

19．弥漫性甲状腺肿患者体内抗促甲状腺激素（TSH）受体的自身抗体与甲状腺上皮细胞表面 TSH 受体结合后，可模拟 TSH 刺激甲状腺上皮细胞合成分泌过量甲状腺激素引发甲状腺功能亢进。

20．重症肌无力患者体内抗乙酰胆碱受体（AchR）的自身抗体可通过与乙酰胆碱竞争结合神经肌肉接头处 AchR 的作用方式，对乙酰胆碱产生抑制或阻断作用，从而导致患者出现肌肉无力等临床症状。

21．A 群链球菌 M 蛋白与人心肌肌球蛋白有相似的抗原表位，属于交叉（共同）抗原成分。

22．重症肌无力、系统性红斑狼疮和 1 型糖尿病与 HLA-DR3 有关。

23. 桥本甲状腺炎与 HLA-DR5 有关。携带上述特定基因者与同种族健康人相比，其相关自身免疫病的发生概率明显增高。

24. Ⅰ型超敏反应主要引起过敏性疾病，均为外源性抗原。

25. 自身反应性 T 细胞对胰岛细胞的免疫病理损伤是胰岛素依赖型糖尿病发生的主要机制，该免疫病理损伤属于Ⅳ型超敏反应。

26. 系统性红斑狼疮主要是由抗原-抗体复合物所引起的自身免疫病，属于Ⅲ型超敏反应。

27. 自身反应性 T 细胞对胰岛细胞的免疫病理损伤是胰岛素依赖型糖尿病发生的主要机制，该免疫病理损伤属于Ⅳ型超敏反应。

28. 桥本甲状腺炎主要是由自身抗体直接攻击甲状腺细胞所引起的疾病，其免疫病理损伤具有甲状腺特异性，属于器官特异性自身免疫病。

29. 麻疹是由麻疹病毒引起的感染性疾病，不是自身免疫病。

30. 类风湿关节炎主要是由于抗原-抗体复合物沉积在关节滑膜等部位引起的免疫病理损伤，可发生在全身多个部位，可呈现多系统多器官的病变，是一种系统性自身免疫病。

31. 系统性红斑狼疮是由抗 DNA、抗组蛋白等多种自身抗体与相应自身抗原结合形成的循环免疫复合物沉积于皮下、关节、肾小球基底膜等处引发的全身性自身免疫病。

32. 该患者被怀疑为系统性红斑狼疮，对于该病最具有辅助诊断价值的实验室检查指标是抗 DNA 和抗组蛋白抗体。

33. 恶性贫血是由于机体产生了内因子抗体，导致壁细胞分泌的内因子减少，从而引起维生素 B_{12} 吸收障碍引起的贫血。恶性贫血的治疗以补充维生素 B_{12} 为主。

34. 根据临床症状和 RF 增高可以判断为类风湿关节炎。

35. 强直性脊柱炎与 HLA-B27 有关。

36. 系统性红斑狼疮 SLE 由抗 DNA、抗组蛋白等多种自身抗体与相应自身抗原结合形成的循环免疫复合物沉积引起。

37. 类风湿关节炎患者体内由类风湿因子（IgM 类自身抗体）与相应抗原（变性自身 IgG）结合形成的循环免疫复合物沉积引起。

38. 桥本甲状腺炎是由体内甲状腺过氧化物酶特异性自身抗体或甲状腺球蛋白特异性自身抗体与甲状腺组织相应自身抗原结合引起的。

39. 多发性硬化是由体内髓磷脂碱性蛋白特异性 $CD4^+Th1$ 细胞持续作用于中枢神经组织引发的慢性进行性中枢神经系统脱髓鞘病。

40. 重症肌无力的主要致病因素是患者体内产生针对肌肉突触后膜上乙酰胆碱受体的自身抗体。

41. 某些微生物具有与人体正常组织细胞相同或相似的抗原表位，它们感染后诱导机体产生的抗体不仅能与微生物表面相应抗原表位结合，也能与人体正常组织细胞表面相关抗原表位结合，并在其他固有免疫细胞和分子参与下使上述自身组织细胞损伤引发相应自身免疫病，此为分子模拟假说。

42. 男性睾丸内精子属于隐蔽抗原，睾丸输精管结扎术或输精管损伤导致精子释放入血，可刺激机体产生抗精子抗体引发自身免疫性睾丸炎。

43. 细菌超抗原作为连接 T 细胞和 B 细胞的"桥梁"，既能与自身反应性 B 细胞表面 MHC Ⅱ类分子抗原肽结合槽外侧保守序列结合，又能与 Th 细胞表面 TCRβ 链可变区外侧保守氨基酸序列结合，并由此导致 T-B 细胞相互作用，即通过 T-B 细胞"旁路活化"途径诱导自身反应性 B 细胞活化产生相应自身抗体。

44．肺炎支原体感染导致红细胞表面抗原成分发生改变，可诱导机体产生抗红细胞抗体引发溶血性贫血。

45．抗原表位扩展是系统性红斑狼疮、类风湿关节炎等全身性自身免疫病迁延不愈和不断加重的主要原因之一。

46．2型糖尿病是由于自身免疫系统的异常反应，将自身的胰岛 β 细胞当作外来抗原进行攻击，产生自身抗体，导致胰岛 β 细胞数量减少，影响胰岛素的正常分泌，出现血糖升高的现象。

47．多发性硬化是由体内髓磷脂碱性蛋白特异性 $CD4^+Th1$ 细胞持续作用于中枢神经组织引发的慢性进行性中枢神经系统脱髓鞘病。

48．一侧眼外伤导致晶状体或葡萄膜色素蛋白释放刺激机体产生的效应 CTL 克隆，可对健侧眼组织发动攻击引发自身免疫性交感性眼炎。

49．系统性红斑狼疮是由抗 DNA、抗组蛋白等多种自身抗体与相应自身抗原结合形成的循环免疫复合物沉积于皮下、关节、肾小球基底膜等处，通过激活补体系统和固有免疫细胞使局部组织细胞发生损伤引发的全身性自身免疫病。

50．1型糖尿病是由体内胰岛 β 细胞特异性自身反应性 CTL 和抗胰岛 β 细胞自身抗体作用于胰岛 β 细胞，使之损伤导致胰岛素分泌不足引发的器官特异性自身免疫病，又称胰岛素依赖性糖尿病。

三、问答题

1．试述自身免疫病的共同特征。

【参考答案】①患者体内可检测到高效价自身抗体和（或）自身反应性效应 T 细胞；②上述自身抗体和（或）自身反应性效应 T 细胞能与体内相关自身组织细胞抗原或成分结合，并由此导致上述组织细胞损伤和功能障碍；③患者病情转归与自身免疫反应强度密切相关，通常应用免疫抑制剂治疗有效；④患者病情易反复发作和慢性迁延；⑤部分自身免疫病多发生于女性；⑥具有遗传倾向。

2．请简述自身免疫病的病理损伤机制。

【参考答案】自身免疫病的组织细胞损伤机制类似于Ⅱ、Ⅲ、Ⅳ型超敏反应。包括：①自身抗体介导的组织细胞损伤；②自身抗体介导的组织细胞功能异常；③自身抗原-抗体复合物介导的组织器官损伤；④自身反应性 T 细胞介导的组织细胞损伤。

3．请简述系统性红斑狼疮的发病机制。

【参考答案】系统性红斑狼疮是由抗 DNA、抗组蛋白等多种自身抗体与相应抗原结合形成的循环免疫复合物沉积于皮下、关节和肾小球基底膜，通过激活补体系统和固有免疫细胞引发的全身性自身免疫病。

4．举例说明自身免疫病的分类并例举临床常见疾病。

【参考答案】自身免疫病分为器官特异性自身免疫病和系统性自身免疫病。器官特异性自身免疫病是指患者病变通常只局限于具有某种自身抗原的特定器官，而极少累及其他组织器官的自身免疫病，如桥本甲状腺炎、2型糖尿病（胰岛素抗性糖尿病）、1型糖尿病（胰岛素依赖性糖尿病）和重症肌无力等。系统性自身免疫病是机体针对多种自身抗原产生的病变累及多个组织器官的病理性免疫反应，如系统性红斑狼疮、类风湿关节炎和多发性硬化症等。

5．简述 1 型糖尿病的发病机制。

【参考答案】1 型糖尿病是由体内胰岛 β 细胞特异性自身反应性 CTL 和抗胰岛 β 细胞自身抗体作用于胰岛 β 细胞，使之损伤导致胰岛素分泌不足引发的器官特异性自身免疫病，又称胰岛素依赖性糖尿病。

（白　虹　黄彬红）

第十六章

免疫缺陷病

一、名词解释

1. 免疫缺陷病（immunodeficiency disease，IDD）
2. 原发性免疫缺陷病（primary immunodeficiency disease，PIDD）
3. 继发性免疫缺陷病（secondary immunodeficiency disease，SIDD）
4. 先天性胸腺发育不全（congenital thymic aplasia）
5. 联合免疫缺陷病（combined immunodeficiency disease，CID）
6. 获得性免疫缺陷综合征（acquired immunodeficiency syndrome，AIDS）

二、选择题

A 型题

1. 下列属于原发性免疫缺陷易出现的主要疾病是
   A．自身免疫病　　　　　　B．超敏反应　　　　　　C．白血病
   D．艾滋病　　　　　　　　E．反复感染
2. 免疫缺陷最主要的临床特征是
   A．营养不良　　　　　　　　　　　　　B．对病原微生物感染的易感性增加
   C．寄生虫病的发生率增高　　　　　　　D．超敏反应的发生率增高
   E．自身免疫病的发病率下降
3. 某疾病的特点是全身组织发育不良、易发生反复感染、易发生 GVHR、易发生自身免疫病或肿瘤，该病最可能为
   A．遗传性血管神经性水肿　　　　　　　B．SCID（重症联合免疫缺陷病）
   C．白细胞黏附缺陷　　　　　　　　　　D．慢性肉芽肿
   E．阵发性睡眠性血红蛋白尿
4. DiGeorge 综合征属于
   A．获得性免疫缺陷病　　　　　　　　　B．原发性 T 细胞免疫缺陷病
   C．抗体缺陷为主的免疫缺陷病　　　　　D．吞噬细胞缺陷病
   E．补体系统缺陷病
5. X 连锁无丙种球蛋白血症属于
   A．联合免疫缺陷　　　　B．T 细胞缺陷　　　　C．吞噬细胞缺陷
   D．补体系统缺陷病　　　E．抗体缺陷为主的免疫缺陷病

6. 慢性肉芽肿病属于
   A．原发性 T 细胞免疫缺陷病　　　　B．抗体缺陷为主的免疫缺陷病
   C．联合免疫缺陷病　　　　　　　　D．吞噬细胞缺陷病
   E．补体系统缺陷病

7. 选择性 IgA 缺乏症属于
   A．抗体缺陷为主的免疫缺陷病　　　B．吞噬细胞缺陷
   C．T、B 细胞联合免疫缺陷病　　　　D．原发性 T 细胞免疫缺陷病
   E．补体系统缺陷病

8. X 连锁无丙种球蛋白血症患者出现临床症状的时间一般是
   A．出生后 1 个月　　　B．出生后 3～5 个月　　　C．出生后 6～9 个月
   D．学龄前　　　　　　E．青少年期

9. 人类免疫缺陷病毒（HIV）在人体内作用的靶细胞是
   A．CD4⁺T 淋巴细胞　　B．CD8⁺T 淋巴细胞　　C．B 淋巴细胞
   D．NK 细胞　　　　　E．CTL 细胞

10. 下列属于继发性免疫缺陷病的是
    A．DiGeorge 综合征　　　　　　　B．X 连锁无丙种球蛋白血症
    C．慢性肉芽肿病　　　　　　　　D．AIDS
    E．白细胞黏附缺陷

11. 下列属于 HIV 的受体是
    A．CD2 分子　　　　B．CD3 分子　　　　C．CD4 分子
    D．CD5 分子　　　　E．CD8 分子

12. MHC I 类分子缺陷病的发生原因是
    A．*PNP* 基因突变　　B．*TAP* 基因突变　　C．*ADA* 基因突变
    D．IL-2Rγ 链基因突变　　E．转录因子突变

13. 腺苷脱氨酶（ADA）缺陷可导致
    A．Bruton 病　　　　　　　　　　B．慢性肉芽肿病
    C．重症联合免疫缺陷病　　　　　D．X 连锁高 IgM 综合征
    E．T 细胞活化与功能缺陷

14. MHC II 类分子表达缺陷可引发
    A．毛细血管扩张共济失调综合征　　B．X 连锁重症联合免疫缺陷病
    C．Wiskott-Aldrich 综合征　　　　　D．II 型裸淋巴细胞综合征
    E．阵发性睡眠性血红蛋白尿

15. 对白细胞黏附缺陷病（LAD）的错误叙述是
    A．为常染色体隐性遗传病
    B．可因岩藻糖转移酶基因突变导致唾液酸化路易斯寡糖表达缺陷所致
    C．可因 *CD18* 基因突变导致 LFA-1 等整合素分子表达缺陷所致
    D．患者 B 细胞功能缺陷，血清 Ig 水平低下
    E．患者易反复发生细菌和真菌感染

16. 遗传性血管神经性水肿是因患者
    A．C3 缺陷所致　　　B．C1INH 缺陷所致　　　C．DAF 缺陷所致

D. MHC I 类分子缺陷所致　　E. MHC II 类分子缺陷所致

17. X 连锁高 IgM 综合征的发病原因是

    A. *Btk* 基因缺陷导致 B 细胞发育停滞

    B. *CD40L* 基因突变导致 B 细胞活化停滞

    C. IL-2 受体 γ 链基因突变导致 T 细胞数目减少和功能障碍

    D. *TAP* 基因突变导致 $CD8^+$ T 细胞功能低下

    E. *ADA* 基因缺陷导致 T、B 细胞功能障碍

18. 发病率最高的原发性 B 细胞免疫缺陷病是

    A. 重症联合免疫缺陷病　　　　　　B. X 连锁无丙种球蛋白血症

    C. 性联重症联合免疫缺陷病　　　　D. 遗传性血管神经性水肿

    E. DiGeorge 综合征

19. 下列不属于原发性抗体缺陷为主的免疫缺陷病的是

    A. X 连锁无丙种球蛋白血症　B. 选择性 IgA 缺陷　　C. DiGeorge 综合征

    D. 普通变异型免疫缺陷病　　E. X 连锁高 IgM 综合征

20. 接种牛痘、麻疹等减毒活疫苗后，最可能导致接种者发生全身感染甚至死亡的原因是

    A. B 细胞缺陷　　　　B. T 细胞缺陷　　　　C. 补体固有成分缺陷

    D. 吞噬细胞缺陷　　　E. 补体受体缺陷

21. HIV 的主要传播途径包括

    A. 性接触、注射途径、消化道传播　　B. 性接触、呼吸道传播、注射途径

    C. 性接触、垂直传播、消化道传播　　D. 性接触、呼吸道传播、垂直传播

    E. 性接触、血液传播、垂直传播

22. 关于 X 连锁无丙种球蛋白血症的说法，错误的是

    A. 最常见的先天性 B 细胞免疫缺陷病

    B. 原发性 T 细胞缺陷病

    C. 患儿生后 6～9 个月才出现症状

    D. 临床上主要表现为反复化脓性细菌感染

    E. 前 B 细胞数目正常，T 细胞数量及功能亦正常

23. 关于联合免疫缺陷病，叙述正确的是

    A. 其特征为 T 细胞及 B 细胞发育障碍

    B. 可为常染色体或 X- 染色体连锁隐性遗传

    C. 多见于新生儿和婴幼儿

    D. 对各种类型感染均易感

    E. 以上均正确

24. 下列免疫缺陷中，与体液免疫应答异常最相关的是

    A. X 连锁无丙种球蛋白血症　　　　B. DiGeorge 综合征

    C. Wiskott-Aldrich 综合征　　　　　D. 慢性支气管炎

    E. 遗传性血管神经性水肿

25. 阵发性睡眠性血红蛋白尿是因患者

    A. *TAP* 基因突变所致　　B. *DAF* 基因突变所致　　C. *MIRL* 基因突变所致

D. *PIG-A* 基因突变所致 E. *CD40L* 基因突变所致

26. 目前免疫缺陷病的治疗原则不包括
   A. 骨髓移植 B. 基因治疗
   C. 输入 Ig 或其他免疫效应分子 D. 抗感染
   E. 胸腺移植

27. 获得性免疫缺陷病的发生可能是由于
   A. 骨髓干细胞发育缺陷 B. T 细胞发育缺陷 C. 吞噬细胞功能缺陷
   D. 补体功能缺陷 E. 营养不良

28. 慢性肉芽肿病的发生机制是患者的
   A. *PIG-A* 基因突变 B. *NF-AT* 基因突变 C. *TAP* 基因突变
   D. *RFX5* 基因突变 E. NADPH 氧化酶基因缺陷

29. DiGeorge 综合征不具备的特征是
   A. 患者 B 细胞数目正常，但体液免疫应答能力显著降低
   B. 患者 T 细胞数目减少，细胞免疫应答能力显著降低
   C. 患者 B 细胞数目减少，体液免疫应答能力显著降低
   D. 胚胎胸腺移植治疗有效
   E. 患者易发生病毒、真菌和胞内寄生菌感染

30. 免疫缺陷最主要的临床特征是
   A. 易伴自身免疫病 B. 易发生恶性肿瘤
   C. 多系统受累且症状多样 D. 易患感染
   E. 原发性免疫缺陷多为基因缺陷所致

31. 与获得性免疫缺陷发生无关的因素是
   A. 病毒感染 B. 胸腺发育不全 C. 肿瘤放疗和化疗
   D. 重度营养不良 E. 长期使用免疫抑制剂

32. 慢性肉芽肿病的发生原因是
   A. 先天性胸腺发育不全 B. 吞噬细胞功能缺陷
   C. B 细胞发育和（或）功能异常 D. 补体某些组分缺陷
   E. T、B 细胞混合缺陷

33. DiGeorge 综合征的免疫缺陷主要表现为
   A. 吞噬细胞缺陷 B. B 细胞缺陷 C. 补体缺陷
   D. T 细胞缺陷 E. 联合免疫缺陷

34. 下列不属于原发性抗体缺陷为主的免疫缺陷病的是
   A. X 连锁无丙种球蛋白血症 B. 选择性 IgA 缺陷
   C. DiGeorge 综合征 D. 普通变异型免疫缺陷病
   E. X 连锁高 IgM 综合征

35. Bruton 病患者所不具备的临床表现和特征是
   A. 只发生于男性婴儿
   B. 患儿出生后 6~9 个月开始发病
   C. 患儿外周血 T 细胞数目减少、功能降低
   D. 患儿各类 Ig 减少或缺失

E. 患儿常反复发生化脓性细菌感染

36. 患儿，男，4个月。因低热半个月入院。自出生后反复患呼吸道感染及鹅口疮，治疗效果欠佳。曾有一兄亦是出生后反复感染，4个月时于家中死亡，具体病因不详。患儿入院后第3天出现高热并持续不退，并出现心衰、中毒性肠麻痹。住院第23天抢救无效，全身衰竭而死亡。尸检结果：胸腺萎缩。镜检：胸腺小叶不清，未见哈氏小体，淋巴细胞极少。临床诊断为先天性胸腺发育不全，其免疫缺陷主要表现为

  A. 吞噬细胞缺陷   B. B细胞缺陷   C. 补体缺陷
  D. T细胞缺陷   E. 联合免疫缺陷

37. 患者，男，12岁。因罹患血友病接受血液制品治疗。5年后体重明显减轻，血清 IgG 类抗 HIV 抗体阳性，且 $CD4^+T$ 细胞下降，最可能的诊断是

  A. 急性白血病   B. 重症肝炎   C. 艾滋病
  D. 再生障碍性贫血   E. 自身免疫性溶血性疾病

38. 患儿，女，出生1天。检查发现其血清中抗 HIV-1 病毒 IgG 抗体阳性，这种抗体最可能的来源是

  A. 母体抗 HIV 通过胎盘传递给婴儿
  B. 婴儿产生的天然抗病毒抗体
  C. 婴儿的红细胞抗原与病毒交叉反应而产生
  D. 母亲红细胞抗原与病毒交叉反应而产生
  E. HIV 宫内感染刺激胎儿免疫系统产生

39. 患儿，男，7个月。出现反复感染，淋巴组织中查不到 mIg 阳性细胞，无生发中心，扁桃体小，血清中 IgG、IgA、IgD 含量极低，T细胞功能正常。该疾病最可能是

  A. Bruton 病（X连锁无丙种球蛋白血症）
  B. 先天性胸腺发育不全
  C. Ig 重链缺乏
  D. 婴儿暂时性低丙种球蛋白血症
  E. 常见多变型免疫缺陷

40. 患儿，男，3个月。接种 BCG 后，出现致死性、弥散性感染，这种接种反应可能是由于

  A. B淋巴细胞缺陷   B. 对佐剂的反应   C. 补体缺陷
  D. 吞噬细胞缺陷   E. 联合免疫缺陷

B 型题

（41～45题共用备选答案）

  A. 原发性抗体缺陷为主的免疫缺陷病   B. 原发性T细胞免疫缺陷病
  C. 联合免疫缺陷病   D. 吞噬细胞缺陷病
  E. 补体系统缺陷病

41. Bruton 病属于

42. DiGeorge 综合征属于

43. Wiskott-Aldrich 综合征属于

44. 慢性肉芽肿病属于
45. 遗传性血管神经性水肿属于

（46～50题共用备选答案）
    A. DiGeorge 综合征
    B. Bruton 病
    C. ADA 基因缺陷引发的 SCID
    D. 慢性肉芽肿病
    E. 获得性免疫缺陷综合征（AIDS）

46. 可采用静脉注射人丙种球蛋白治疗的疾病是
47. 可采用基因疗法治疗的疾病是
48. 可采用注射重组 IFN-γ 或骨髓移植法治疗的疾病是
49. 可采用抗逆转录酶病毒"鸡尾酒"疗法治疗的疾病是

三、问答题

1. 简述免疫缺陷病的分类及其共同特点。
2. 简述联合免疫缺陷病的概念及其分类。
3. 简述 HIV 感染的靶细胞种类。
4. 简述免疫缺陷病的治疗原则。
5. 简述常见以抗体缺陷为主的免疫缺陷病及其临床特点。
6. 简述 HIV 杀伤 $CD4^+$ T 细胞的机制。

参考答案与解析

一、名词解释

1. 免疫缺陷病（immunodeficiency disease，IDD）：免疫系统先天发育障碍或后天感染损伤等原因，导致免疫功能低下或缺陷引发的一组临床综合征。

2. 原发性免疫缺陷病（primary immunodeficiency disease，PIDD）：由于免疫系统遗传基因异常或先天发育障碍所致免疫功能不全或缺失引发的疾病。

3. 继发性免疫缺陷病（secondary immunodeficiency disease，SIDD）：是指后天继发于某些疾病（如感染、肿瘤）或使用化学药物治疗后导致免疫功能障碍引发的免疫缺陷病，又称获得性免疫缺陷病。

4. 先天性胸腺发育不全（congenital thymic aplasia）：是因妊娠早期胎儿第Ⅲ、Ⅳ咽囊障碍，导致胸腺、甲状旁腺、主动脉弓和面部器官发育不全所致的疾病，又称 DiGeorge 综合征。

5. 联合免疫缺陷病（combined immunodeficiency disease，CID）：是一类因 T、B 淋巴细胞发育或功能障碍导致患者细胞和体液免疫功能缺陷引发的疾病。联合免疫缺陷病包括重症联合免疫缺陷病（SCID）、毛细血管扩张性共济失调综合征和 Wiskott-Aldrich 综合征。

6. 获得性免疫缺陷综合征（acquired immune deficiency syndrome，AIDS）：是人类免疫缺陷病毒（human immunodeficiency virus，HIV）感染机体后引发的一种以细胞免疫功能严重缺陷，常并发机会感染、恶性肿瘤和神经系统病变为主要特征的临床综合征，简称艾滋病。

免疫缺陷病 第十六章

二、选择题

1. E 2. B 3. B 4. B 5. E 6. D 7. A 8. C 9. A 10. D 11. C
12. B 13. C 14. D 15. D 16. B 17. B 18. B 19. C 20. B 21. E
22. B 23. E 24. A 25. D 26. E 27. E 28. E 29. C 30. D 31. B
32. B 33. D 34. C 35. C 36. D 37. C 38. A 39. A 40. E 41. A
42. B 43. C 44. D 45. E 46. B 47. C 48. D 49. E

解析：

1. 原发性免疫缺陷会导致机体对病原体的抵抗能力不足，容易发生反复感染。

2. 免疫缺陷有原发 T/B 细胞免疫缺陷及 T 细胞与 B 细胞联合免疫缺陷，还有继发性免疫缺陷和非特异免疫系统缺陷。上述任何一个环节出现问题，均可增加病原体对机体的易感性。

3. 重症联合免疫缺陷病的特点是全身组织发育不良、易发生反复感染、易发生 GVHR、易发生自身免疫病或肿瘤。

4. DiGeorge 综合征主要表现为胸腺发育不全或者缺如，胸腺是 T 细胞分化发育成熟的主要场所，其发育障碍可导致 T 细胞缺陷。

5. X 连锁无丙种球蛋白血症主要是由于 X 染色体上编码的 *BTK* 基因突变失活造成的 B 细胞发育障碍所致，由于缺乏正常的 B 细胞，从而导致抗体产生障碍。

6. 吞噬细胞缺陷可导致感染的病原体不能被有效吞噬清除，从而形成肉芽肿。

7. 选择性 IgA 缺乏与 B 细胞的 Ig 类别转换异常有关，是一种 IgA 类型抗体缺陷导致的疾病。

8. X 连锁无丙种球蛋白血症为最常见的原发性 B 细胞免疫缺陷病，为 X 连锁隐性遗传，女性为携带者，男性发病，婴儿常在出生后 6～9 个月发病，此前从母体获得的 IgG 类抗体已降解或消耗完，因而出现反复化脓性细菌感染，治疗方法只有暂时性、定期注射 Ig，注意尽量减少感染机会。

9. HIV 主要感染和攻击表达 CD4 分子的 T 淋巴细胞，结果使细胞免疫功能发生严重阻碍。HIV 也感染和攻击表达 CD4 分子的单核巨噬细胞、树突状细胞和神经胶质细胞。

10. AIDS 是由 HIV 感染导致的 $CD4^+$ T 细胞减少所致的获得性免疫缺陷病，其他选项均为原发性免疫缺陷病。

11. CD4 分子是 HIV 病毒壳膜蛋白 gp120 的受体，可使 HIV 选择性感染 $CD4^+$T 细胞，引发获得性免疫缺陷综合征（AIDS）。

12. *TAP* 基因突变可导致内源性抗原提呈异常，从而导致 MHC I 类分子缺陷病的发生。

13. 腺苷脱氨酶缺陷可导致淋巴细胞分化发育障碍，进而导致重症联合免疫缺陷病。

14. MHC II 类分子表达缺陷可导致细胞表面缺乏 MHC II 类分子，无法提呈外源性抗原信号，引起 II 型裸淋巴细胞综合征。

15. 白细胞黏附缺陷病患者表现为吞噬细胞缺陷，但 B 细胞功能正常，血清抗体水平不会下降。

16. C1INH 缺陷可导致活化的 C1 无法被及时灭活，C2 持续过度裂解产生大量 C2b，C2b 进一步裂解生成大量 C2 激肽，毛细血管扩张通透性增高，导致血管神经性水肿。

17. X 染色体上编码 CD40L 的基因突变可使 Th 细胞表达的 CD40L 分子异常，B 细胞无法获得正常的 CD40 介导的活化信号，而使血清 IgG、IgA 和 IgE 含量显著降低或缺失。

18．X 连锁无丙种球蛋白血症是人类最常见的原发性免疫缺陷病。

19．DiGeorge 综合征是由于胸腺发育障碍所致的原发性免疫缺陷病，主要是 T 细胞分化发育成熟出现障碍，但 B 细胞的发育及产生抗体功能正常。

20．牛痘疫苗、麻疹疫苗均为减毒活疫苗，由于 T 细胞缺陷，细胞免疫功能下降，使两种活疫苗的病毒在体内长时间存在、繁殖，造成严重病毒血症。

21．HIV 的主要传播途径有性接触、血液传播、垂直传播，不通过呼吸道和消化道传播。

22．X 连锁无丙种球蛋白血症是 *BTK* 基因异常导致的 B 细胞发育障碍所致的原发性免疫缺陷病，该病患者的 T 细胞分化发育正常。

23．联合免疫缺陷病的特征为 T 细胞及 B 细胞发育障碍，可表现为常染色体或 X-染色体连锁隐性遗传，多见于新生儿和婴幼儿，出现对各种病原体感染抵抗力差而易感的症状。

24．X 连锁无丙种球蛋白血症是 *BTK* 基因异常导致的 B 细胞发育障碍所致的原发性免疫缺陷病，该病患者血清中 Ig 显著减少甚至缺如，从而导致抗体介导的体液免疫应答异常。

25．阵发性睡眠性血红蛋白尿发生的原因是调节补体活性的蛋白分子在细胞膜上的锚定异常所导致，这种锚定异常主要是由 *PIG-A* 基因突变所致。

26．目前胸腺移植并未被临床广泛应用，不属于免疫缺陷病的常用治疗方法。

27．营养不良可导致免疫细胞的生成不足和（或）功能异常，从而导致获得性免疫缺陷病的发生。

28．吞噬细胞需要通过 NADPH 介导的呼吸爆发杀死其吞噬的微生物，NADPH 氧化酶系统基因缺陷时，吞噬细胞无法有效地杀死和清除微生物，从而形成肉芽肿。

29．DiGeorge 综合征主要表现为胸腺发育不全或者缺如，胸腺是 T 细胞分化发育成熟的主要场所，其发育障碍可导致 T 细胞缺陷，但 B 细胞分化正常。

30．对病原体的防御作用是免疫系统最重要的生理功能，免疫缺陷常常会损伤免疫系统的防御功能，从而使患者容易发生病原体的感染。

31．胸腺发育不全会导致原发性免疫缺陷病，是先天性免疫缺陷病，不属于获得性免疫缺陷。

32．参考 28 题解析。

33．DiGeorge 综合征主要表现为胸腺发育不全或者缺如，胸腺是 T 细胞分化发育成熟的主要场所，其发育障碍可导致 T 细胞缺陷。

34．DiGeorge 综合征主要表现为胸腺发育不全或者缺如，属于原发性 T 细胞免疫缺陷，不属于原发性抗体缺陷为主的免疫缺陷病。

35．X 连锁无丙种球蛋白血症（Bruton 病）是 *BTK* 基因异常导致的 B 细胞发育障碍，为原发性免疫缺陷病，该病患者血清中 Ig 显著减少甚至缺如，从而导致抗体介导的体液免疫应答异常，但患者 T 细胞分化发育正常。

36．患儿临床诊断为先天性胸腺发育不全，胸腺是 T 细胞分化发育成熟的主要场所，其发育障碍可导致 T 细胞缺陷。

37．该患者血清 IgG 类抗 HIV 抗体阳性，是 HIV 感染的表现，HIV 感染可导致艾滋病。

38．母体抗 HIV 的 IgG 抗体可在 FcRn 的介导作用下，通过胎盘传递给胎儿。

39．该患儿 B 细胞发育障碍，血清抗体含量极低，T 细胞功能正常，且为男性，符合 X 连锁无丙种球蛋白血症的发病特点。

40．BCG 为预防结核病的减毒活疫苗，其主要引发机体出现 T 细胞介导为主的抗结核保护性免疫应答，当原发性 T 细胞免疫缺陷或者 T、B 细胞联合免疫缺陷时，接种该疫苗可引起致死性、弥散性感染。SCID 是婴儿接种 BCG 后发生致死性、弥散性感染的典型原因。

41．Bruton 病，即 X 连锁无丙种球蛋白血症，是 *BTK* 基因异常导致的 B 细胞发育障碍，属于原发性免疫缺陷病，该病患者血清中 Ig 显著减少甚至缺如，从而导致抗体介导的体液免疫应答异常。

42．DiGeorge 综合征主要表现为胸腺发育不全或者缺如，胸腺是 T 细胞分化发育成熟的主要场所，其发育障碍可导致 T 细胞缺陷但 B 细胞分化发育正常，可正常产生抗体。

43．Wiskott-Aldrich 综合征患者存在细胞与体液免疫同时缺陷，属于联合免疫缺陷病。

44．吞噬细胞的氧化-还原系统等存在缺陷而无法杀灭和清除病原体，可导致肉芽肿病。

45．补体调节分子 C1INH 缺陷可导致活化的补体 C1 成分无法被及时灭活，从而不断产生 C2b，引起血管扩张通透性增加，导致血管神经性水肿。

46．Bruton 病，即 X 连锁无丙种球蛋白血症，是 *BTK* 基因异常导致的 B 细胞发育障碍，为原发性免疫缺陷病，该病患者血清中 Ig 显著减少甚至缺如，从而导致抗体介导的体液免疫应答异常，但患者 T 细胞分化发育正常。

47．*ADA* 基因缺陷引发的 SCID，可通过应用正常的 *ADA* 基因进行治疗，以纠正 ADA 功能异常导致的免疫缺陷。

48．注射重组 IFN-γ 或骨髓移植，可促进吞噬细胞杀伤病原体的能力或者产生杀菌功能正常的吞噬细胞，从而可以治疗慢性肉芽肿病。

49．抗逆转录酶病毒"鸡尾酒"疗法能够抑制 HIV 复制，可用于治疗 AIDS。

三、问答题

1．简述免疫缺陷病的分类及其共同特点。

【参考答案】免疫缺陷病按其发病原因，可分为原发性（先天性）免疫缺陷病和继发性（获得性）免疫缺陷病两大类。根据主要累及的免疫细胞或成分的不同，可分为抗体缺陷为主的免疫缺陷病、T 细胞免疫缺陷病、联合免疫缺陷病、吞噬细胞缺陷病和补体系统缺陷病。

免疫缺陷病的共同特点：①患者对病原体易感性增加，临床表现为反复感染且难以控制，是患者死亡的主要原因；②感染性质和严重程度主要取决于免疫缺陷的类型，如体液免疫缺陷、吞噬细胞缺陷、补体缺陷导致的感染主要由化脓性细菌引起，而细胞免疫缺陷导致的感染主要由病毒、真菌、胞内寄生菌和原虫引起；③细胞免疫缺陷患者易发肿瘤，特别是淋巴系统恶性肿瘤；④患者常伴发自身免疫病、超敏反应和炎症性疾病；⑤多数免疫缺陷病患者有遗传倾向。

2．简述联合免疫缺陷病的概念及其分类。

【参考答案】联合免疫缺陷病是一类因 T、B 淋巴细胞发育或功能障碍导致患者细胞和体液免疫功能缺陷引发的疾病，包括重症联合免疫缺陷病、毛细血管扩张共济失调综合征和 Wiskott-Aldrich 综合征。

3．简述 HIV 感染的靶细胞种类。

【参考答案】CD4 分子是 HIV 病毒壳膜蛋白 gp120 的受体，因此 HIV 感染攻击的靶细胞主要是 $CD4^+T$ 细胞，也包括表达 CD4 分子的单核巨噬细胞和树突状细胞。

4. 简述免疫缺陷病的治疗原则。

【参考答案】免疫缺陷病的治疗原则主要包括：①尽可能减少感染和及时控制感染；②过继免疫细胞重建免疫系统和导入缺失基因；③补充免疫效应分子。

5. 简述常见的以抗体缺陷为主的免疫缺陷病及其临床特点。

【参考答案】常见的以抗体缺陷为主的免疫缺陷病：① X 连锁无丙种球蛋白血症：又称为 Bruton 病，X 连锁隐性遗传，男性婴儿出生后 6~9 个月开始发病，临床特点为反复化脓性细菌感染，20% 患者伴有自身免疫病。患者外周血和淋巴组织中的成熟 B 细胞、浆细胞及各类免疫球蛋白减少或缺失，外周血 T 细胞数目和功能正常。② X 连锁高 IgM 综合征：多见于男性，患者血清中 IgG、IgA、IgE 水平明显降低或缺失，IgM 含量正常或代偿性升高，临床表现为反复发生细菌性感染和卡氏肺孢子菌病等机会感染。③选择性 IgA 缺陷：患者血清中 IgA 和分泌型 IgA 含量极低，IgG、IgM 水平正常或略高，多无明显临床症状或仅仅表现为呼吸道和消化道的轻度感染。

6. 简述 HIV 杀伤 $CD4^+T$ 细胞的机制。

【参考答案】HIV 杀伤 $CD4^+T$ 细胞的机制分为以下两种：

（1）直接杀伤：①病毒大量复制，以出芽方式释放导致细胞膜损伤；②病毒复制过程中产生的 DNA 及核心蛋白在胞质内大量累积，可干扰细胞正常代谢，影响细胞生理功能；③感染 HIV 后表达 gp120 的 T 细胞与邻近正常 T 细胞表面 CD4 分子结合形成融合细胞，可促进 $CD4^+T$ 细胞死亡；④ HIV 感染骨髓 $CD34^+$ 前体细胞和骨髓基质细胞，导致造血细胞生成障碍。

（2）间接杀伤：① HIV 感染后诱导机体产生的病毒特异性抗体可通过 ADCC 效应杀伤病毒感染的 $CD4^+T$ 细胞；② HIV 感染后诱导机体产生的 $CD8^+$ 效应 CTL，可特异性杀伤病毒感染的 $CD4^+T$ 细胞；③ HIV 编码产物具有超抗原样作用，可使某些表达 TCRVβ 链的 $CD4^+T$ 细胞因过度活化而死亡。

（肖丽君　高亚贤）

第十七章 肿瘤免疫

一、名词解释

1. 肿瘤抗原（tumor antigen）
2. 肿瘤特异性抗原（tumor specific antigen，TSA）
3. 肿瘤相关抗原（tumor associated antigen，TAA）
4. 胚胎抗原（fetal antigen）
5. 增强抗体（enhancing antibody）
6. 抗原调变（antigenic modulation）
7. 肿瘤标志物（tumor marker）

二、选择题

A 型题

1. 肿瘤发生的主要原因是
   A．免疫防御功能低下
   B．免疫耐受机制异常
   C．免疫监视功能失调
   D．免疫调节功能异常
   E．免疫自稳功能失调

2. 肿瘤特异性抗原是指
   A．细胞癌变过程中过度表达的抗原
   B．细胞癌变过程中表达的胚胎抗原
   C．细胞癌变过程中出现的分化抗原
   D．肿瘤细胞微量表达的抗原
   E．只存在于某种肿瘤细胞而不存在于正常组织细胞的抗原

3. 通过理化因素诱发产生的肿瘤抗原特点是
   A．肿瘤抗原具有高度异质性
   B．肿瘤抗原具有高度一致性
   C．通常不能诱导机体产生免疫应答
   D．具有共同抗原表位，可产生交叉反应
   E．同一宿主不同部位的肿瘤具有的相同免疫原

4. 病毒诱发的肿瘤抗原所具备的特点是
   A．免疫原性弱，不能刺激机体产生免疫反应

B. 具有共同抗原表位，可产生交叉反应
C. 同一种病毒诱发的肿瘤均表达相同的肿瘤抗原
D. 其免疫原性与病毒的免疫原性完全相同
E. 同一种病毒诱发的肿瘤可表达不同的肿瘤抗原

5. 可诱发人宫颈癌的病毒是
   A. EB 病毒　　　　　　B. 人乳头瘤病毒　　　　C. 人腺相关病毒
   D. 人类疱疹病毒　　　　E. SV40 病毒

6. 可将癌胚抗原（CEA）作为检测标志物的是
   A. 胚胎肿瘤　　　　　　B. 结肠癌　　　　　　　C. 胰腺癌
   D. 卵巢癌　　　　　　　E. 肝癌

7. 甲胎蛋白（AFP）属于
   A. 致癌病毒产物　　　　　　　　B. 基因突变产物
   C. 正常组织中的隐蔽抗原　　　　D. 胚胎抗原
   E. 分化抗原

8. 病毒诱发的肿瘤抗原多属于
   A. 肿瘤特异性抗原　　　B. 肿瘤相关抗原　　　　C. 肿瘤睾丸抗原
   D. 胚胎抗原　　　　　　E. 分化抗原

9. HPV 诱发人宫颈癌的 E6 和 E7 抗原属于
   A. 突变的抑癌基因所表达的蛋白抗原　　B. 病毒诱发的肿瘤抗原
   C. 正常组织中的隐蔽抗原　　　　　　　D. 胚胎抗原
   E. 分化抗原

10. 原发性肝癌细胞产生的肿瘤标志物是
    A. CEA　　　　　　　　B. PSA　　　　　　　　C. AFP
    D. EBNA-1　　　　　　E. HER-2

11. 与鼻咽癌发生相关的病原体是
    A. 人类疱疹病毒（HHV）　　　　B. 人乳头瘤病毒（HPV）
    C. 乙型肝炎病毒（HBV）　　　　D. 人类免疫缺陷病毒（HIV）
    E. EB 病毒（EBV）

12. 乳腺癌组织高表达的分化抗原是
    A. HER-2　　　　　　　B. CA125　　　　　　　C. EBNA-1
    D. MAGE1　　　　　　 E. PSA

13. 第一个被批准用于临床治疗非霍奇金淋巴瘤的单克隆抗体的靶分子是
    A. CD20　　　　　　　 B. CD40　　　　　　　 C. CD19
    D. CD4　　　　　　　　E. CD8

14. PSA 抗原主要用于诊断
    A. 宫颈癌　　　　　　　B. 乳腺癌　　　　　　　C. 黑色素瘤
    D. 肝癌　　　　　　　　E. 前列腺癌

15. 胚胎抗原是
    A. 肿瘤特异性抗原　　　　　　　B. 肿瘤相关抗原
    C. 化学因素诱发的肿瘤抗原　　　D. 物理因素诱发的肿瘤抗原

E. 病毒诱发的肿瘤抗原

16. 人嗜 T 淋巴细胞病毒 1（HTLV-1）感染可导致的肿瘤是
    A. 宫颈癌　　　　　　　B. 乳腺癌　　　　　　　C. 黑色素瘤
    D. 成人 T 细胞白血病　　E. 前列腺癌

17. HPV 疫苗接种可有效减少的肿瘤是
    A. 宫颈癌　　　　　　　B. 乳腺癌　　　　　　　C. 黑色素瘤
    D. 肝癌　　　　　　　　E. 前列腺癌

18. 能够特异性杀伤肿瘤细胞的免疫细胞是
    A. NK 细胞　　　　　　　B. γδT 细胞　　　　　　C. $CD8^+$ CTL
    D. 中性粒细胞　　　　　E. 活化巨噬细胞

19. 以下关于 NK 细胞杀伤肿瘤的叙述，错误的是
    A. 无特异性
    B. 无需预先活化即可直接杀伤肿瘤
    C. 可通过 ADCC 方式杀伤肿瘤
    D. 通过 CDC 方式杀伤肿瘤
    E. 无 MHC 分子的限制性

20. 当肿瘤细胞不表达或低表达共刺激分子时，下列细胞中能辅助 $CD8^+$ T 细胞增殖分化为 CTL 的细胞是
    A. B 细胞　　　　　　　B. 肥大细胞　　　　　　C. 巨噬细胞
    D. $CD4^+$ Th 细胞　　　E. 浆细胞

21. 下列细胞中，通过 ADCC 作用杀伤肿瘤细胞的是
    A. CTL 细胞　　　　　　B. 树突状细胞　　　　　C. γδT 细胞
    D. NK 细胞　　　　　　　E. B 细胞

22. 在免疫系统发挥抗肿瘤免疫过程中，有关巨噬细胞叙述正确的是
    A. 不具有抗肿瘤作用
    B. 只作为专职性 APC 提呈肿瘤抗原激活抗肿瘤免疫
    C. 只起到免疫抑制作用帮助肿瘤生长
    D. 具有抗肿瘤和促进肿瘤生长的双重作用
    E. 具有特异性杀伤肿瘤细胞的作用

23. $CD8^+$ CTL 杀伤肿瘤细胞的机制不包括
    A. 释放穿孔素溶解破坏肿瘤细胞　　B. 释放颗粒酶诱导肿瘤细胞凋亡
    C. 表达 FasL 诱导肿瘤细胞凋亡　　D. 分泌 TNF-α 诱导肿瘤细胞凋亡
    E. 通过 ADCC 效应杀伤肿瘤细胞

24. 抗体介导的抗肿瘤免疫作用不包括
    A. 增强抗体促进肿瘤细胞凋亡
    B. 通过 ADCC 效应杀伤肿瘤细胞
    C. 通过免疫调理作用吞噬破坏肿瘤细胞
    D. 通过补体依赖性细胞毒作用（CDC）溶解肿瘤细胞
    E. 通过干扰肿瘤细胞黏附进而抑制肿瘤生长和转移

25. 宿主体内存在一定量的"增强抗体"，下列说法中正确的是
    A. 一般不影响机体的抗肿瘤免疫功能　　B. 有助于肿瘤生长
    C. 会增强机体的抗肿瘤免疫功能　　　　D. 可以直接杀伤肿瘤细胞

E. 可以增强杀伤细胞的功能，有助于治疗肿瘤

26. 在肿瘤局部主要发挥免疫抑制性作用的细胞是
    A. NK 细胞
    B. cDC 细胞
    C. CTL 细胞
    D. Treg 细胞
    E. pDC 细胞

27. 与肿瘤免疫逃逸机制无关的因素是
    A. 宿主免疫功能低下
    B. 肿瘤细胞表面某些抗原减少或丢失
    C. 肿瘤细胞表面共刺激分子表达低下或缺失
    D. 肿瘤细胞表面 MHC I 类分子表达低下或缺失
    E. 肿瘤细胞表面 MHC II 类分子表达低下或缺失

28. 关于肿瘤临床免疫检测诊断的叙述，错误的是
    A. 检测 AFP 有助于原发性肝细胞癌的诊断
    B. 检测 CA199 有助于 B 细胞淋巴瘤的诊断
    C. 检测 PSA 有助于前列腺癌的诊断
    D. 检测 CEA 有助于结/直肠癌的诊断
    E. 检测 CA125 有助于卵巢癌的诊断

29. 可用于肿瘤主动免疫治疗的生物制剂是
    A. 细胞因子治疗
    B. 放射免疫疗法
    C. 输入 CIK 细胞
    D. 减毒或灭活瘤苗
    E. 基因工程抗体靶向治疗

30. 肿瘤疫苗属于
    A. 主动免疫疗法
    B. 过继免疫疗法
    C. 细胞因子疗法
    D. 抗体靶向疗法
    E. 抗原靶向疗法

31. 抗原调变是指
    A. 在机体抗肿瘤免疫的压力下，肿瘤细胞表达的肿瘤抗原减少或丢失
    B. 机体免疫系统为了适应环境改变自身抗原
    C. 肿瘤细胞表达新抗原的方式
    D. 树突状细胞等抗原提呈细胞对抗原的加工方式
    E. B 细胞提呈特异性肿瘤抗原的方式

32. 长期服用免疫抑制剂产生的影响是
    A. 一般不影响机体的抗肿瘤免疫功能
    B. 会导致机体抗肿瘤免疫功能低下而诱发肿瘤
    C. 会增强机体的抗肿瘤免疫功能
    D. 可以直接杀伤肿瘤细胞
    E. 可以改善肿瘤微环境，有助于治疗肿瘤

33. 对卡介苗的抗肿瘤作用描述正确的是
    A. 可增强非特异抗肿瘤免疫功能
    B. 可增强抗体的抗肿瘤免疫功能
    C. 可增强特异性 CTL 的抗肿瘤免疫功能
    D. 可增强特异性 Th1 细胞的抗肿瘤免疫功能
    E. 可增强特异性 Th17 细胞的抗肿瘤免疫功能

34. 下列肿瘤中，CAR-T 细胞（CAR-T）疗法获得成功的是
    A. 肺癌   B. 肝癌   C. 白血病
    D. 胃癌   E. 黑色素瘤

35. 免疫检查点阻断治疗法可干预的靶点是
    A. CTLA-4   B. CD1   C. CD8
    D. CD80   E. CD86

36. 患者，男，52岁。无明显诱因右上腹痛1月余，B超显示肝右叶占位性病变，CT检查后初步确定为肝癌。实验室癌前五项辅助检查，血清中最可能升高的是
    A. CA125   B. AFP   C. PSA
    D. E6/E7   E. CEA

37. 患者，女，64岁。面部疱疹病毒感染就诊，查体肝、脾、淋巴结均肿大，血常规检查淋巴细胞比例为73%，骨髓中原始/幼稚淋巴细胞比例升高。诊断为成人 T 淋巴细胞白血病。与此病最相关的病毒是
    A. AAV   B. HIV   C. HPV
    D. HTLV-1   E. HCV

38. 患者，女，15岁。1周前发现右侧颈部肿块来院就诊，经骨髓穿刺诊断为非霍奇金淋巴瘤。与此病发病最相关的病毒是
    A. EBV   B. SV40   C. HPV
    D. AAV   E. MCV

39. 患者，女，36岁。发热，乏力1月余来院就诊，临床诊断为 B 细胞淋巴瘤。实验室检查 CD20（+），给予抗 CD20 单克隆抗体治疗，下列不属于使用此抗体治疗淋巴瘤的机制是
    A. ADCC   B. 激活补体   C. 免疫调理
    D. 增强抗体   E. 促进 MAC 形成

40. 患者，女，60岁。间断性便血1年余，临床诊断为结肠癌。临床上可作为诊断该肿瘤的指标是
    A. 补体   B. CEA   C. CA199
    D. CA125   E. SV40

41. 患者，女，58岁。接触性阴道出血1年，妇科检查宫颈有菜花样肿块。病理结果：宫颈中分化鳞癌。与此病发生最相关的病毒是
    A. HIV   B. SV40   C. HPV
    D. CBV   E. MCV

42. 患者，男，25岁。间断性流鼻血1周余就诊，鼻咽镜检发现鼻咽顶后壁黏膜有结节性增厚。取肿块病理结果显示鼻咽癌未分化癌。作为辅助该肿瘤诊断的指标，实验室常检测的抗体是
    A. 抗人腺病毒抗体 B. 抗 MCV 抗体   C. 抗 HPV 抗体
    D. 抗 CTA 抗体   E. 抗 EBNA-1 抗体

43. 患者，男，65岁。排尿困难2个月来院就诊。ELISA 检测结果显示 PSA 33.7 ng/mL，显著高于正常。最可能的诊断是
    A. 膀胱炎   B. 肾结石   C. 前列腺结石

D. 前列腺癌 E. 膀胱癌

44. 患者，男，64岁。排尿困难，夜尿增多1个月。检查发现前列腺增生Ⅱ度，质偏硬，以左后叶明显，有轻度压痛，未扪及结节，中央沟变浅。CT结果显示前列腺增大，前缘呈结节状突入膀胱内，密度小，增强后见前列腺后部大约 2.9 cm×2.0 cm 低密度影，其余前列腺实质明显强化。此时，最应该建议患者检测的肿瘤抗原是
   A. AFP B. CD20 C. HER-2
   D. CEA E. PSA

45. 患者，女，65岁。间断性便血4年，经检查确诊为直肠癌，病理结果显示 CEA$^+$ CA199$^+$EGFR$^+$。术后1年B超发现肝肿块，诊断为直肠癌术后肝转移。可给予该患者应用的单克隆抗体药物是
   A. 抗 CD3 单抗 B. 抗 CD25 单抗 C. 抗 HER-2 单抗
   D. 抗 CD20 单抗 E. 抗 EGFR 单抗

46. 患者，男，45岁。鼻腔出血加重5个月，伴耳鸣，头痛，颈淋巴结肿大，鼻咽部及颈部肿大淋巴结取活体组织病理检查，确诊为鼻咽癌。与该患者患病最相关的可能因素是
   A. CMV B. HBV C. HPV
   D. EBV E. SV40 病毒

47. 患者，女，40岁。因"发现左乳肿块10天"就诊。胸部CT检查结果：左乳腺外侧腺体致密，建议结合乳腺专项检查，两肺CT平扫未见明显异常，肝内低密度灶，建议结合腹部检查。后行"癌改良根治术"，术后病理：左乳腺浸润性导管癌（大小约 2 cm×1.8 cm×1.5 cm），左腋下 12/20 淋巴结转移。IHC 示：ER（-）、PR（-）、HER-2（3+）、KI67（+，45%）、TOPO Ⅱ（+）、P53（-）。此患者可用的靶向抗体药物主要靶向
   A. AFP B. CD20 C. HER-2
   D. CEA E. CD19

48. 患者，男，12岁。颈部淋巴结肿大，伴盗汗，经查诊断为非霍奇金淋巴瘤，常规化疗失败后给予放射性核素标记抗 CD20 单克隆抗体治疗，该治疗属于
   A. 非特异性被动免疫治疗 B. 特异性主动免疫治疗 C. 免疫调节治疗
   D. 免疫靶向治疗 E. 过继免疫治疗

49. 患者，男，22岁。同性恋者，因咽痛、咳嗽、发热就诊。临床考虑为肺部感染，积极的抗生素治疗和抗结核治疗无效，患者出现低热，呼吸困难，体重明显减轻，双肺多发团块样阴影，行肺部穿刺活检后，发现肺部病变是卡波西肉瘤（KS）。应考虑
   A. MCV 感染 B. HPV 感染 C. HCV 感染
   D. HIV 感染 E. EBV 感染

50. 患者，男，30岁。HIV感染者，乙肝表面抗原阳性，肺部活检显示卡波西肉瘤（KS）。出现肉瘤的最可能原因是
   A. HIV 感染破坏了免疫功能 B. HBV 感染影响了免疫功能
   C. HBV 感染影响了肝功能 D. HIV 感染影响了肝功能
   E. HIV 感染造成了自身免疫病

B 型题

（51～55 题共用备选答案）

A．AFP B．CA199 C．CA125
D．HER-2 E．E6/E7

51．卵巢癌组织表达的抗原是

52．肝癌细胞表达的抗原是

53．胰腺癌组织表达的抗原是

54．乳腺癌组织表达的抗原是

55．人宫颈癌细胞表达的抗原是

（56～61 题共用备选答案）

A．人类免疫缺陷病毒（HIV） B．EB 病毒（EBV）
C．乙型肝炎病毒（HBV） D．人乳头瘤病毒（HPV）
E．人嗜 T 淋巴细胞病毒（HTLV-1）

56．与成人 T 细胞白血病相关的病原体是

57．与人宫颈癌发生有关的病原体是

58．与 B 细胞淋巴瘤发生有关的病原体是

59．与原发性肝癌发生有关的病原体是

60．与鼻咽癌发生有关的病原体是

61．与继发 Kaposi 肉瘤有关的病原体是

（62～65 题共用备选答案）

A．SV40 T 抗原 B．EBNA-1 抗原 C．E1A 抗原
D．gp100 抗原 E．E6/E7 抗原

62．EB 病毒诱发的病毒肿瘤相关抗原是

63．HPV 诱发的病毒肿瘤相关抗原是

64．SV40 病毒诱发的病毒肿瘤相关抗原是

65．人腺病毒诱发的病毒肿瘤相关抗原是

三、简答题

1．试述肿瘤抗原的分类及其特点。

2．对肿瘤细胞有杀伤作用的免疫细胞有哪些？

3．简述机体抗肿瘤免疫的效应机制。

4．试述肿瘤细胞免疫逃逸的方式及机制。

5．简述肿瘤的免疫诊断方法。

6．简述肿瘤免疫治疗的方法。

7．试述免疫检查点阻断治疗方法的原理及其临床应用。

8．试述 CAR-T 细胞及其作用特点和临床应用。

参考答案与解析

一、名词解释

1. 肿瘤抗原（tumor antigen）：是指细胞癌变过程中出现的新抗原或肿瘤细胞异常或过度表达的抗原物质，包括肿瘤特异性抗原和肿瘤相关抗原。

2. 肿瘤特异性抗原（tumor specific antigen，TSA）：是指肿瘤细胞所特有或只存在于某种肿瘤细胞而不存在于正常组织细胞的一类新抗原。

3. 肿瘤相关抗原（tumor associated antigen，TAA）：是指肿瘤细胞和正常组织细胞均可表达的抗原物质，只是在细胞癌变时其表达量明显增高。

4. 胚胎抗原（fetal antigen）：是指在胚胎发育阶段由胚胎组织细胞以较高水平表达，出生后逐渐消失或极微量存在于体内的正常成分。

5. 增强抗体（enhancing antibody）：某些肿瘤特异性抗体与肿瘤细胞结合后，非但不能杀伤肿瘤细胞，反而会促进肿瘤生长，此类抗体被称为增强抗体。

6. 抗原调变（antigenic modulation）：是指某些免疫原性较强的肿瘤细胞在机体抗肿瘤免疫作用压力下，使其表面相关肿瘤抗原减少或丢失，从而逃避免疫系统识别和攻击的现象。

7. 肿瘤标志物（tumor marker）：是指由肿瘤细胞产生或机体对肿瘤反应而释放的物质，通常存在于血液、尿液或组织中。它们可用于肿瘤的辅助诊断、疗效评估、复发监测及预后判断。

二、选择题

1. C 2. E 3. A 4. C 5. B 6. B 7. D 8. A 9. B 10. C 11. E
12. A 13. A 14. E 15. B 16. D 17. A 18. C 19. D 20. D 21. D
22. D 23. E 24. A 25. D 26. D 27. E 28. B 29. D 30. A 31. A
32. B 33. A 34. C 35. A 36. B 37. D 38. A 39. D 40. B 41. C
42. E 43. D 44. E 45. E 46. D 47. C 48. D 49. D 50. A 51. C
52. A 53. B 54. D 55. E 56. E 57. D 58. B 59. C 60. B 61. A
62. B 63. E 64. A 65. C

解析：

1. 此题考点为引起肿瘤发生的原因。肿瘤主要是由于免疫系统功能异常引起，免疫系统的三大主要功能是免疫防御、免疫监视和免疫自稳，其中免疫监视功能失调可引发肿瘤或病毒持续性感染。免疫监视功能失调是引起肿瘤发生的主要原因。

2. 此题考点是肿瘤特异性抗原的概念。肿瘤特异性抗原是指肿瘤细胞所特有或只存在于某种肿瘤细胞而不存在于正常组织细胞的一类新抗原。

3. 此题考点为化学或者物理因素诱发的肿瘤抗原。化学致癌剂或物理因素可诱发某些基因突变，从而导致肿瘤形成所表达的肿瘤抗原，此类肿瘤抗原具有高度异质性，即用同一化学致癌剂或物理方法诱发的肿瘤在不同宿主体内或同一宿主不同部位，其抗原特异性和免疫原性各不相同。

4．病毒诱发的肿瘤抗原主要是由于某些 DNA 病毒或反转录病毒感染机体后，将其遗传物质整合到宿主细胞基因组 DNA 中导致细胞癌变所表达的肿瘤抗原。此类抗原是由同一种病毒诱发的肿瘤，不论其来源或类型均表达相同的肿瘤抗原。病毒诱发的肿瘤抗原免疫原性较强，可刺激机体产生免疫应答。

5．此题考点为病毒诱发的肿瘤抗原。人乳头瘤病毒感染可以诱发宫颈癌的发生，主要是由人乳头瘤病毒诱发宫颈癌表达的 E6 和 E7 抗原引起。

6．癌胚抗原（CEA）属于胚胎抗原，是指在胚胎发育阶段由胚胎组织细胞以较高水平表达、出生后逐渐消失或极微量存在于体内的正常成分。癌胚抗原由结肠癌细胞产生。

7．甲胎蛋白（AFP）是由肝癌细胞产生的胚胎抗原，在胚胎发育阶段由胚胎组织细胞以较高水平表达，出生后逐渐消失或极微量存在于体内。肝癌患者血清中 AFP 含量显著升高。

8．按照肿瘤特异性抗原和肿瘤相关抗原的分类，肿瘤特异性抗原分为 4 类：化学或物理因素诱发的肿瘤抗原、病毒诱发的肿瘤抗原、癌基因/抑癌基因突变诱发的肿瘤抗原和沉默基因异常活化诱发的肿瘤抗原。

9．HPV 诱发的人宫颈癌的 E6 和 E7 抗原属于病毒诱发的肿瘤抗原，人乳头瘤病毒感染机体后诱发人宫颈癌细胞表达 E6 和 E7 抗原。

10．CEA 是结肠癌的标志物，PSA 是前列腺癌的标志物，AFP 为原发性肝癌的标志物，EBNA-1 为鼻咽癌的标志物，HER-2 为乳腺癌的标志物。

11．与鼻咽癌发生相关的病原体是 EB 病毒，与宫颈癌发生相关的病原体是人乳头瘤病毒（HPV），与原发性肝癌发生相关的病原体是乙型肝炎病毒（HBV）。

12．HER-2 为乳腺癌组织高表达的抗原，CA125 为卵巢癌表达的糖类抗原，EBNA-1 为 EB 病毒诱发鼻咽癌表达的抗原，MAGE1 为黑色素瘤细胞表达的抗原，PSA 可用于前列腺癌的辅助诊断。

13．利妥昔单抗是全球第一个被批准用于临床治疗非霍奇金淋巴瘤的单克隆抗体，靶分子是 CD20。

14．PSA（prostate-specific antigen）即前列腺特异性抗原，属于肿瘤相关抗原，是前列腺癌早期诊断、监测及预后判断的重要血清标志物。

15．胚胎抗原是指在胚胎发育阶段由胚胎组织细胞以较高水平表达，出生后逐渐消失或极微量存在于体内的正常成分。此类抗原在细胞癌变时又可重新合成并大量表达。胚胎抗原属于肿瘤相关抗原范畴。肿瘤相关抗原包括 3 类：胚胎抗原、癌基因过度表达产生的肿瘤相关抗原和异常或过量表达的糖脂或糖蛋白抗原。

16．人嗜 T 淋巴细胞病毒 1（HTLV-1）感染机体可以诱发成人 T 细胞白血病。

17．病毒诱发的肿瘤可以用相关病毒疫苗来预防疾病发生。接种 HPV 疫苗可有效预防宫颈癌，目前临床上用于接种的疫苗包括二价、四价和九价，根据具体要求可以选择性接种。

18．能够特异性杀伤肿瘤细胞的免疫细胞为适应性免疫细胞，主要是 $CD8^+CTL$ 细胞。NK 细胞、γδT 细胞、中性粒细胞和活化巨噬细胞的杀伤作用为非特异性。

19．补体介导的杀伤，即 CDC 效应（complement-dependent cytotoxicity），是指抗体与靶细胞表面抗原结合后，激活补体系统，最终导致靶细胞溶解和死亡的过程。NK 细胞杀伤肿瘤是非特异性的，无需预先活化即可直接杀伤，不需要抗原提呈细胞提呈抗原，无 MHC 分子限制性，表面表达 Fc 受体可以发挥 ADCC 效应杀伤肿瘤。

20．初始 CD8$^+$T 细胞的激活和分化有两种方式：Th 细胞非依赖性和 Th 细胞依赖性，前者是指病毒感染高表达共刺激分子的 DC；后者是指靶细胞低表达或不表达共刺激分子，不能有效激活初始 CD8$^+$T 细胞，因此需要 APC 细胞和 CD4$^+$Th 细胞辅助。

21．能通过 ADCC 作用杀伤肿瘤细胞的主要是 NK 细胞，此外还有巨噬细胞、中性粒细胞和嗜酸性粒细胞。

22．巨噬细胞是抗原提呈细胞，也是非特异性杀伤肿瘤细胞的免疫效应细胞。静息巨噬细胞不具有杀瘤活性，经细胞因子激活后可发挥杀瘤效应：①与肿瘤细胞融合后通过释放溶酶体酶杀伤肿瘤细胞；②通过产生活性氧等细胞毒性物质杀伤肿瘤细胞；③在肿瘤特异性抗体介导下，巨噬细胞也可通过 ADCC 效应和调理吞噬作用杀伤肿瘤细胞。研究发现肿瘤细胞分泌的某些物质可诱导巨噬细胞极化，使之成为能够促进肿瘤发生发展和转移的免疫抑制性巨噬细胞（M2 细胞），从而促进肿瘤生长。

23．CD8$^+$CTL 杀伤肿瘤机制包括两方面：第一，穿孔素颗粒酶途径；第二，死亡受体途径（FasL-Fas，LT-α-TNFRI）。

24．抗体介导的抗肿瘤作用包括正向和负向两种调控作用。正向的包括 5 种：①激活补体系统溶解肿瘤细胞；②ADCC；③免疫调理作用；④抗体对肿瘤细胞表面某些受体的封闭作用；⑤抗体对肿瘤细胞黏附作用的干扰。负向的主要是增强抗体，某些肿瘤特异性抗体与肿瘤细胞结合后，非但不能杀伤肿瘤细胞，反而会促进肿瘤生长，此类抗体称为增强抗体。

25．某些肿瘤特异性抗体与肿瘤细胞结合后，非但不能杀伤肿瘤细胞，反而会促进肿瘤生长，此类抗体称为增强抗体。

26．免疫抑制性细胞主要是调节性 T 细胞，可抑制机体抗肿瘤免疫效应和降低肿瘤免疫治疗的效果，在肿瘤免疫逃逸过程中发挥重要作用，临床上通常采用一些方法清除或逆转 Treg 介导的免疫抑制性作用。

27．肿瘤免疫逃逸机制概括为 8 个方面：①肿瘤细胞免疫原性微弱；②抗原调变；③MHC I 类分子表达低下或缺失；④肿瘤细胞表面共刺激分子表达低下或缺失；⑤肿瘤细胞抗凋亡或诱导免疫效应细胞凋亡；⑥肿瘤细胞表达或分泌抑制性免疫分子；⑦肿瘤细胞诱导机体产生调节性 T 细胞；⑧宿主免疫功能降低。选项中无关的因素是 MHC II 类分子表达低下或缺失。

28．胰腺癌表达的糖类抗原 199（CA199）属于肿瘤相关抗原中的异常或过量表达的糖脂或糖蛋白抗原。

29．肿瘤的免疫治疗分为主动免疫治疗和被动免疫治疗，主动免疫治疗中所使用的生物制剂主要包括灭活瘤苗、异构瘤苗、基因修饰瘤苗和抗肿瘤树突状疫苗。

30．肿瘤疫苗属于主动免疫治疗。肿瘤的主动免疫治疗包括灭活瘤苗、异构瘤苗、基因修饰瘤苗和抗肿瘤树突状疫苗的使用。

31．抗原调变是引起肿瘤免疫逃逸的机制，是指某些免疫原性较强的肿瘤细胞在机体抗肿瘤免疫作用压力下，使其表面相关肿瘤抗原减少或丢失从而逃避免疫系统识别和攻击的现象。

32．免疫抑制剂的长期使用会使机体免疫功能低下。免疫系统包括三大功能：免疫防御、免疫监视和免疫自稳。免疫功能低下会引起机体抗肿瘤免疫功能低下而诱发肿瘤发生。

33．卡介苗作为佐剂通过增强非特异性免疫功能发挥抗肿瘤作用。

34．CAR-T 细胞（chimeric antigen receptor-modified T cells）是一种基因工程改造的免疫细胞疗法，目前在血液肿瘤治疗中取得了令人满意的效果，但对实体瘤治疗效果欠佳。

35．免疫检查点分子是一类具有负向调节作用的抑制性免疫分子，包括 CTLA-4 和 PD-1。

36．CA125 检测有助于卵巢癌诊断，AFP 有助于肝癌诊断，PSA 有助于前列腺癌诊断，E6/E7 抗原与 HPV 诱导的宫颈癌相关，CEA 有助于结肠癌诊断。原发性肝癌患者血清标志物甲胎蛋白（AFP）明显升高。

37．人嗜 T 淋巴细胞病毒 1（HTLV-1）感染后可以诱发 T 细胞白血病，患者因免疫功能低下，可导致面部疱疹病毒感染。

38．EBV 病毒感染与非霍奇金淋巴瘤和鼻咽癌发生密切相关。

39．抗体治疗淋巴瘤的机制包括激活补体、结合 Fc 受体及 ADCC 等，其中增强抗体起到负向调控作用。增强抗体为某些肿瘤特异性抗体与肿瘤细胞结合后，非但不能杀伤肿瘤细胞，反而会促进肿瘤生长。

40．结肠癌的血清标志物为胚胎抗原 CEA，可作为诊断结肠癌发生和判断预后的指标。

41．与宫颈癌强相关的病毒为 HPV。

42．EB 病毒诱发鼻咽癌表达 EB 病毒核抗原 1（EBNA-1），机体会产生针对 EBNA-1 的抗体。

43．PSA 为前列腺癌的诊断标志物。

44．PSA 为前列腺癌的诊断标志物，CEA 是结肠癌肿瘤标志物，AFP 是肝癌肿瘤标志物，乳腺癌组织 HER-2 表达显著升高。

45．EGFR 是表皮生长因子受体，表达于直肠癌患者肿瘤细胞表面，抗 EGFR 单抗已在临床上用于转移性直肠癌的治疗。

46．EBV 病毒感染与鼻咽癌发生密切相关。

47．IHC 检测显示 HER-2 抗原强阳性，应使用针对 HER-2 的靶向抗体药物进行治疗。

48．将放射性核素、化疗药物或者毒素等与针对肿瘤抗原的特异性单克隆抗体偶联，通过单克隆抗体的特异性识别和结合能力将标记抗体的毒性物质靶向携带至肿瘤局部特异性杀伤肿瘤，但对正常细胞不损伤或损伤较轻，此即免疫靶向治疗。

49．卡波西肉瘤是由机体长期免疫力低下或者免疫系统功能受损伤引起，在病毒感染所引起的机体免疫功能低下中，以 HIV 感染最为严重。

50．参考 49 题解析。

51．卵巢癌组织表达的抗原是 CA125。

52．肝癌细胞表达的抗原是 AFP。

53．胰腺癌组织表达的抗原是 CA199。

54．乳腺癌组织表达的抗原是 HER-2。

55．宫颈癌细胞表达的抗原有来自 HPV 的 E6/E7。

56．与成人 T 细胞白血病相关的病原体是人嗜 T 淋巴细胞病毒（HTLV-1）。

57．与宫颈癌发生有关的病原体是 HPV。

58．与 B 细胞淋巴瘤发生有关的病原体是 EBV。

59．HBV 是与原发性肝癌发生有关的病原体。

60．EBV 是与鼻咽癌发生有关的病原体。

61．HIV 感染可导致获得性免疫缺陷综合征，易并发 Kaposi 肉瘤。

62. EBNA-1 抗原是 EB 病毒诱发肿瘤的病毒相关抗原。
63. E6/E7 抗原是 HPV 诱发肿瘤的病毒相关抗原。
64. SV40 T 抗原是 SV40 病毒诱发肿瘤的病毒相关抗原。
65. E1A 抗原是人腺病毒诱发肿瘤的病毒相关抗原。

三、问答题

1. 试述肿瘤抗原的分类及其特点。

【参考答案】肿瘤抗原分为肿瘤特异性抗原和肿瘤相关抗原。肿瘤特异性抗原是指肿瘤细胞所特有或只存在于某种肿瘤细胞而不存在于正常组织细胞的一类新抗原；肿瘤特异性抗原分为化学或物理因素诱发的肿瘤抗原、病毒诱发的肿瘤抗原、癌基因或抑癌基因突变诱发的肿瘤抗原和沉默基因异常活化诱发的肿瘤抗原。肿瘤相关抗原是指肿瘤细胞和正常组织细胞均可表达的抗原物质，只是在细胞癌变时其表达量明显增高；包括胚胎抗原、癌基因过度表达产生的肿瘤相关抗原和过量或异常表达的糖脂或糖蛋白抗原。

2. 对肿瘤细胞有杀伤作用的免疫细胞有哪些？

【参考答案】对肿瘤细胞有杀伤作用的免疫细胞主要有 CTL、NK 细胞、巨噬细胞、γδT 细胞、NKT 和 Th1 细胞等。

3. 简述机体抗肿瘤免疫的效应机制。

【参考答案】

（1）适应性免疫应答：①细胞免疫应答：主要是 T 细胞介导的特异性抗肿瘤免疫，包括 $CD8^+CTL$ 和 $CD4^+Th1$ 细胞。其中 $CD8^+CTL$ 通过释放穿孔素、颗粒酶使肿瘤细胞溶解破坏和发生凋亡；还可以表达 FasL 或分泌 LT-α 使表面具有相应受体（即 Fas 和 TNFR）的肿瘤细胞发生凋亡。此外，$CD4^+Th1$ 细胞被激活后可通过分泌 IFN-γ、TNF-α 等细胞因子诱导巨噬细胞和 NK 细胞活化，对肿瘤细胞产生杀伤破坏作用；局部高浓度 LT-α 可直接诱导肿瘤细胞凋亡，也可通过诱导肿瘤血管坏死发挥杀瘤效应。②体液免疫应答：肿瘤抗原可以诱导机体产生特异性抗体。肿瘤特异性抗体可通过以下几种方式发挥抗肿瘤作用：补体依赖的细胞毒作用（CDC）；抗体依赖性细胞介导的细胞毒作用（ADCC）；IgG 介导的特异性调理作用促进吞噬细胞对肿瘤细胞的吞噬杀伤作用；抗体对肿瘤细胞表面某些受体的封闭作用抑制肿瘤生长；抗体对肿瘤细胞黏附作用的干扰。

（2）固有免疫应答：①NK 细胞：可直接杀伤或通过 ADCC 效应定向杀伤 IgG 抗体特异性结合的肿瘤细胞；②γδT 细胞：可直接识别某些肿瘤细胞，并通过释放穿孔素、颗粒酶，表达 FasL 或分泌 LT-α 等细胞因子参与抗肿瘤；③巨噬细胞：是启动适应性免疫应答的抗原提呈细胞，也是非特异性杀伤肿瘤细胞的免疫效应细胞。

4. 试述肿瘤细胞免疫逃逸的方式及机制。

【参考答案】

①肿瘤细胞免疫原性微弱；②抗原调变；③MHC I 类分子表达低下或缺失；④肿瘤细胞表面共刺激分子表达低下或缺失；⑤肿瘤细胞抗凋亡或诱导免疫效应细胞凋亡；⑥肿瘤细胞表达或分泌抑制性免疫分子；⑦肿瘤细胞诱导机体产生调节性 T 细胞；⑧宿主免疫功能降低。

5. 简述肿瘤的免疫诊断方法。

【参考答案】常见肿瘤标志物及其对相关肿瘤的诊断或辅助诊断方法：①甲胎蛋白（AFP）

可用于原发性肝细胞性肝癌的诊断；②癌胚抗原（CEA）可用于直肠癌和结肠癌的辅助诊断；③糖类抗原 199（CA199）可用于胰腺癌的辅助诊断，CA125 可用于卵巢癌的辅助诊断；④前列腺特异性抗原（PSA）可用于前列腺癌的辅助诊断。

除上述血清或体液中的肿瘤标志物外，对细胞表面肿瘤标志物的检测也在临床得到应用，例如：①采用单抗免疫组化或流式细胞仪检测分析淋巴瘤和白血病细胞表面 CD 分子表达情况，可对上述疾病进行诊断和临床组织分型；②将放射性核素标记的肿瘤特异性抗体注入体内，使其汇集到相关肿瘤所在部位后，借助 γ 照相机可使肿瘤影像清晰显示。

6．简述肿瘤免疫治疗的方法。

【参考答案】肿瘤免疫治疗分为主动免疫治疗和被动免疫治疗。①肿瘤主动免疫治疗是根据某些肿瘤细胞或肿瘤相关抗原对机体具有免疫原性，可刺激机体免疫系统产生相应抗肿瘤免疫应答的治疗方法。相关生物制剂主要包括灭活瘤苗、异构瘤苗、基因修饰瘤苗和抗肿瘤树突状疫苗等。②肿瘤被动免疫治疗是直接给机体输注抗体、细胞因子等免疫效应分子或免疫效应细胞，使其立即在体内发挥抗肿瘤免疫效应的治疗方法。

7．试述免疫检查点阻断治疗方法的原理及其临床应用。

【参考答案】免疫检查点分子是一类具有负向调节作用的抑制性免疫分子，如 CTLA-4 和 PD-1，上述免疫抑制性分子通常表达于活化 T 细胞表面，可通过控制 T 细胞过度活化产生对机体有益的适度免疫应答。肿瘤细胞作为非专职抗原提呈细胞，也可诱导肿瘤特异性 T 细胞活化。上述肿瘤特异性 T 细胞在肿瘤微环境中可因过表达 CTLA-4 或 PD-1，并借此与肿瘤细胞表面 B7 分子或 PD-1 配体（PD-L1）结合，而使其处于克隆无能状态，导致肿瘤细胞产生免疫逃逸。采用 CTLA-4、PD-1 或 PD-L1 单克隆抗体阻断肿瘤特异性 T 细胞表面 CTLA4、PD-1 与肿瘤细胞表面 B7、PD-L1 的结合，可因抑制信号解除而使上述 T 细胞重新活化，对肿瘤细胞产生杀伤破坏作用。CTLA-4 单克隆抗体是最早被批准应用于晚期黑色素瘤治疗的生物制剂，其临床疗效显著，可阻止或减缓肿瘤的恶性发展。随后 CTLA-4、PD-1 或 PD-L1 单克隆抗体被批准应用于黑色素瘤、肺癌、肾癌、膀胱癌、结肠癌、霍奇金淋巴瘤和其他肿瘤的治疗，并取得了较好的临床治疗效果。

8．试述 CAR-T 细胞及其作用特点和临床应用。

【参考答案】CAR-T 细胞（chimeric antigen receptor-modified T cell，CAR-T）是将肿瘤靶标抗原特异性单链抗体可变区（single chain antibody fragment，scFv）基因与 T 细胞活化所需信号分子（CD3ζ 链、CD28 等共刺激分子）胞内区基因结合形成的嵌合抗原受体基因导入患者 T 细胞后，产生的能够表达功能性嵌合抗原受体（CAR）的抗肿瘤效应 T 细胞。CAR-T 细胞对相关肿瘤靶标抗原的识别结合不受 MHC 限制；将其在体外扩增培养后回输到患者体内，可直接识别结合相关肿瘤靶标抗原并迅速活化而将肿瘤靶细胞杀伤破坏。CAR-T 细胞是目前已知对肿瘤靶向性杀伤作用最好的一种免疫效应细胞，也是临床抗血液肿瘤治疗效果最好的一种免疫效应细胞。临床研究报道：①被批准临床应用的 CD19 分子靶向性 CAR-T 细胞对急性 / 慢性淋巴细胞白血病和 B 细胞淋巴瘤的治疗效果显著，患者完全缓解率高达 60% 左右；②CD20 分子靶向性 CAR-T 细胞在 Ⅰ/Ⅱ 期临床试验中对 B 细胞白血病和非霍奇金淋巴瘤的治疗也已取得了令人满意的结果。但 CAR-T 细胞在临床对实体肿瘤的治疗效果欠佳，还面临诸多问题，尚待深入研究解决。

（鞠环宇　苏士成）

第十八章

移植免疫

一、名词解释

1. 移植（transplantation）
2. 自体移植（autologous transplantation）
3. 同系移植（syngeneic transplantation）
4. 同种异体移植（allogeneic transplantation）
5. 异种移植（xenotransplantation）
6. 移植抗原（transplantation antigen）
7. 直接识别（direct recognition）
8. 间接识别（indirect recognition）
9. 超急性排斥反应（hyperacute rejection）
10. 急性排斥反应（acute rejection）
11. 慢性排斥反应（chronic rejection）
12. 宿主抗移植物反应（host versus graft reaction，HVGR）
13. 移植物抗宿主反应（graft versus-host reaction，GVHR）

二、选择题

A 型题

1. 宿主抗移植物排斥反应的本质是
   A．受体免疫系统针对供体移植物同种异型抗原发生的免疫应答
   B．受体 B 细胞针对供体移植物同种异型抗原发生的免疫应答
   C．受体 T 细胞针对供体移植物同种异型抗原发生的免疫应答
   D．受体固有细胞针对供体移植物同种异型抗原发生的免疫应答
   E．供体移植物中 T 细胞对受体同种异型抗原发生的免疫应答

2. 引起同种异体移植排斥反应的主要抗原物质是
   A．Rh 血型抗原　　　　B．ABO 血型抗原　　　　C．MHC Ⅰ类抗原
   D．MHC Ⅱ类抗原　　　E．MHC Ⅰ/Ⅱ类抗原

3. 不参与同种异体移植排斥反应的抗原是
   A．血型抗原　　　　　B．MHC Ⅰ类抗原　　　　C．MHC Ⅱ类抗原
   D．Ig 独特型抗原　　　E．次要组织相容性抗原

4. 器官移植时存活率最高的供体移植物来自
   A. 配偶 B. 父母 C. 兄弟姐妹
   D. 异卵双生兄弟姐妹 E. 同卵双生兄弟姐妹
5. 受者适应性免疫细胞对同种异型抗原的直接识别是指
   A. 受者 T 细胞对供者 APC 表面抗原肽-MHC 分子复合物的识别
   B. 受者 B 细胞对供者 APC 表面抗原肽-MHC 分子复合物的识别
   C. 受者 T 细胞对自身 APC 表面供体 MHC 抗原肽-MHCⅡ类分子复合物的识别
   D. 受者 B 细胞对供者"过客白细胞"表面 MHCⅡ类分子的识别
   E. 受者 T 细胞对供者"过客白细胞"表面 MHCⅡ类分子的识别
6. T 细胞对同种异型抗原的间接识别是指
   A. 受者 T 细胞对供者 APC 表面自身抗原肽-受体 MHCⅠ类分子复合物的识别
   B. 受者 T 细胞对供者 APC 表面非己抗原肽-受体 MHCⅡ类分子复合物的识别
   C. 受者 T 细胞对自身 APC 表面供体 MHC 抗原肽-受体 MHCⅡ类分子复合物的识别
   D. 受者 T 细胞对自身 APC 表面供体 MHC 抗原肽-受体 MHCⅠ类分子复合物的识别
   E. 受者 T 细胞对供者"过客白细胞"表面 MHCⅠ/Ⅱ类分子的识别
7. 在间接识别过程中,受者 T 细胞识别的抗原是
   A. 供者 APC 表面 MHCⅡ类分子提呈的非己抗原肽
   B. 受者 APC 表面 MHCⅡ类分子提呈的供者 MHC 抗原肽
   C. 受者 APC 表面 MHCⅠ类分子提呈的供体 MHC 抗原肽
   D. 受者 APC 表面 MHCⅡ类分子提呈的自身抗原肽
   E. 供者 APC 表面 MHCⅠ类分子提呈的自身抗原肽
8. "过客白细胞"是指
   A. 受者体内以树突状细胞为主的抗原提呈细胞
   B. 供体移植物中残存的 APC 和 T、B 细胞
   C. 供体移植物中残存的单核细胞
   D. 供体移植物中残存的淋巴细胞
   E. 受者体内的中性粒细胞和淋巴细胞
9. 参与同种异体移植排斥反应的主要免疫效应细胞是
   A. 受者体内 CD4$^+$Th1 细胞和 CD8$^+$T 细胞
   B. 受者体内 CD4$^+$Th2 细胞和 B 细胞
   C. 受者体内中性粒细胞和 NK 细胞
   D. 供者移植物中残存的 CD4$^+$T 细胞和 CD8$^+$T 细胞
   E. 供者移植物中残存的中性粒细胞和 NK 细胞
10. 移植物抗宿主反应(GVHR)主要发生于
    A. 肾移植 B. 心脏移植 C. 骨髓移植
    D. 肺移植 E. 肝移植
11. 对移植物抗宿主反应(GVHR)的错误叙述是
    A. 受体与供体移植物间的组织相容性抗原不同
    B. 移植物中含有足够数量的免疫细胞

C．患者处于免疫无能或免疫功能严重缺陷状态
D．其发生过程和作用机制与慢性排斥反应相同
E．常见于骨髓移植患者

12．器官移植时 HLA 配型最为重要的基因座位依次为
A．HLA-DP、HLA-B、HLA-A
B．HLA-DQ、HLA-B、HLA-A
C．HLA-DR、HLA-B、HLA-A
D．HLA-DR、HLA-A、HLA-C
E．HLA-DQ、HLA-B、HLA-C

13．目前制约肾移植手术广泛开展的最大限制因素是
A．经济问题
B．技术问题
C．供者不足
D．观念问题
E．舆论压力

14．下列手术中，不必进行 HLA 配型的是
A．肾移植
B．皮肤移植
C．角膜移植
D．心脏移植
E．骨髓移植

15．对移植排斥的描述不正确的是
A．亲生父子之间进行移植会发生排斥反应
B．怀孕时胎儿相当于母亲的一个器官，所以亲生母子之间进行移植不会发生排斥
C．主要由 T 细胞介导，B 细胞为辅
D．本质是免疫应答
E．主要是因为 HLA 不同引起排斥

16．不参与介导移植排斥反应的细胞是
A．CTL
B．Th1 细胞
C．B 细胞
D．眼角膜细胞
E．$CD4^+T$ 细胞

17．两人之间进行移植手术一般不会发生排斥反应的是
A．母女之间
B．父子之间
C．同卵双胞胎之间
D．异卵双胞胎之间
E．夫妻之间

18．同一近交系小鼠的不同个体之间进行移植实验，一般不发生排斥反应的原因是
A．小鼠的不同个体之间体重几乎相同
B．小鼠的不同个体之间体型几乎相同
C．小鼠的不同个体之间基因几乎相同
D．小鼠的不同个体之间年龄几乎相同
E．小鼠的不同个体之间血型相同

19．参与同种异体移植急性排斥反应的主要效应细胞是
A．DC 细胞
B．巨噬细胞
C．B 细胞
D．T 细胞
E．红细胞

20．移植反应中，对间接识别的正确叙述是
A．主要激活 CTL
B．诱导排斥反应的 APC 为供者的 APC
C．主要引起超急性排斥反应
D．T 细胞识别的是经处理的同种异型 MHC 抗原肽
E．主要激活 Treg 细胞

21. 下列选项中，不是移植排斥反应效应机制的是
    A．Ⅳ型超敏反应　　　　B．CTL 杀伤　　　　C．CDC
    D．ADCC　　　　　　　E．Ⅰ型超敏反应
22. HLA 配型最重要的位点是
    A．HLA-A　　　　　　B．HLA-DR　　　　 C．HLA-DQ
    D．HLA-DP　　　　　 E．HLA-B
23. 以下措施错误的是
    A．尽可能全部清除移植物中的过客细胞
    B．供受者间 ABO 血型应该相同
    C．为预防可能出现的移植物抗宿主反应，要尽可能清除骨髓移植物中的干细胞
    D．供受者间 Rh 血型应该相同
    E．单卵双生同胞是最理想的供体
24. 不会引起同种异体排斥反应的是
    A．角膜　　　　　　　　　　　　　B．主要组织相容性抗原
    C．性别相关的 mH 抗原　　　　　　D．血型抗原
    E．常染色体编码的 mH 抗原
25. 关于急性移植排斥反应描述错误的是
    A．Th1 细胞在早期反应中发挥辅助作用
    B．记忆性 T 细胞在反应早期发生活化
    C．CTL 是早期反应的主要效应细胞
    D．Th1 细胞是中晚期反应的主要效应细胞
    E．中晚期反应以体液免疫应答为主
26. 关于超急性移植排斥反应，正确的叙述是
    A．超急性排斥反应发生时，用药物控制效果良好
    B．超急性移植排斥反应的发生机制可能是迟发型超敏反应
    C．不可能发生 CTL 直接杀伤
    D．超急性排斥反应的后果很轻微，不影响移植物存活
    E．大部分患者可以不经干预自行痊愈
27. 肾移植数周后发生排斥反应，最可能的病因是
    A．受者产生封闭抗体　　　　　　　B．肾供血不足
    C．受者是 AIDS 感染者　　　　　　D．供者营养不良
    E．HLA 配型不佳
28. 对 GVHR 的错误叙述是
    A．受者在治疗中适量使用免疫抑制剂
    B．MHC 不完全相符
    C．移植物中含有供体足够数量的成熟 T 细胞
    D．受者细胞免疫功能强
    E．骨髓移植时发生较多
29. 为提高干细胞移植成功率，应该采取的措施是
    A．尽量采用患者自身的干细胞

B. 尽量采用患者自身的终末分化细胞再诱导成干细胞
C. 尽量采用无血缘关系的健康人捐献的干细胞
D. 尽量采用患者健康亲属的干细胞
E. 尽量杀死患者自身的不健康干细胞

30. 猪是当前首选的异种移植来源动物，最主要的原因是
    A. 猪是哺乳动物　　　　　　　　B. 猪是杂食动物
    C. 猪的器官大小与人接近　　　　D. 猪便于饲养
    E. 猪的器官比较容易消毒

31. 参与同种异体排斥反应的主要效应细胞不包括
    A. 巨噬细胞　　　　B. Th1 细胞　　　　C. CTL 细胞
    D. 中性粒细胞　　　E. 肥大细胞

32. 移植手术在几小时之内失败者，最可能的原因是
    A. 窒息　　　　　　B. 广泛血管内凝血　　C. 菌血症
    D. 败血症　　　　　E. 移植物纤维化

33. 慢性排斥反应是指
    A. 器官移植后数天至几个月内发生的移植排斥反应
    B. 器官移植后数月至数年发生的移植排斥反应
    C. T 细胞通过直接识别方式活化引发的移植排斥反应
    D. 以 $CD8^+T$ 细胞活化为主引发的移植排斥反应
    E. 以固有免疫细胞活化为主介导产生的移植排斥反应

34. 参与移植物抗宿主反应的免疫效应细胞主要是
    A. 骨髓移植物中的 T 细胞　　　　B. 骨髓移植物中的 B 细胞
    C. 骨髓移植物中的 NK 细胞　　　D. 受者体内的造血干细胞
    E. 受者体内的 T 细胞

35. 临床应用免疫抑制剂治疗无效的移植排斥反应是
    A. 超急性排斥反应　　　　　　　B. 早期急性排斥反应　　　　C. 慢性排斥反应
    D. 中晚期急性排斥反应　　　　　E. 移植物抗宿主反应

36. 器官移植患者使用免疫抑制剂后最常见的后果是
    A. 过敏反应发生率增高　　　　　B. 接触性皮炎发生率增高
    C. 自身免疫病发生率增高　　　　D. 感染和肿瘤发生率增高
    E. 免疫缺陷病发生率增高

37. 患者，男，46 岁。患尿毒症急需进行肾移植手术，但不得不等待肾源，在此期间应进行
    A. 血浆置换　　　　　　　　　　B. 血液透析
    C. 大剂量糖皮质激素冲击　　　　D. 大剂量维生素 C 治疗
    E. 大剂量维生素 E 治疗

38. 患者，女，30 岁。曾短期内多次手术终止妊娠，导致体内 IgM 类抗体水平偏高。如该患者需要做肾移植手术，则应警惕
    A. 超急性排斥反应　　　　　　　B. 慢性排斥反应
    C. 急性移植物抗宿主病　　　　　D. 过敏性紫癜

E. 冠心病

39. 患者，男，50岁。在肾移植手术前后，医生对其进行了以下排斥反应检测项目，其中不合理的是
   A. 血型抗体监测
   B. HLA抗体监测
   C. 供体组织细胞抗体监测
   D. 血管内皮细胞抗体监测
   E. 抗核抗体监测

40. 患者，女，18岁。罹患白血病，在骨髓移植术后第20天出现皮疹、黄疸、腹泻症状，首先应怀疑的是
   A. 手术中感染了金黄色葡萄球菌
   B. 慢性移植物抗宿主病
   C. 急性移植物抗宿主病
   D. 白血病复发
   E. 再生障碍性贫血

41. 患者，男，47岁。欲进行骨髓移植手术，以下术前准备中不合理的是
   A. 检测受者与供者血型是否一致
   B. 检测受者与供者血压是否一致
   C. 检测受者与供者HLA基因配型是否匹配良好
   D. 取供者淋巴细胞和受者血清进行交叉细胞毒试验
   E. 将供者和受者淋巴细胞互为反应细胞，即做两组单向混合淋巴细胞培养

42. 患者，男，36岁。因尿毒症拟进行肾移植，在术前检查中发现该患者体内预存抗体阳性，移植前应对其进行的处理是
   A. 血浆置换
   B. 血液透析
   C. 大剂量糖皮质激素冲击
   D. 大剂量维生素C治疗
   E. 大剂量维生素E治疗

B型题

（43～47题共用备选答案）
   A. 自体移植
   B. 同系移植
   C. 同种异体移植
   D. 异种移植
   E. 骨髓移植

43. 遗传背景相同或几乎完全相同个体间的移植称为
44. 异卵双生子之间的移植称为
45. 不同种属个体之间的移植称为
46. 近交系动物之间的移植称为
47. 移植物来自受者自身的移植称为

（48～52题共用备选答案）
   A. 急性排斥反应
   B. 超急性排斥反应
   C. 慢性排斥反应
   D. 早期急性排斥反应
   E. 中晚期急性排斥反应

48. 器官移植后数分钟至24 h发生的排斥反应称为
49. 器官移植后数天至数周引发的排斥反应称为
50. 器官移植后数月至数年引发的排斥反应称为
51. 器官移植后通过直接识别方式激活$CD8^+T$细胞引发的排斥反应称为

52. 器官移植后通过间接识别方式激活 CD4⁺Th1 细胞引发的排斥反应称为

(53～56题共用备选答案)
    A. 供者 APC 和 T、B 淋巴细胞
    B. 受者 APC 和 T、B 淋巴细胞
    C. 受者血清中存在有针对供者移植物的预存抗体
    D. 自体移植
    E. 同种异体移植
53. 参与宿主抗移植物反应的主要免疫细胞有
54. 参与移植物抗宿主反应的主要免疫细胞有
55. 超急性排斥反应发生的主要原因是
56. 临床上最常见的移植类型是

三、问答题

1. 试述诱导移植排斥反应的同种异型抗原。
2. 试述同种异体器官移植排斥反应的临床防治原则。
3. 试述发生移植物抗宿主反应的可能原因。
4. 试述宿主抗移植物反应的类型及其主要特点。
5. 试述器官移植的类型及其特点。
6. 试述宿主抗移植物急性排斥反应的发生机制。

参考答案与解析

一、名词解释

1. 移植（transplantation）：是指用异体或自体正常细胞、组织、器官置换病变或功能缺损的细胞、组织、器官，以维持和重建机体生理功能的一种治疗方法。

2. 自体移植（autologous transplantation）：是指移植物取自受体并用于受体自身后不会引发排斥反应的移植，如烧伤患者自身健康皮肤在烧伤创面的移植。

3. 同系移植（syngeneic transplantation）：是指遗传背景完全相同的单卵双生子或遗传背景几乎完全相同的同系动物间的移植，一般不会发生排斥反应。

4. 同种异体移植（allogeneic transplantation）：是指同一种属内遗传背景不同的个体间的移植，一般均会发生移植排斥反应。

5. 异种移植（xenotransplantation）：是指不同种属个体间的移植，遗传背景差异大，可产生强烈的移植排斥反应。

6. 移植抗原（transplantation antigen）：指引起移植排斥反应的同种异型抗原，又称组织相容性抗原，包括主要组织相容性抗原、次要组织相容性抗原和 ABO 血型抗原等。

7. 直接识别（direct recognition）：指受体同种反应性 T 细胞通过表面 TCR 直接识别供体 APC 表面自身或非己抗原肽 -MHC Ⅰ/Ⅱ 类分子复合物，产生免疫应答引发早期急性排斥反应的一种识别方式。

8．间接识别（indirect recognition）：指受体同种反应性 T 细胞通过表面 TCR 识别受体 APC 表面的供体 MHC 抗原肽 - 受者 MHCⅡ类分子复合物，介导产生中晚期急性排斥反应和参与慢性排斥反应的一种识别方式。

9．超急性排斥反应（hyperacute rejection）：是指受体在器官移植前机体内已产生的针对移植物抗原的预存抗体在器官移植物与受体血管接通后数分钟至 24 h 内发生的由体液免疫应答介导的排斥反应，常见于反复输血、多次妊娠、长期血液透析或再次移植等个体。应用免疫抑制剂不能控制此类排斥反应的发生，以预防为主。

10．急性排斥反应（acute rejection）：指器官移植后数天至数周内发生的以细胞免疫应答为主的移植排斥反应，是同种异体移植术后最常见的排斥反应，临床及时应用免疫抑制剂可有效减轻或缓解此类排斥反应的发生和发展。

11．慢性排斥反应（chronic rejection）：指器官移植后数月至数年，受体针对供体移植物 MHC 抗原产生的病程相对缓慢的移植排斥反应。慢性排斥反应对免疫抑制疗法不敏感是影响移植物长期存活的主要原因之一。

12．宿主抗移植物反应（host versus graft reaction，HVGR）：指器官移植后受体免疫系统受移植物抗原刺激产生免疫应答引发的移植排斥反应。

13．移植物抗宿主反应（graft versus-host reaction，GVHR）：指供体移植物中成熟 T 细胞被受体同种异型抗原激活形成效应 T 细胞后，对受体组织器官进行攻击使之损伤破坏引发的排斥反应。

二、选择题

1．A 2．E 3．D 4．E 5．A 6．C 7．B 8．B 9．A 10．C 11．D
12．C 13．C 14．C 15．B 16．D 17．C 18．C 19．D 20．D 21．E
22．B 23．C 24．A 25．E 26．C 27．E 28．D 29．E 30．C 31．E
32．B 33．B 34．A 35．A 36．D 37．B 38．C 39．E 40．C 41．B
42．A 43．B 44．C 45．D 46．B 47．A 48．E 49．A 50．C 51．D
52．E 53．B 54．A 55．C 56．E

解析：

1．选项 B、C、D 均不全面，选项 E 指的是移植物抗宿主反应，因此正确答案选 A。

2．MHC 因具有高度的多态性而成为引起同种异体移植排斥反应的主要抗原物质，因而排除选项 A、B，而选项 C 和 D 均不完全。

3．引起同种异体移植排斥反应的抗原除了 MHC 抗原外还包括血型抗原及次要组织相容性抗原。Ig 独特型抗原非移植抗原，Ig 独特型抗原是在免疫应答中当抗体（Ab1）大量产生时，其可变区独特型表位可诱导机体产生抗独特型抗体。

4．要想移植存活率最高，就需要供者与受者的 MHC 型别尽可能完全相同，这样就可避免异物性导致的排斥反应发生，进而保证移植存活率。而同卵双生兄弟姐妹的遗传背景由于来自于同一受精卵而完全相同，因此不存在异物性。其他选项或多或少都存在异物性。

5．直接识别是指 T 细胞的识别，因此可直接排除 B、D 选项，具体直接识别是指受者 T 细胞直接识别供者 APC 细胞表面自身或非己抗原肽 -MHCⅠ/Ⅱ类分子复合物，选项 C、E 不完整。

6．T细胞对同种异型抗原的间接识别是供体残余"过客白细胞"或供体移植物脱落细胞裂解破坏释放的MHC抗原被受体APC摄取加工后，以供体MHC抗原肽-受体MHCⅡ类分子复合物表达于细胞表面被受体T细胞识别的模式。只有C选项符合对间接识别的表述。

7．在间接识别过程中，受者T细胞识别的抗原是受者APC表面MHCⅡ类分子提呈的供者MHC抗原。C、E选项说的是MHCⅠ类分子提呈的抗原肽而被排除，A选项说的是供者APC表面MHCⅡ类分子提呈的非己抗原肽被排除，D选项说的是受者自身抗原肽被排除。

8．移植物与受体血管接通后，供体残余"过客白细胞"，即供体APC和T、B淋巴细胞可随血流进入受体外周免疫器官。

9．同种异体移植排斥反应常见的是宿主抗移植物反应，其中常见的是急性排斥反应，急性排斥反应主要是以细胞免疫机制为主，因此参与同种异体移植排斥反应的主要免疫效应细胞是介导细胞免疫的主要效应细胞，即受者体内$CD4^+Th1$细胞和$CD8^+T$细胞。

10．移植骨髓中常含大量免疫细胞，特别是成熟T细胞，因而易发生移植物抗宿主反应。正确答案选C。

11．选项A、B、C均与移植物抗宿主反应（GVHR）有关，骨髓因常含大量免疫细胞，特别是成熟T细胞，骨髓移植易发生移植物抗宿主反应，E选项亦符合。只有D选项不符合对GVHR的描述。

12．HLA不同座位基因编码产物在移植排斥反应中的作用不同，其中HLA-DR基因编码产物所起的作用最为重要，HLA-B和HLA-A基因编码产物依次次之。

13．目前制约肾移植手术广泛开展的最大限制因素是供者不足的问题。

14．角膜处于"免疫豁免"部位，缺乏血管和淋巴管，使得免疫细胞和抗体难以到达。另外，角膜组织免疫原性较低，尤其是内皮细胞表达较少的HLA抗原，且角膜移植的成功率较高，排斥反应发生率低，因此，角膜移植不必进行HLA配型。

15．亲生母子之间HLA有1/2相同，所以亲生母子之间进行移植会发生排斥反应。孕妇不排斥胎儿是因为胎盘屏障、免疫耐受和激素调节等多重机制在发挥作用。

16．参与介导移植排斥反应的细胞包括APC、T细胞和B细胞，眼角膜细胞缺乏血管和淋巴管，不含免疫细胞，不参与介导移植排斥反应。

17．同卵双生兄弟姐妹的遗传背景由于来自同一受精卵而完全相同，一般不会发生排斥反应。

18．因同一近交系小鼠的不同个体之间基因几乎相同，遗传背景几乎相同，彼此间几乎不存在异物性，因而一般不发生排斥反应。

19．急性排斥反应是指器官移植后数天至数周内发生的、以细胞免疫应答为主的移植排斥反应，是同种异体移植术后最常见的排斥反应，T细胞是参与同种异体移植排斥反应的主要效应细胞。

20．间接识别激活的主要是$CD4^+Th1$，APC是受者APC，因而A、B和E选项错误；间接识别主要在急性排斥反应中晚期或慢性排斥反应中起作用，C选项错误。

21．Ⅳ型超敏反应、CDC及ADCC参与慢性排斥反应，CTL是急性排斥反应的主要效应细胞。Ⅰ型超敏反应是机体针对变应原发生的由抗体IgE介导的异常适应性免疫应答，与移植排斥反应无关。

22．HLA不同座位基因编码产物在移植排斥反应中的作用不同，其中HLA-DR基因编码产物所起的作用最为重要，HLA-B 和 HLA-A 基因编码产物依次次之。

23．为预防可能出现的移植物抗宿主病（GVHD），对骨髓移植物进行预处理，其原理是基于清除骨髓移植物中成熟 T 细胞，而不是干细胞。

24．引起移植排斥反应的同种异型抗原又称移植抗原或组织相容性抗原，包括主要组织相容性抗原、次要组织相容性抗原（即性别相关的 mH 抗原和常染色体编码的 mH 抗原）、ABO 血型抗原和组织特异性抗原等。角膜不含血管和淋巴管。

25．中晚期急性排斥反应以体液免疫应答为辅。

26．免疫抑制药物对治疗超急性排斥反应效果不佳，超急性排斥反应可激活补体直接杀伤破坏血管内皮细胞，在补体产物和血小板作用下使移植物发生不可逆性坏死，A、B、D 选项均描述错误。超急性排斥反应是因为受体在器官移植前已经产生针对供体同种异型抗原的特异性抗体发生体液免疫所致，不会发生 CTL 直接杀伤，与超敏反应无关。

27．移植后数周发生排斥反应，属于急性排斥反应，是以细胞免疫应答为主的移植排斥反应，最有可能的病因就是 HLA 配型不佳。

28．GVHR 发生的原因之一：受体因免疫缺陷或免疫抑制剂使用不当，处于免疫无能或免疫功能极度低下的状态。

29．干细胞移植治疗是把健康的干细胞移植到患者体内，以达到修复或替换受损细胞或组织，从而达到治愈的目的，因此在移植前应尽量杀死患者自身的不健康干细胞。

30．猪是当前首选的异种移植来源动物，是因为猪的器官大小与人接近。

31．肥大细胞是介导 I 型超敏反应的主要效应细胞。

32．移植手术后几小时之内失败，考虑超急性排斥反应的发生，一旦发生，预存抗体与移植物的组织抗原结合，通过激活补体破坏靶细胞，引起血管炎、血栓的形成。

33．慢性排斥反应是指器官移植后数月至数年，受体针对供体移植物 MHC 抗原产生的病程相对缓慢的移植排斥反应。

34．移植物抗宿主反应是指供体移植物中成熟 T 细胞被受体同种异型抗原激活形成效应 T 细胞后，对受体组织器官进行攻击使之损伤破坏引发的排斥反应。

35．临床应用免疫抑制剂不能控制超急性排斥反应的发生，应在术前检测证实受者体内没有供体同种异型抗原特异性抗体存在时方可进行器官移植。

36．长期使用免疫抑制剂可使患者抗感染免疫能力下降、肿瘤发生率升高，故应高度重视临床合理用药和对患者免疫功能状态进行及时监测。

37．严重肾病患者在等待肾移植前，通常首先采用透析的治疗方法，某些不适合进行肾移植的患者要终身接受透析治疗。

38．由于多次手术终止妊娠，体内预存抗体含量增高，此时进行移植容易发生超急性排斥反应。

39．在移植手术之前，应对可引起超急性排斥反应的预存抗体，如抗供者 ABO、Rh 血型抗原、血小板抗原、HLA 抗原及血管内皮细胞抗原的抗体进行检测；移植后，临床常用免疫检测指标包括血清中细胞因子、补体、可溶性 HLA 分子和抗体水平测定。抗核抗体为自身抗体，常用于检测自身免疫病。

40．急性移植物抗宿主病（GVHD）是指移植后数天或 2 个月内发生，常见于骨髓或造血干细胞移植，临床表现为皮疹、黄疸、腹泻等。

41．进行同种异体移植前须进行如下检测和鉴定：①血型和 HLA 抗体检测；②HLA 分型鉴定；③移植物预处理。

42. 受者预存抗体阳性，说明受体在器官移植前已经产生针对供体同种异型抗原的特异性抗体，移植后易发生超急性排斥反应，应在术前将其清除方可进行器官移植。

43. 同系移植是指遗传背景完全相同的单卵双生子或遗传背景几乎完全相同的同系动物间的移植。

44. 异卵双生子之间属于同一物种的不同个体，因此其遗传背景不完全相同。

45. 不同种属个体之间的移植是指将一种物种个体的移植物移植给另一物种个体，属于不同物种间的移植，是异种移植。

46. 同系移植指遗传背景完全相同或基本近似个体间的移植，如同卵双生子之间的移植，或近交系动物间的移植。

47. 自体移植是指移植物取自受体。

48. 超急性排斥反应是指器官移植物与受体血管接通后数分钟至 24 h 内发生的由体液免疫应答介导的排斥反应。

49. 急性排斥反应是指器官移植后数天至数周内发生的以细胞免疫应答为主的移植排斥反应。

50. 慢性排斥反应是指器官移植后数月至数年，受体针对供体移植物 MHC 抗原产生的病程相对缓慢的移植排斥反应。

51. 参与早期急性排斥反应的记忆 T 细胞可通过直接识别方式活化，引发以 $CD8^+CTL$ 为主的细胞免疫应答。

52. 参与中晚期急性排斥反应的 $CD4^+Th$ 细胞通过间接识别方式活化。

53. 宿主抗移植物反应是指器官移植后受体免疫系统针对移植物抗原刺激产生免疫应答引发的移植排斥反应。

54. 移植物抗宿主反应是指供体移植物中成熟 T 细胞被受体同种异型抗原激活形成效应 T 细胞后，对受体组织器官进行攻击使之损伤破坏引发的排斥反应。

55. 超急性排斥反应是因受体在器官移植前已经产生针对供体同种异型抗原（ABO 血型抗原和 HLA 抗原等）的特异性抗体所致。

56. 同种异体移植是指同一种属内遗传背景不同的个体间的移植，临床上最常见的移植就是将一个供者的移植物移植给另一个受者。

三、问答题

1. 试述诱导移植排斥反应的同种异型抗原。

【参考答案】引起移植排斥反应的同种异型抗原包括主要组织相容性抗原、次要组织相容性抗原和 ABO 血型抗原等。

（1）主要组织相容性抗原：具有高度多态性，供体与受体间 HLA 的差异是造成同种移植排斥反应的主要原因。

（2）次要组织相容性抗原：同种异体间进行移植时，即使受体与供体间 MHC 抗原完全相同，也难避免产生移植排斥反应，主要是由次要组织相容性抗原引发的免疫应答所致。

（3）ABO 血型抗原：不仅分布于红细胞表面，也表达于肝、肾等组织细胞和血管内皮细胞表面。若供体与受体 ABO 血型不符，则受体 ABO 天然血型抗体可直接与移植物血管内皮细胞表面相应血型抗原结合，导致移植物发生不可逆性缺血和坏死引发超急性排斥反应。

2．试述同种异体器官移植排斥反应的临床防治原则。

【参考答案】主要防治原则如下：①严格选择供体；②适度抑制受体免疫应答；③移植后免疫监测；④诱导同种移植免疫耐受。

3．试述发生移植物抗宿主反应的可能原因。

【参考答案】①受体与供体间组织相容性抗原型别不符；②移植物中含有供体足够数量的成熟 T 细胞；③受体因免疫缺陷或免疫抑制剂使用不当处于免疫无能或免疫功能极度低下状态。

4．试述宿主抗移植物反应的类型及其主要特点。

【参考答案】临床将其分为超急性排斥反应、急性排斥反应和慢性排斥反应 3 种类型。

（1）超急性排斥反应：发生快，器官移植物与受体血管吻合后数分钟至 24 h 内发生；由受体体内预存抗体介导；病理变化以出血、水肿、血管内血栓形成和移植物急性坏死为主；一旦启动难以控制，以预防为主。

（2）急性排斥反应：发生于器官移植后数天至数周内；引发以 $CD8^+CTL$ 为主和 $CD4^+Th1$ 细胞为辅的细胞免疫应答；病理表现以急性间质炎和急性血管炎为主；及时应用免疫抑制剂可有效减轻或缓解此类排斥反应的发生和发展。

（3）慢性排斥反应：发生于器官移植后数月至数年；免疫因素和非免疫因素参与；病理表现以血管和实质的增生为主；目前尚无有效措施，对免疫抑制疗法不敏感是影响移植物长期存活的主要原因之一。

5．试述器官移植的类型及其特点。

【参考答案】根据移植物种类的不同，可将移植分为以下四种类型：

（1）自体移植：是指移植物来源于受者本身的移植。自体移植后不会发生排斥反应，移植物可长期存活。

（2）同系移植：是指遗传基因型完全相同或者基本相同的个体间的移植。同系移植后一般不会发生排斥反应，移植物可长期存活。

（3）同种异体移植：是指同一种属内遗传背景不同的个体间的移植。一般均会发生排斥反应，反应的强弱取决于供者、受者之间遗传背景的差异大小，差异越大，排斥反应越强。

（4）异种移植：是指不同种属的个体间的移植。由于异种动物间遗传背景差异很大，再加上受者体内可能存在大量的、抗异种动物抗原的天然抗体，异种移植后会发生超急性排斥反应，移植物通常不能存活。

6．试述宿主抗移植物急性排斥反应的发生机制。

【参考答案】急性排斥反应分为早期和中晚期急性排斥反应。参与早期急性排斥反应的记忆 T 细胞可通过直接识别方式活化，引发以 $CD8^+CTL$ 为主和 $CD4^+Th1$ 细胞为辅的细胞免疫应答。参与中晚期急性排斥反应的 $CD4^+Th$ 细胞通过间接识别方式活化后，可产生以下主要作用：① $CD4^+Th1$ 细胞通过释放 Th1 型细胞因子介导产生以细胞免疫应答为主的免疫反应，引发急性排斥反应；② $CD4^+Tfh$ 细胞与 B 细胞协同作用介导产生以体液免疫应答为辅的免疫反应参与急性排斥反应。

（李成文　高　燕）

第十九章

免疫学检测及其应用

一、名词解释

1. 抗原-抗体反应（antigen-antibody reaction）
2. 抗原抗体反应的等价带（equivalence band of antigen-antibody reaction）
3. 亲和力（affinity）
4. 凝集反应（agglutination reaction）
5. 间接 Coombs 试验（indirect Coombs test）
6. 沉淀反应（precipitation reaction）
7. 酶联免疫吸附试验（enzyme-linked immunosorbent assay，ELISA）
8. 荧光免疫测定法（fluorescence immunoassay，FIA）
9. 胶体金免疫测定法（colloidal gold immunoassay）
10. 免疫印迹法（immunoblotting）

二、选择题

A 型题

1. 免疫学诊断的依据是
   A．抗原-抗体结合的可逆性　　　　B．抗原-抗体的浓度
   C．抗原-抗体结合的高度特异性　　D．抗原-抗体反应的阶段性
   E．抗原-抗体的比例

2. 抗原-抗体反应所不具备的特点或条件是
   A．具有高度特异性　　B．具有不可逆性　　C．具有阶段性
   D．需要适当的浓度和比例　　E．需要适当的电解质和酸碱度

3. 抗原-抗体反应的特异性主要依赖于
   A．抗原的分子量　　B．抗体的电荷　　C．免疫球蛋白的类别
   D．抗原和抗体的构象　　E．抗原和抗体的浓度

4. 凝集反应和沉淀反应的本质区别在于
   A．所用的溶液不同　　　　　　B．检测的抗原物理性质不同
   C．需要的辅助试剂不同　　　　D．检测的抗体不同
   E．支持物不同

5. 与抗原-抗体反应可逆性无关的作用是

  A．共价键作用   B．静电引力作用   C．氢键作用
  D．范德华力作用   E．疏水键作用

6．鉴定人 ABO 血型常采用
  A．间接凝集反应   B．单向免疫扩散   C．双向免疫扩散
  D．直接凝集反应   E．火箭电泳

7．肥达反应属于
  A．间接凝集反应   B．沉淀反应   C．直接凝集反应
  D．补体结合试验   E．免疫电泳法

8．Coombs 试验属于
  A．间接凝集抑制试验   B．间接凝集反应   C．直接凝集反应
  D．反向间接凝集反应   E．沉淀反应

9．间接 Coombs 试验可用来检测受试者
  A．血清中是否含有某种半抗原
  B．血清中是否含有双价 IgG 类抗 Rh 抗体
  C．Rh^+ 红细胞表面是否结合有 IgG 类抗 Rh 抗体
  D．血清中是否含有可溶性抗原 - 抗体复合物
  E．血清中是否含有单价 IgG 类抗 Rh 抗体

10．下列不属于沉淀反应的是
  A．单向琼脂扩散   B．双向琼脂扩散   C．对流电泳
  D．免疫印迹法   E．免疫电泳

11．琼脂扩散试验属于
  A．直接凝集反应   B．间接凝集反应   C．免疫共沉淀
  D．中和反应   E．沉淀反应

12．可对复杂抗原成分和抗体进行分析的是
  A．单向琼脂扩散   B．双向琼脂扩散   C．免疫比浊法
  D．直接凝集试验   E．间接凝集试验

13．检测可溶性抗原不能采用
  A．免疫印迹法   B．免疫比浊法   C．单向琼脂扩散
  D．直接凝集反应   E．间接凝集反应

14．下列免疫学检测方法中，灵敏度最高的是
  A．直接凝集反应   B．间接凝集试验   C．双向琼脂扩散法
  D．免疫标记技术   E．免疫电泳技术

15．ELISA 双抗体夹心法检测 IL-6，所用的固相包被物是
  A．纯化的 IL-6   B．酶标记 IL-6   C．IL-6 抗体
  D．抗 IL-6 抗体的抗体   E．酶标记 IL-6 抗体

16．免疫标记技术不包括
  A．酶联免疫斑点试验   B．抗体形成细胞试验
  C．间接免疫荧光测定法   D．胶体金免疫测定法
  E．放射免疫测定法

17．免疫标记技术的示踪物质不包括

A．免疫毒素　　　　　　B．酶　　　　　　　　C．荧光素
D．放射性同位素　　　　E．化学发光物质

18．在下列试验中以酶做标记物的试验是
A．免疫荧光技术　　　　B．ELISA　　　　　　C．单向免疫扩散
D．放射免疫测定法　　　E．胶体金免疫

19．荧光素标记鼠抗人 CD3 单抗可检测的免疫细胞是
A．T 细胞　　　　　　　B．B 细胞　　　　　　C．NK 细胞
D．单核细胞　　　　　　E．中性粒细胞

20．能识别分泌特定细胞因子的细胞并对这些细胞进行计数的试验是
A．酶联免疫吸附试验　　B．胶体金免疫层析法　C．荧光免疫测定法
D．化学发光免疫分析法　E．酶联免疫斑点试验

21．检测 T 细胞增殖能力的方法中，最为灵敏的是
A．溶血空斑试验　　　　B．^{3}H-TdR 掺入法　　C．^{51}Cr 释放法
D．流式细胞术检测法　　E．乳酸脱氢酶释放法

22．检测 NK 细胞杀伤功能时，最常用的方法是
A．结核菌素试验　　　　B．^{3}H-TdR 掺入法　　C．溶血空斑试验
D．MTT 比色法　　　　　E．乳酸脱氢酶释放法

23．结核菌素试验可用于检测
A．T 细胞功能　　　　　B．B 细胞功能　　　　C．NK 细胞功能
D．吞噬细胞功能　　　　E．肥大细胞功能

24．ELISA 试验中，最常使用的酶是
A．过氧化物酶　　　　　B．乳酸脱氢酶　　　　C．酸性磷酸酶
D．核酸末端转移酶　　　E．辣根过氧化物酶

25．ELISA 技术中，最常用来检测抗体的方法是
A．间接法　　　　　　　B．双抗体夹心法　　　C．酶免疫组化技术
D．竞争法　　　　　　　E．BAS-ELISA

26．ELISA 技术中，最常用来检测抗原的方法是
A．间接法　　　　　　　B．双抗体夹心法　　　C．酶免疫组化技术
D．竞争法　　　　　　　E．BAS-ELISA

27．下列方法中，可对抗原进行组织定位的是
A．免疫比浊法　　　　　B．Western blot　　　 C．免疫荧光技术
D．溶血空斑试验　　　　E．ELISA

28．O 型血是指
A．只含 A 抗原和抗 B 抗体　　　　　B．只含 B 抗原和抗 A 抗体
C．不含 A 抗原，只含抗 A 抗体　　　D．不含 B 抗原，只含抗 B 抗体
E．不含 A、B 抗原，同时含抗 A、抗 B 抗体

29．新生儿 ABO 溶血病若需换血治疗，其血源最好的选择是
A．与母亲相同血型的血　　　　　　　B．与新生儿相同血型的血
C．AB 型红细胞 + O 型血浆　　　　　D．AB 型血浆 + O 型红细胞
E．血浆

30．可用于 B 细胞功能测定的试验是
    A．溶血空斑试验　　　　B．吞噬试验　　　　　C．E 花环试验
    D．凋亡细胞染色法　　　E．MTT 比色法
31．ELISA 属于
    A．免疫荧光技术　　　　B．放射免疫技术　　　C．免疫印迹技术
    D．免疫胶体金技术　　　E．免疫酶技术
32．PBMC 的分离方法是
    A．免疫吸附分离　　　　B．免疫磁珠分离　　　C．四聚体技术
    D．抗原-抗体结合法　　　E．葡聚糖-泛影葡胺密度梯度离心
33．下列反应中，有补体参与的是
    A．沉淀反应　　　　　　B．中和反应　　　　　C．溶菌反应
    D．Ⅰ型超敏反应　　　　E．凝集反应
34．属于可溶性抗原的是
    A．红细胞　　　　　　　B．伤寒杆菌　　　　　C．金黄色葡萄球菌
    D．抗原包被的乳胶微粒　E．细菌外毒素
35．单向琼脂扩散试验，沉淀环的大小与样品内抗原的含量呈
    A．正比关系　　　　　　B．反比关系　　　　　C．对数关系
    D．直线关系　　　　　　E．正弦关系
36．患者，女，30 岁，已婚。近日感觉乏力、恶心，偶尔呕吐，不发热，无其他症状，停经月余。到药店购买早早孕试剂试纸自测，结果阳性。该检测方法属于
    A．免疫胶体金技术　　　B．免疫荧光技术　　　C．免疫印迹技术
    D．免疫组化技术　　　　E．ELISA
37．患者，女，48 岁。双手手指关节对称性疼痛 2 年余。近 2 个月感觉疼痛加重，晨起关节僵硬，活动后缓解。就诊后被怀疑为类风湿关节炎，拟作类风湿因子（RF）检测，可采用的检测方法是
    A．^{51}Cr 释放法　　　　B．乳酸脱氢酶释放法　C．凝集反应
    D．MTT 比色法　　　　　E．^{3}H-TdR 掺入法
38．患者，男，28 岁。咳嗽、咳痰半年余，低热，午后显著，盗汗、食欲缺乏、消瘦，劳累后加剧。胸部 X 线检查可见右肺下叶有片状阴影，结核菌素试验强阳性，确诊为肺结核。结核菌素试验的检测属于
    A．迟发型超敏反应的检测　B．溶血空斑试验　　　C．细胞毒试验
    D．ELISA　　　　　　　　E．Western blotting
39．患者，男，58 岁。常出现食欲缺乏、恶心、厌油、上腹部不适、腹胀。1 周前出现眼睛、皮肤黄染，怀疑乙肝，需做乙肝五项检测。检测乙肝五项的方法为
    A．直接凝集反应　　　　B．间接凝集反应　　　C．间接凝集抑制试验
    D．中和试验　　　　　　E．ELISA
40．患儿，男，6 岁。经常头晕，没有力气。眼睑苍白，触诊脾大，怀疑为免疫性溶血性贫血，拟作 Coombs 试验，该试验属于
    A．沉淀反应　　　　　　B．ELISA　　　　　　C．免疫组化技术
    D．凝集反应　　　　　　E．放射免疫技术

B 型题

(41～45 题共用备选答案)

A．新生儿 Rh 溶血症的诊断　　B．ABO 血型鉴定和细菌鉴定
C．抗链"O"抗体测定　　D．HCG 诊断
E．伤寒或副伤寒的辅助检测

41．直接凝集反应（玻片法）可用于
42．直接凝集反应（试管法）可用于
43．间接凝集抑制试验可用于
44．间接凝集反应可用于
45．Coombs 试验可用于

(46～50 题共用备选答案)

A．中性粒细胞吞噬杀菌功能检测　　B．凋亡细胞检测
C．NK 细胞杀伤功能检测　　D．检测产生抗体的浆细胞数目
E．T 细胞增殖能力检测

46．流式细胞术可用于
47．MTT 比色法常用于
48．溶血空斑试验常用于
49．乳酸脱氢酶释放法常用于
50．硝基蓝四氮唑试验可用于

三、简答题

1．简述抗原 - 抗体反应的特征以及影响因素。
2．简述 ELISA 的原理及常用的 ELISA 检测方法。
3．简述外周血单个核细胞分离常用的方法及原理。
4．什么是流式细胞术？主要用途有哪些？
5．简述迟发型超敏反应皮肤试验的原理及结果判定。

参考答案与解析

一、名词解释

1．抗原 - 抗体反应（antigen-antibody reaction）：是指抗原与相应抗体在体外一定条件下特异性结合后出现的肉眼可见或仪器可检测到的反应。抗体主要存在于血清中，因此又将抗原 - 抗体反应称为血清学反应。

2．抗原 - 抗体反应的等价带（equivalence band of antigen-antibody reaction）：在一定条件下，抗原与相应抗体浓度和比例合适时（即抗原略多于抗体时），可出现肉眼可见的反应，此即抗原 - 抗体反应的等价带。

3．亲和力（affinity）：指抗体分子单一抗原结合部位与相应抗原表位之间互补结合的强度。

4．凝集反应（agglutination reaction）：在一定实验条件下，细菌或细胞等颗粒性抗原与相应抗体特异性结合后出现的凝聚现象。

5．间接 Coombs 试验（indirect Coombs test）：又称间接抗人球蛋白试验。将受试者血清与 Rh^+ 红细胞作用后再加入抗人球蛋白抗体，通过观察红细胞是否发生凝集以判定 Rh^- 经产妇血清中是否含有单价 IgG 类抗 Rh 抗体的检测方法。

6．沉淀反应（precipitation reaction）：在一定条件下，细菌毒素或血清蛋白等可溶性抗原与相应抗体特异性结合后出现的沉淀现象称为沉淀反应。

7．酶联免疫吸附试验（enzyme-linked immunosorbent assay，ELISA）：将已知抗体或可溶性抗原吸附在固相载体表面，使抗体 - 抗原 - 酶标记抗体或抗原 - 抗体 - 酶标记二抗在固相表面进行反应的酶免疫测定法。

8．荧光免疫测定法（fluorescence immunoassay，FIA）：用荧光素标记抗体（简称荧光抗体）检测细胞或组织切片中相应抗原的一种免疫组化技术。常用的荧光素有异硫氰酸荧光素（fluorescein isothiocyanate，FITC）和藻红蛋白（phycoerythrin，PE）等。

9．胶体金免疫测定法（colloidal gold immunoassay）：是用胶体金颗粒标记抗体或抗原用以检测未知抗原或抗体的方法。

10．免疫印迹法（immunoblotting）：又称 Western blotting，是将十二烷基磺酸钠 - 聚丙烯酰胺凝胶电泳与固相免疫技术相结合，即将泳动速率不同的蛋白质成分转移至硝酸纤维素膜后，再用酶免疫、放射免疫、化学发光免疫等技术进行检测的一种方法。

二、选择题

1．C 2．B 3．D 4．B 5．A 6．D 7．C 8．B 9．E 10．D 11．E
12．B 13．D 14．D 15．D 16．B 17．A 18．B 19．A 20．E 21．B
22．E 23．A 24．E 25．A 26．B 27．C 28．E 29．D 30．A 31．E
32．E 33．C 34．C 35．C 36．A 37．C 38．A 39．C 40．D 41．B
42．E 43．D 44．C 45．A 46．B 47．C 48．D 49．C 50．A

1．抗原 - 抗体反应具有高度特异性，据此可用已知抗原或抗体检测鉴定未知抗体或抗原。

2．抗原 - 抗体反应的特点包括：抗原 - 抗体反应具有特异性；抗原 - 抗体反应具有可逆性；抗原 - 抗体反应需要适当的浓度和比例；抗原 - 抗体反应具有阶段性。

3．抗原 - 抗体反应的特异性是由抗原表位与相应抗体分子互补决定区所决定的。

4．凝集反应检测的是颗粒性抗原，沉淀反应检测的是可溶性抗原。

5．抗原与相应抗体结合除与空间构象互补有关外，还与二者间的静电引力、范德华力、氢键和疏水键等化学基团之间的非共价结合密切相关。

6．直接凝集玻片法主要用于人类 ABO 血型鉴定。

7．临床诊断伤寒或副伤寒所用的肥达反应属于直接凝集试管法。

8．抗人球蛋白试验（又称 Coombs 试验）是根据间接凝集原理建立的，分为直接和间接两种方法。

9．间接 Coombs 试验是将受试者血清与 Rh^+ 红细胞作用后再加入抗人球蛋白抗体，通过观察红细胞是否发生凝集以判定 Rh^- 经产妇血清中是否含有单价 IgG 类抗 Rh 抗体的检测方法。

10. 沉淀反应包括单向琼脂扩散和双向琼脂扩散两种基本方法。将琼脂扩散与电泳技术结合，又可衍生出对流电泳、火箭电泳和免疫电泳等多种检测方法。

11. 参考10题解析。

12. 双向琼脂扩散对可溶性抗原或抗体进行检测鉴定和对复杂抗原成分和抗体进行分析。

13. 直接凝集反应是颗粒性抗原直接与相应抗体结合出现的凝集现象。

14. 免疫标记技术极大地提高了抗原-抗体反应的灵敏度和检测范围，可对抗原或抗体进行定性和精确定量测定。

15. 双抗体夹心法：用于检测血清、脑脊液、胸腔积液和腹水等体液标本中各种可溶性抗原（细菌毒素、病毒、细胞因子、酶类物质等）及其含量，包被所用抗体通常是针对抗原分子中某一抗原表位的单克隆抗体。

16. 免疫标记技术是用酶、荧光素、放射性核素、化学发光物质和胶体金等标记抗体或抗原，通过检测标记物间接检测抗原-抗体反应的一类实验方法和技术。抗体形成细胞试验用来检测产生抗体的浆细胞数目。

17. 免疫标记技术用酶、荧光素、放射性核素、化学发光物质和胶体金等作为示踪物质。

18. ELISA即酶联免疫吸附试验（enzyme-linked immunosorbent assay），以酶为标志物。

19. CD3分子是T细胞特有的膜表面分子。

20. 酶联免疫斑点试验可在单细胞水平检测分泌某种细胞因子的细胞数量，如分泌IL-2的T细胞数量。

21. 溶血空斑试验主要用于检测抗体形成细胞，不适于检测T细胞增殖。^{3}H-TdR掺入法通过测量^{3}H标记的胸腺嘧啶（TdR）掺入DNA的量来反映细胞增殖，灵敏度高。^{51}Cr释放法用于检测细胞毒性，而非增殖。流式细胞术检测法可检测增殖，但灵敏度通常不及^{3}H-TdR掺入法。乳酸脱氢酶释放法用于检测细胞毒性，不适用于增殖检测。

22. 细胞毒试验是根据细胞毒性T细胞（CTL）和NK细胞可直接对某些靶细胞产生杀伤作用建立的，有^{51}Cr释放法、乳酸脱氢酶释放法和凋亡细胞检测法。

23. 结核菌素试验是迟发型超敏反应皮肤试验，用于检测体内T细胞免疫功能。

24. 酶免疫测定法用于标记的酶类物质主要包括辣根过氧化物酶和碱性磷酸酶。

25. 酶联免疫吸附试验间接法用于检测血清、脑脊液、胸腔积液和腹水等体液标本中的抗体及其含量。

26. 双抗体夹心法是ELISA技术中最常用的检测抗原的方法，特异性高，适用于检测大分子抗原。间接法主要用于检测抗体，而非抗原。酶免疫组化技术是一种用于组织切片中抗原定位的技术。竞争法通常用于检测小分子抗原或半抗原，抗原与标记抗原竞争结合抗体。BAS-ELISA是基于生物素-亲和素系统的ELISA，用于放大信号，但非最常用的检测抗原的方法。

27. 荧光免疫测定法是用荧光素标记抗体（简称荧光抗体）检测细胞或组织切片中相应抗原的一种免疫组化技术。

28. A型血含A抗原和抗B抗体，B型血含B抗原和抗A抗体；AB型血同时含A、B抗原，但不含抗A、抗B抗体；O型血不含A、B抗原，但同时含抗A、抗B抗体。

29. AB型血浆中既没有抗A、也没有抗B的抗体，O型红细胞也没有A和B抗原，不会发生溶血。

30．B 细胞功能测定包括血清免疫球蛋白含量测定、抗体形成细胞测定试验（又称溶血空斑试验）和 ELISPOT。

31．ELISA 全称为酶联免疫吸附试验，属于免疫酶技术。

32．葡聚糖 - 泛影葡胺（Ficoll-Paque）密度梯度离心法是分离 PBMC 最常选用的方法，可获得纯度高达 95% 的 PBMC。

33．沉淀反应、凝集反应是检测抗原和抗体的体外试验，不涉及补体；Ⅰ型超敏反应是 IgE 参与的变态反应，也不涉及补体；中和反应也不涉及补体；只有溶菌反应和补体有关。

34．细菌外毒素是可溶性抗原，其他均为颗粒性抗原。

35．单向琼脂扩散是一种定量试验抗原与琼脂中相应抗体相遇，可在比例适宜处形成以孔为中心的白色沉淀环。鉴于沉淀环直径与抗原含量成正比，所以先用已知不同浓度标准抗原样本进行扩散，获得与抗原浓度相对应的沉淀环直径数据绘制标准曲线，进而根据被测样品沉淀环直径的大小从标准曲线中获知样品中抗原的含量。

36．临床早孕诊断试剂是采用免疫胶体金技术建立的一种快速诊断早孕的检测方法。

37．类风湿因子（RF）是针对体内变性 IgG 产生的 IgM 类抗体，通常将变性 IgG 吸附在乳胶颗粒上形成致敏颗粒，可用来检测受试者血清中抗变性 IgG 的抗体，属于间接凝集反应。

38．结核菌素试验是迟发型超敏反应皮肤试验，用于检测体内 T 细胞免疫功能。

39．临床上检测乙肝五项用的是酶联免疫吸附试验即 ELISA，抗原检测用双抗夹心法，抗体检测用间接法。

40．抗人球蛋白试验（又称 Coombs 试验）是根据间接凝集原理建立的，属于凝集反应。

41．直接凝集玻片法主要用于人类 ABO 血型鉴定。

42．临床诊断伤寒或副伤寒所用的肥达反应属于直接凝集试管法。

43．间接凝集抑制试验由间接凝集反应衍生而来，临床检测孕妇尿液中是否含有人绒毛膜促性腺激素的免疫妊娠诊断试验即属此类试验。

44．间接凝集反应（indirect agglutination reaction）是将已知可溶性抗原吸附于某些载体颗粒表面形成致敏颗粒后，再与相应抗体进行反应出现的凝集现象。抗 O 即抗链球菌溶血素 O，是针对链球菌溶血素 O 这一抗原产生的抗体。将链球菌溶血素 O 吸附在乳胶颗粒上形成的致敏颗粒可用来检测受试者血清中的抗链"O"抗体。

45．抗人球蛋白试验也是根据间接凝集原理建立的，分为直接和间接两种方法。直接 Coombs 试验可检测结合在 Rh^+ 红细胞表面的单价 IgG 类抗 Rh 抗体，对新生儿 Rh 溶血症进行诊断。

46．流式细胞术是凋亡细胞检测法之一。

47．T 细胞增殖试验是一种体外检测机体细胞免疫功能的试验方法，有 ^3H-TdR 掺入法、MTT 比色法及流式细胞术检测等方法。

48．溶血空斑试验又称抗体形成细胞测定试验，常可用来检测产生抗体的浆细胞数目。

49．乳酸脱氢酶释放法属于细胞毒试验，是根据细胞毒性 T 细胞（CTL）和 NK 细胞可直接对某些靶细胞产生杀伤作用建立的。

50．硝基蓝四氮唑是一种可被中性粒细胞吞入胞内的水溶性淡黄色染料。中性粒细胞在杀菌过程中产生的超氧阴离子能使吞入胞内的 NBT 还原为非溶解性暗蓝色甲䐶而成为 NBT 阳性细胞。

三、问答题

1. 简述抗原-抗体反应的特征以及影响因素。

【参考答案】反应特征：①高度特异性；②可逆性；③需要适当的浓度和比例；④阶段性；一般分为两个阶段，即特异性结合阶段和可见反应阶段。影响因素：①电解质；②温度；③酸碱度。

2. 简述 ELISA 的原理及常用的 ELISA 检测方法。

【参考答案】酶联免疫吸附试验（ELISA）是将已知抗体或可溶性抗原吸附在固相载体表面，使抗体-抗原-酶标记抗体或抗原-抗体-酶标记二抗在固相表面进行反应的酶免疫测定法。常用的 ELISA 检测方法有：①双抗体夹心法：用于检测血清、脑脊液、胸腔积液和腹水等体液标本中各种可溶性抗原（细菌毒素、病毒、细胞因子、酶类物质等）及其含量，包被所用抗体和酶标记抗体通常是针对同一抗原分子中不同抗原表位的单克隆抗体。②间接法：酶标记二抗是针对抗体 Fc 段的抗抗体，用于检测血清、脑脊液、胸腔积液和腹水等体液标本中的抗体及其含量。

3. 简述外周血单个核细胞分离常用的方法及原理。

【参考答案】葡聚糖-泛影葡胺（Ficoll-Paque）密度梯度离心法是分离 PBMC 最常选用的方法。其原理是红细胞和多形核白细胞的比重大于单个核细胞，因此将肝素抗凝血置于比重为 1.077 的葡聚糖-泛影葡胺分离液液面上，低速离心 20 min 可使不同比重的外周血细胞分为以下 3 层：沉于管底的红细胞层、分布于红细胞层与分离液之间的多形核白细胞层、分布于血浆与分离液界面的单个核细胞层。

4. 什么是流式细胞术？主要用途有哪些？

【参考答案】流式细胞术是借助荧光激活细胞分类仪（FACS）将荧光抗体标记的细胞进行快速准确鉴定和分类的技术。流式细胞仪除分选细胞外，主要用途如下：①定量分析鉴定活细胞表面或胞内表达的特定分子；②免疫细胞分类和百分计数；③白血病和淋巴瘤的免疫学分型；④细胞周期和细胞凋亡检测。

5. 简述迟发型超敏反应皮肤试验的原理及结果判定。

【参考答案】体内抗原致敏 T 细胞（效应 T 细胞）再次接受相同抗原刺激后，可通过释放 Th1 型细胞因子和细胞毒性介质诱导产生以单个核细胞浸润为主的局部皮肤炎症反应。受试者局部炎症反应通常在抗原刺激后 24～48 h 发生，72 h 达到高峰，故称为迟发型超敏反应皮肤试验。阳性反应表现为局部皮肤红肿和硬结；反应强烈者可出现水肿，甚至局部组织坏死；细胞免疫功能低下者呈现弱阳性或阴性反应。

（笪宇蓉　王艳芳）

第二十章 免疫学防治

一、名词解释

1. 人工主动免疫（artificial active immunization）
2. 人工被动免疫（artificial passive immunization）
3. 灭活疫苗（inactivated vaccine）
4. 减毒活疫苗（live-attenuated vaccine）
5. 类毒素（toxoid）
6. 亚单位疫苗（subunit vaccine）
7. 合成肽疫苗（synthetic peptide vaccine）
8. 信使 RNA 疫苗（messenger RNA vaccine）
9. 免疫治疗（immunotherapy）
10. 生物应答调节剂（biological response modifier，BRM）

二、选择题

A 型题

1. 关于动物来源抗毒素血清的正确叙述是
   A. 是抗原，能中和类毒素
   B. 是抗体，对人没有反应原性
   C. 是抗体，对动物有免疫原性
   D. 是抗体，仅用于动物
   E. 是抗体，能中和外毒素的毒性

2. 类毒素的特征是
   A. 无毒性、有免疫原性
   B. 无毒性、无免疫原性
   C. 有毒性、有免疫原性
   D. 有毒性、无免疫原性
   E. 有类似外毒素的毒性

3. 下列操作中，可以实现人工主动免疫方案的是
   A. 注射人免疫球蛋白预防麻疹
   B. 静脉注射 CIK 细胞治疗肿瘤
   C. 注射 IL-2 用于肿瘤治疗
   D. 骨髓移植治疗白血病
   E. 接种卡介苗预防结核

4. 可以获得人工被动免疫的方式是
   A. 通过注射抗毒素获得
   B. 通过胎盘或初乳获得
   C. 通过注射类毒素获得
   D. 传染病痊愈后获得

E. 通过接种疫苗获得
5. 人工主动免疫所不具备的特点是
   A. 主要用于预防　　　　　　B. 免疫力产生较快　　　　　C. 具有免疫记忆性
   D. 免疫力维持时间较长　　　E. 可诱导机体产生体液和（或）细胞免疫应答
6. 人工被动免疫无法实现的是
   A. 接种后立即生效　　　　　B. 免疫力维持时间较短
   C. 用于紧急预防或治疗　　　D. 可引发再次应答
   E. 所用生物制剂为免疫效应分子或细胞
7. 注射下列哪种生物制剂可以实现人工主动免疫
   A. 破伤风外毒素　　　　　　B. 破伤风抗毒素　　　　　　C. 白喉类毒素
   D. 抗淋巴细胞抗体　　　　　E. 胎盘免疫球蛋白
8. 注射下列生物制剂，可以实现人工被动免疫的是
   A. 卡介苗　　　　　　　　　B. 百日咳疫苗　　　　　　　C. 白喉类毒素
   D. 破伤风抗毒素　　　　　　E. 脊髓灰质炎疫苗
9. 减毒活疫苗与灭活疫苗相比，其最主要的优点是
   A. 无不良反应　　　　　　　B. 安全性好　　　　　　　　C. 易保存，较稳定
   D. 接种次数少，免疫效果好　E. 接种剂量大
10. 灭活疫苗所不具备的作用或特点是
    A. 接种次数相对较多　　　　　　B. 接种剂量相对较大
    C. 注射后副作用相对较重　　　　D. 有一定免疫效果
    E. 无不良反应
11. 属于减毒活疫苗的生物制品是
    A. 麻疹疫苗　　　　　　　　B. 百日咳疫苗　　　　　　　C. 流脑疫苗
    D. 霍乱疫苗　　　　　　　　E. 伤寒疫苗
12. 属于灭活疫苗的生物制品是
    A. 卡介苗　　　　　　　　　B. 麻疹疫苗　　　　　　　　C. 麻腮风疫苗
    D. 百日咳疫苗　　　　　　　E. 口服脊髓灰质炎疫苗
13. 将具有保护作用的抗原与载体结合组成的疫苗称为
    A. 重组抗原疫苗　　　　　　B. 合成肽疫苗　　　　　　　C. 结合疫苗
    D. 亚单位疫苗　　　　　　　E. DNA 疫苗
14. 去除病原体中与诱发保护性免疫无关或有害的成分，选取有效抗感染免疫成分制成的疫苗称为
    A. 重组抗原疫苗　　　　　　B. 合成肽疫苗　　　　　　　C. 结合疫苗
    D. 灭活疫苗　　　　　　　　E. 亚单位疫苗
15. 采用 DNA 重组技术制备的可表达保护性抗原组分的基因工程疫苗称为
    A. 合成肽疫苗　　　　　　　B. 重组载体疫苗　　　　　　C. 重组抗原疫苗
    D. DNA 疫苗　　　　　　　　E. 结合疫苗
16. 新生儿出生 24 h，应接种的疫苗是
    A. 脊髓灰质炎疫苗　　　　　B. 乙型肝炎疫苗　　　　　　C. 百白破疫苗
    D. 麻疹疫苗　　　　　　　　E. 乙脑疫苗

17. 活疫苗和死疫苗的最主要区别是
    A. 活疫苗的免疫原性弱于相应病原体 B. 活疫苗使用安全、效果好
    C. 活疫苗可通过自然感染途径接种 D. 活疫苗进入人体后有一定繁殖能力
    E. 活疫苗诱导免疫力的潜伏期短
18. 以口服为佳的疫苗是
    A. 乙肝疫苗 B. 狂犬病毒疫苗 C. 破伤风类毒素
    D. 破伤风抗毒素 E. 脊髓灰质炎减毒活疫苗
19. 免疫增强疗法适用于
    A. 超敏反应性疾病 B. 移植排斥反应 C. 风湿免疫病
    D. 细胞因子风暴 E. 慢性病毒感染
20. 免疫增强疗法不宜用于
    A. 结核分枝杆菌感染 B. 低免疫球蛋白血症 C. 转移性肺癌
    D. 细胞因子风暴 E. 艾滋病
21. 免疫抑制疗法适用于
    A. 类风湿关节炎 B. 胞内寄生菌感染 C. 黑色素瘤
    D. 艾滋病 E. 慢性病毒感染
22. 免疫抑制疗法不宜用于
    A. 超敏反应病 B. 自身免疫病 C. 免疫缺陷病
    D. 风湿免疫病 E. 移植排斥反应
23. 下列不属于抗肿瘤免疫效应细胞过继免疫治疗的是
    A. 输入淋巴因子激活的杀伤细胞（LAK）
    B. 输入细胞因子诱导的杀伤细胞（CIK）
    C. 输入嵌合抗原受体修饰的 T 细胞（CAR-T）
    D. 接种灭活瘤苗
    E. 输入肿瘤浸润淋巴细胞（TIL）
24. 特异性免疫治疗不包括
    A. 免疫毒素疗法 B. 细胞因子治疗 C. 抗毒素血清治疗
    D. 抗体导向化学疗法 E. 效应 T 细胞治疗
25. 下列属于特异性主动免疫治疗的是
    A. 注射抗毒素
    B. 注射 CpG 寡聚脱氧核苷酸（CpG-ODN）佐剂
    C. 注射细胞因子
    D. 注射基因工程抗体
    E. 注射基因修饰的瘤苗
26. 临床抗肿瘤免疫效应细胞过继免疫治疗中，常采用的免疫效应细胞是
    A. 骨髓造血干细胞 B. 外周血 T 细胞 C. 外周血 B 细胞
    D. 树突状细胞 E. 细胞因子诱导的杀伤细胞
27. 通过激发肿瘤抗原特异性免疫应答产生抗肿瘤作用的免疫细胞是
    A. 树突状细胞瘤苗 B. 基因修饰的肿瘤细胞 C. 自然杀伤细胞
    D. 脐血干细胞 E. 肿瘤浸润淋巴细胞

28. 生物应答调节剂不包括
    A．卡介苗 B．黄芪多糖 C．某些细胞因子
    D．短小棒状杆菌 E．CD4 单克隆抗体
29. 具有免疫增强作用的药物是
    A．硫唑嘌呤 B．环磷酰胺 C．左旋咪唑
    D．环孢素 A E．糖皮质激素
30. 为了增强膀胱癌患者的非特异性免疫力，可用的制剂是
    A．卡介苗（BCG） B．糖皮质激素 C．环孢素 A
    D．烷化剂 E．抗代谢药物
31. 长期使用免疫抑制剂的患者
    A．特应性皮炎发病率增高 B．自身免疫病发病率增高 C．肿瘤发病率增高
    D．接触性皮炎发病率增高 E．免疫缺陷病发病率增高
32. 具有免疫抑制作用的中药制剂是
    A．香菇多糖 B．人参皂苷 C．黄芪多糖
    D．枸杞多糖 E．雷公藤多苷
33. 患者，女，12 岁。学生，长期在农村居住。1 个月前开始出现精神抑郁、全身不适、头痛、发热。近 1 周来出现咽喉疼痛、吞咽困难，并有怕光、怕冷、怕风症状。长期养猫，2 个月前猫不吃食，不久之后失踪。无养狗史，无被狗咬伤史，有被猫舔抓史。该学生在受伤当时应进行
    A．接种流行性脑脊髓膜炎疫苗 B．接种狂犬病毒疫苗
    C．注射破伤风类毒素 D．注射破伤风抗毒素
    E．接种脊髓灰质炎疫苗
34. 患儿，男，7 岁。因张口困难、肌肉僵直就诊。问诊：2 周前有左小腿后部深部外伤史。体检：四肢僵直，牙关紧闭，角弓反张。该患儿应在受伤后尽快进行
    A．接种流行性脑脊髓膜炎疫苗 B．接种狂犬病毒疫苗
    C．注射破伤风类毒素 D．注射破伤风抗毒素
    E．接种脊髓灰质炎疫苗
35. 患儿，女，3 岁，在某幼儿园就读。因发热、咽痛、呼吸困难 1 天入院。体格检查：体温 38.5℃，咽部及扁桃体有一层灰白膜。心率 103 次/分。实验室检查：白细胞 $23×10^9$/L，初诊为白喉。正确的治疗原则是
    A．注射白喉抗毒素 B．注射青霉素或红霉素
    C．注射白喉类毒素及抗生素 D．注射白喉抗毒素及抗生素
    E．注射丙种球蛋白及红霉素
36. 患者，女，65 岁。被狗咬伤左手臂后到医院就诊。检查发现创面较深，医生给予注射狂犬病毒疫苗的同时，还给患者注射了狂犬病人免疫球蛋白，该制剂中的有效成分是
    A．狂犬病毒抗原 B．抗狂犬病毒抗体 C．补体
    D．干扰素 E．狂犬病毒特异性 T 淋巴细胞
37. 患者，男，45 岁。就诊后经检查确诊为弥漫大 B 细胞淋巴瘤。医生建议该患者进行 CAR-T 免疫治疗，该疗法属于

A. 过继细胞免疫疗法 B. 基于抗体的靶向治疗 C. 细胞因子疗法
D. 免疫抑制疗法 E. 人工主动免疫治疗

B 型题

(38～42 题共用备选答案)

A. 自然主动免疫 B. 自然被动免疫 C. 人工主动免疫
D. 人工被动免疫 E. 过继免疫

38. 生活中隐性感染流感病毒获得的免疫属于
39. 初生婴儿提倡母乳喂养，是因为婴儿通过母乳可以获得
40. 注射类毒素获得的免疫属于
41. 注射抗毒素获得的免疫属于
42. 给肿瘤患者输入自身肿瘤浸润淋巴细胞属于

(43～47 题共用备选答案)

A. 灭活疫苗 B. 信使核糖核酸疫苗 C. 减毒活疫苗
D. 亚单位疫苗 E. 重组抗原疫苗

43. 卡介苗和口服脊髓灰质炎疫苗是
44. 百日咳/白喉/破伤风类毒素三联疫苗是
45. 新型冠状病毒 mRNA 疫苗是
46. 乙型肝炎和莱姆病疫苗是
47. 脑膜炎球菌多糖疫苗是

(48～52 题共用备选答案)

A. 糖皮质激素 B. 环磷酰胺 C. 左旋咪唑
D. 环孢素 A E. 细菌 CpG DNA

48. 可通过干扰 DNA 复制和蛋白质合成，抑制 T、B 细胞活化的是
49. 可直接损伤吞噬细胞和淋巴细胞，下调机体免疫功能的是
50. 可通过阻断 IL-2 基因转录，抑制 T 细胞活化的是
51. 可通过激活巨噬细胞和 NK 细胞，增强机体免疫功能的是
52. 作为免疫佐剂，可增强疫苗免疫效果的是

三、问答题

1. 列表比较人工主动免疫和人工被动免疫的主要区别。
2. 简述人工主动免疫和人工被动免疫的概念及其常用的生物制品。
3. 列表比较灭活疫苗和减毒活疫苗的主要区别。
4. 简述以细胞为基础的免疫治疗及其临床常用方法。
5. 简述生物应答调节剂和免疫抑制剂及其临床应用。

参考答案与解析

一、名词解释

1. 人工主动免疫（artificial active immunization）：是用疫苗等抗原性物质免疫机体，使之产生特异性免疫应答，从而对相应病原体感染产生抗御作用的措施和方法。人工主动免疫生物制剂包括灭活疫苗、减毒活疫苗和类毒素等。

2. 人工被动免疫（artificial passive immunization）：是给机体注射抗体或细胞因子等生物制剂使之立即产生免疫效应，对某些疾病进行治疗或紧急预防的措施和方法。人工被动免疫生物制剂包括抗毒素、人免疫球蛋白、抗淋巴细胞抗体、细胞因子、肿瘤浸润淋巴细胞和细胞因子诱导的杀伤细胞等。

3. 灭活疫苗（inactivated vaccine）：是将免疫原性强的病原微生物大量培养后，用理化方法使之灭活制成的死疫苗。常用的死疫苗有伤寒、霍乱、百日咳、流行性脑脊髓膜炎、斑疹伤寒和钩端螺旋体疫苗等。

4. 减毒活疫苗（live-attenuated vaccine）：是用人工诱导变异或从自然界筛选获得毒力高度减弱或基本无毒的病原微生物制成的活疫苗。常用的减毒活疫苗有卡介苗、脊髓灰质炎减毒活疫苗、炭疽疫苗和麻疹疫苗等。

5. 类毒素（toxoid）：是用 0.3%～0.4% 甲醛处理细菌外毒素，使之丧失毒性作用而保留原有免疫原性的生物制剂，接种后诱导机体产生的抗毒素能与相应外毒素特异性结合产生免疫保护作用。常用的类毒素有破伤风类毒素和白喉类毒素。

6. 亚单位疫苗（subunit vaccine）：是去除病原体中与诱发保护性免疫无关或有害的成分，选取有效抗感染免疫成分制成的疫苗。如脑膜炎球菌多糖疫苗、流感病毒血凝素和神经氨酸酶亚单位疫苗。

7. 合成肽疫苗（synthetic peptide vaccine）：是将具有免疫保护作用的多肽抗原或氨基酸序列与适当载体或佐剂结合后组成的疫苗。此类疫苗抗原肽中含有 B 细胞表位和 T 细胞表位，其优势在于可对抗原表位进行合理组合形成最佳配伍。

8. 信使 RNA 疫苗（messenger RNA vaccine）：mRNA 疫苗是以 DNA 为模板合成的单链核苷酸，采用肌内注射或雾化吸入等途径将其导入体内相关组织细胞后，通过表达目的蛋白诱导机体产生相关体液和（或）细胞免疫应答发挥抗感染、抗肿瘤等免疫作用的一种疫苗。

9. 免疫治疗（immunotherapy）：是指利用免疫学原理，针对疾病发生机制，人为干预或调整机体免疫功能以达到治疗目的所采取的措施。

10. 生物应答调节剂（biological response modifier，BRM）：是具有促进和调节免疫功能的生物制剂，通常对免疫功能正常者无影响，而对免疫功能低下者有促进或调节作用，被广泛用于肿瘤、感染、自身免疫病和免疫缺陷病的治疗。

二、选择题

1. E   2. A   3. E   4. A   5. B   6. D   7. C   8. D   9. D   10. E   11. A
12. D   13. C   14. E   15. C   16. B   17. D   18. E   19. E   20. D   21. A
22. C   23. D   24. B   25. E   26. E   27. A   28. E   29. C   30. A   31. C
32. E   33. B   34. D   35. D   36. B   37. A   38. A   39. B   40. C   41. D

42．E　43．C　44．A　45．B　46．E　47．D　48．B　49．A　50．D　51．C　52．E

解析：

1．动物来源抗毒素血清，对人来说是抗原，可引起免疫应答；对动物没有免疫原性；对外毒素来说是抗体，能中和外毒素的毒性。

2．类毒素是经过处理，对机体无毒性、但有免疫原性的生物制品。

3．人工主动免疫是用抗原类物质免疫机体，使之产生特异性免疫应答的措施。接种卡介苗（BCG）预防结核病，就是利用BCG的抗原，诱发针对结核分枝杆菌的特异性免疫应答，属于人工主动免疫措施。

4．给机体注射抗毒素，使机体直接获得能中和外毒素毒性的免疫应答产物（IgG类抗体），属于人工被动免疫。

5．主动免疫诱导机体产生免疫应答，需要时间，所以免疫力产生相对较慢。

6．被动免疫是将免疫应答产物直接输入宿主体内发挥免疫保护作用，随着外源性输注的免疫应答产物被消耗和清除，相应的免疫力也会减弱最终消失。由于被动免疫没有启动宿主本身的免疫应答，因此不会引发再次免疫应答。

7．白喉类毒素是抗原类物质，属人工主动免疫制剂，但破伤风抗毒素、抗淋巴细胞抗体、胎盘免疫球蛋白主要是免疫应答产物，属于被动免疫。

8．破伤风抗毒素是针对破伤风外毒素的特异性抗体，注射后可迅速中和游离的破伤风外毒素的毒性，属人工被动免疫制剂。其他均为抗原类物质，属人工主动免疫制剂。

9．相对于灭活疫苗，减毒活疫苗通常只需接种1次，接种后可在机体内存活一定时间，免疫效果较好。但活疫苗不易保存，被接种者也可能产生某些不良反应，免疫力低下者、孕妇等不能接种活疫苗，其安全性也不容忽视。

10．疫苗，包括灭活疫苗，属于药品，虽然非常安全，但在一些情况下也可能会有不良反应。

11．目前使用的麻疹疫苗是减毒活疫苗。

12．目前使用的百日咳疫苗是灭活疫苗，其余选项的疫苗均为减毒活疫苗。

13．将具有保护作用的抗原与载体结合，可组成结合疫苗。

14．选取病原体中可诱导保护性免疫应答的有效免疫原成分而制备的疫苗，属于亚单位疫苗，例如预防HBV感染的乙型肝炎疫苗（主要有效成分为HBsAg）。

15．利用基因工程技术制备的亚单位疫苗，例如目前广泛应用的乙型肝炎疫苗（主要有效成分为HBsAg），属于重组抗原疫苗。

16．新生儿出生时应该注射乙肝疫苗和卡介苗。

17．相对于死疫苗，活疫苗进入人体后仍具有一定的繁殖能力，可在人体内存活一定时间，从而诱导有效的特异性免疫应答。

18．脊髓灰质炎减毒活疫苗通过肠道黏膜免疫使人体获得免疫保护。

19．机体抗病毒免疫能力不足以完全清除体内的病毒是机体发生慢性病毒感染的主要原因之一，因此可通过免疫增强疗法增强机体抗病毒免疫力，从而清除体内病毒。其余选项均需要通过抑制免疫力来进行治疗，而不是免疫增强疗法。

20．细胞因子风暴是一种因免疫细胞被激活并释放大量细胞因子而引发的严重全身炎症反应综合征，免疫增强疗法会导致病情恶化，因此只能实施免疫抑制疗法。

21．针对疾病的发病机制，感染和肿瘤可用免疫增强疗法，增强机体抗感染免疫或抗肿瘤免疫。类风湿关节炎等自身免疫病则用免疫抑制疗法，抑制自身免疫应答，以缓解临床症状。

22．免疫缺陷病患者的免疫力不足，因此不宜使用免疫抑制疗法。

23．给肿瘤患者接种来源于肿瘤细胞的灭活瘤苗，使灭活瘤苗的肿瘤抗原诱导机体产生特异性抗肿瘤免疫应答来治疗肿瘤，属于人工主动免疫，不属于抗肿瘤免疫效应细胞过继免疫。

24．免疫毒素疗法、抗毒素血清治疗、抗体导向化学疗法和效应 T 细胞治疗都属于特异性免疫治疗。免疫毒素由抗体和毒素两部分组成。抗体能特异性识别并结合靶细胞表面抗原。毒素通常来源于植物（如蓖麻毒素）或细菌（如白喉毒素、假单胞菌外毒素 A），具有强细胞毒性。细胞因子的效应没有抗原特异性，故细胞因子治疗属于非特异性免疫治疗。

25．基因修饰的瘤苗含有肿瘤抗原，可以诱导机体产生特异性抗肿瘤免疫应答，属于特异性主动免疫治疗范畴。给患者注射抗毒素、基因工程抗体等免疫应答产物，为特异性被动免疫治疗；细胞因子、CpG 佐剂的效应没有抗原特异性，属非特异性免疫措施。

26．细胞因子诱导的杀伤细胞即 CIK 细胞，具有非特异性杀伤肿瘤细胞的效果，是临床抗肿瘤免疫效应细胞过继免疫治疗中常采用的免疫效应细胞。

27．树突状细胞可启动抗肿瘤抗原的适应性免疫应答。

28．生物应答调剂剂是具有促进和调节免疫功能的生物制剂，包括微生物及其产物、细胞因子、中草药、植物多糖和某些化学合成药物。

29．左旋咪唑具有增强机体免疫应答的作用。

30．治疗肿瘤需提高患者的抗肿瘤免疫力。卡介苗（BCG）是一种主要用于预防结核分枝杆菌感染的减毒活疫苗，BCG 不仅可以特异性预防结核病的发生，而且可以非特异性增强淋巴细胞及固有免疫细胞的功能，从而发挥抗肿瘤效应。其余选项均为免疫抑制剂，不能用于肿瘤治疗。

31．免疫抑制剂可抑制免疫系统功能，长期使用免疫抑制剂可能降低机体的免疫监视功能，导致机体无法有效识别和清除突变细胞，从而增加患某些类型癌症（特别是淋巴瘤）的风险。

32．雷公藤多苷是一种具有免疫抑制作用的中药制剂，可用于治疗自身免疫病。

33．被怀疑感染狂犬病毒的动物咬伤或者舔抓后，应该立即接种狂犬病毒疫苗。

34．根据患儿的临床症状、深部外伤史和体检结果，高度怀疑为破伤风感染。破伤风由破伤风梭菌产生的神经毒素引起，该菌在缺氧环境中繁殖，常见于深部伤口。尽早注射破伤风抗毒素可有效中和体内游离的破伤风毒素，阻止毒素扩散，有助于提升治疗效果，改善预后。

35．白喉的治疗方法主要是针对病原体及其外毒素的治疗，包括抗毒素和抗生素的使用。抗毒素为治疗白喉的特效药，可以中和局部病灶和血液循环中游离的白喉外毒素，但不能中和已结合细胞的毒素，因此应尽早、足量应用。抗生素可以抑制白喉杆菌的生长，从而减少外毒素的进一步产生。

36．将接种过人用狂犬病疫苗的健康献血员血中的抗体分离出来，就是狂犬病人免疫球蛋白，狂犬病人免疫球蛋白含有高效价的抗狂犬病毒抗体，可用于紧急预防狂犬病的发生。

37．CAR-T 细胞是采用基因工程技术改造的抗肿瘤免疫效应细胞，是目前已知的对血液肿瘤靶向性杀伤作用和治疗效果最好的一种免疫效应细胞，属于过继免疫细胞疗法。

38．由于机体免疫力强、病原体弱或数量少等原因，病原体入侵后没有导致机体产生明显的临床症状（隐性感染），但其仍可能诱导机体产生特异性免疫应答，属于自然主动免疫。

39．胎儿通过胎盘获得母体 IgG、婴儿通过母乳获得母体 SIgA，均属于自然被动免疫。

40．注射类毒素可使宿主免疫系统产生针对相应病原体的免疫应答发挥免疫保护作用，属于人工主动免疫。

41．注射抗毒素是将抗体直接注入宿主体内，使其被动获得相应的免疫保护，属于人工被动免疫。

42．给肿瘤患者输入自身肿瘤浸润淋巴细胞，这个过程属于过继细胞免疫疗法。

43．卡介苗和口服脊髓灰质炎疫苗是由毒力减弱的活病原体制备的，属于减毒活疫苗。

44．百白破三联疫苗是由白喉类毒素、百日咳（灭活）菌苗和破伤风类毒素组成的，类毒素属于灭活疫苗的范畴。

45．信使核糖核酸的缩写为 mRNA，因此新型冠状病毒 mRNA 疫苗是该类疫苗。

46．乙型肝炎和莱姆病疫苗均是采用基因工程技术生产的重组抗原所制备的疫苗。

47．脑膜炎球菌多糖疫苗是由脑膜炎球菌的荚膜多糖成分制备而成的，属于亚单位疫苗。

48．环磷酰胺在体内转化为具有活性的磷酰胺氮芥，可干扰 DNA 复制和蛋白质合成，从而抑制 T、B 细胞的活化，发挥免疫抑制作用。

49．糖皮质激素具有显著的抗炎和免疫抑制作用，可直接作用于吞噬细胞和淋巴细胞使其损伤或功能下降，抑制机体细胞和体液免疫功能。

50．环孢素 A 可阻断 IL-2 基因的转录，抑制 T 细胞的活化。

51．左旋咪唑具有活化巨噬细胞、增强 NK 细胞活性和促进 T 细胞产生 IL-2 的作用。

52．细菌 CpG DNA 可增强疫苗免疫的效果，具有免疫佐剂的作用。

三、问答题

1．列表比较人工主动免疫和人工被动免疫的主要区别。

【参考答案】

区别项目	人工主动免疫	人工被动免疫
接种/注射的物质	疫苗、类毒素	抗体、细胞因子
免疫力产生时间	1～4 周	立即生效
免疫力维持时间	数月至数年	2～3 周
临床应用	主要用于预防	用于治疗和紧急预防

2．简述人工主动免疫和人工被动免疫的概念及其常用的生物制品。

【参考答案】人工主动免疫是用疫苗等抗原性物质免疫机体，使之产生特异性免疫应答，从而对相应病原体感染产生抗御作用的措施和方法。常用的生物制品包括：灭活疫苗、减毒活疫苗和类毒素等传统疫苗及亚单位疫苗、结合疫苗、合成肽疫苗和基因工程疫苗等新型疫苗。

人工被动免疫是给机体注射抗体或细胞因子等生物制剂使之立即产生免疫效应，对某些疾病进行治疗或紧急预防的措施和方法。目前常用的生物制品包括抗毒素、人免疫球蛋白、抗淋巴细胞抗体和细胞因子。

3．列表比较灭活疫苗和减毒活疫苗的主要区别。

【参考答案】

区别要点	灭活疫苗	减毒活疫苗
接种剂量和次数	接种量较大，通常接种 2～3 次	接种量较小，通常接种 1 次
不良反应	较重（发热、局部或全身反应）	较轻
免疫效果	相对较差，维持半年至 1 年	相对较好，维持 3～5 年或更长时间
储存稳定性	较稳定，4℃环境下有效期 1 年	不稳定，4℃环境下数周失效

4．简述以细胞为基础的免疫治疗及其临床常用方法。

【参考答案】细胞免疫治疗是给患者输入造血干细胞、免疫效应细胞和肿瘤细胞疫苗等以增强或激活机体免疫应答能力，对某些肿瘤、造血系统疾病和自身免疫病进行治疗的方法。临床常用方法包括：造血干细胞移植、抗肿瘤免疫效应细胞过继免疫治疗和肿瘤主动免疫治疗。

5．简述生物应答调节剂和免疫抑制剂及其临床应用。

【参考答案】生物应答调节剂（biological response modifier，BRM）是指具有促进和调节免疫功能的生物制剂，通常对免疫功能正常者无影响，而对免疫功能低下者有促进或调节作用，又称免疫增强剂，已广泛用于肿瘤、感染、自身免疫病和免疫缺陷病的治疗。常见的免疫增强剂：微生物及其产物（卡介苗、短小棒状杆菌、胞壁酰二肽、细菌 CpG DNA），细胞因子及其相关制剂（IFN、GM-CSF、IL-2），中草药与植物多糖（人参/人参皂苷、黄芪/黄芪多糖、枸杞、香菇多糖和云芝多糖），化学合成药物（左旋咪唑、西咪替丁、异丙肌苷）。

免疫抑制剂是一类能够抑制机体免疫功能的生物或非生物制剂，包括化学合成药物、微生物制剂和中草药等，可用于治疗自身免疫病和移植排斥反应。常见的免疫抑制剂：化学合成药物（糖皮质激素、环磷酰胺、硫唑嘌呤），微生物制剂（环孢素 A、他克莫司/FK-506、西罗莫司/雷帕霉素），中草药（雷公藤多苷）。

（赵晋英　陈　全）

模拟试卷一

一、名词解释

1. 免疫（immunity）
2. 胸腺依赖性抗原（thymus-dependent antigen，TD-Ag）
3. 分泌片（secretory piece，SP）
4. 抗体依赖细胞介导的细胞毒作用（antibody dependent cell-mediated cytotoxicity，ADCC）
5. 细胞黏附分子（cell adhesion molecule，CAM）
6. 抗原加工转运体（transporter associated with antigen processing，TAP）
7. 淋巴细胞再循环（lymphocyte recirculation）
8. 黏膜相关淋巴组织（mucosa-associated lymphoid tissue，MALT）
9. 抗原调变（antigenic modulation）
10. 移植物抗宿主反应（graft versus host reaction，GVHR）

二、选择题

【A型题】

1. 人体被流感病毒隐性感染后，产生的免疫属于
   A．人工主动免疫　　　　B．人工被动免疫　　　　C．自然主动免疫
   D．自然被动免疫　　　　E．固有免疫

2. 可用于人工被动免疫的生物制剂是
   A．卡介苗　　　　　　　B．流感疫苗　　　　　　C．白喉类毒素
   D．破伤风抗毒素　　　　E．脊髓灰质炎疫苗

3. 我国规划免疫中，需要在新生儿出生后24 h内接种的疫苗是
   A．卡介苗　　　　　　　B．甲型肝炎疫苗　　　　C．麻风腮疫苗
   D．流感疫苗　　　　　　E．乙型脑炎疫苗

4. 具有免疫增强NK细胞功能和促进T细胞产生IL-2作用的药物是
   A．硫唑嘌呤　　　　　　B．环磷酰胺　　　　　　C．左旋咪唑
   D．环孢素A　　　　　　E．糖皮质激素

5. 下列物质中归属为隐蔽性抗原的是
   A．ABO血型抗原　　　　B．人类白细胞抗原　　　C．Rh血型抗原
   D．白蛋白　　　　　　　E．晶状体蛋白

6. 弗氏完全佐剂内含有灭活的
   A. 百日咳杆菌　　　　B. 大肠埃希菌　　　　C. 卡介苗
   D. 流感疫苗　　　　　E. 金黄色葡萄球菌

7. IgG 的重链称为
   A. μ 链　　　　　　　B. α 链　　　　　　　C. δ 链
   D. ε 链　　　　　　　E. γ 链

8. 能够通过胎盘进入胎儿体内的抗体是
   A. IgA　　　　　　　B. IgD　　　　　　　C. IgE
   D. IgG　　　　　　　E. IgM

9. 能够介导 ADCC 效应的细胞是
   A. T 细胞　　　　　　B. B 细胞　　　　　　C. 树突状细胞
   D. 肥大细胞　　　　　E. NK 细胞

10. 能够反映胎儿发生宫内感染的抗体是
    A. IgA　　　　　　　B. IgD　　　　　　　C. IgE
    D. IgG　　　　　　　E. IgM

11. 编码人免疫球蛋白 μ 链的基因位于
    A. 第 2 号染色体　　　B. 第 6 号染色体　　　C. 第 14 号染色体
    D. 第 22 号染色体　　 E. X 染色体

12. 补体旁路途径激活过程中不涉及的分子是
    A. C3　　　　　　　　B. C4　　　　　　　　C. C5
    D. C6　　　　　　　　E. C7

13. 单独作用就能使宿主细胞表面 C3 转化酶灭活的补体调节蛋白分子是
    A. I 因子　　　　　　B. H 因子　　　　　　C. C4 结合蛋白
    D. 膜辅助蛋白　　　　E. 衰变加速因子

14. 下列分子中，不属于细胞因子的是
    A. 生长因子　　　　　B. 过敏毒素　　　　　C. 白细胞介素
    D. 干扰素　　　　　　E. 集落刺激因子

15. 可诱导 B 细胞分化为浆细胞产生 IgE 的细胞因子是
    A. IL-1　　　　　　　B. IL-2　　　　　　　C. IL-3
    D. IL-4　　　　　　　E. IL-8

16. 可诱导成红祖细胞增殖分化为成熟红细胞的细胞因子是
    A. TPO　　　　　　　B. IFN　　　　　　　C. TNF
    D. EPO　　　　　　　E. EGF

17. 抗原提呈细胞表面表达的能与 T 细胞表面 CD28 结合的分子是
    A. CD40　　　　　　 B. CD21　　　　　　 C. CD79
    D. CD80　　　　　　 E. CD95

18. 人类 MHC 复合体基因编码产物不包括
    A. MHC I 类分子的重链　　　　　　　B. MHC II 类分子的 α 链
    C. MHC I 类分子的轻链　　　　　　　D. MHC II 类分子的 β 链
    E. 肿瘤坏死因子

19. 人类的中枢免疫器官包括
    A．扁桃体　　　　　　　　B．阑尾　　　　　　　　C．胸腺
    D．脾　　　　　　　　　　E．肠相关淋巴组织
20. 成熟的 T 细胞表面一般都具有的特征性标志是
    A．CD1　　　　　　　　　B．CD3　　　　　　　　C．CD4
    D．CD8　　　　　　　　　E．CD56
21. 活化 T 细胞表面具有转导抑制信号的膜分子是
    A．LFA-1　　　　　　　　B．ICAM-1　　　　　　 C．IL-2R
    D．TCR　　　　　　　　　E．CTLA-4
22. 能特异性杀伤肿瘤细胞或病毒感染靶细胞的免疫细胞是
    A．NK 细胞　　　　　　　B．NKT 细胞　　　　　　C．CTL
    D．Th1 细胞　　　　　　　E．活化的巨噬细胞
23. 正常人外周血中数量最多的白细胞是
    A．单核细胞　　　　　　　B．嗜碱性粒细胞　　　　C．中性粒细胞
    D．嗜酸性粒细胞　　　　　E．B 细胞
24. 相对于初次应答来说，再次应答所具备的特征是
    A．诱导应答所需抗原剂量较大
    B．抗体产生潜伏期较长
    C．平台期持续时间较短，抗体水平下降迅速
    D．抗体倍增所需时间较长，抗体总量较低
    E．血清中以高亲和力 IgG 抗体为主
25. 最早发现天然免疫耐受现象的科学家是
    A．Kohler　　　　　　　　B．Medawar　　　　　　C．Jerne
    D．Owen　　　　　　　　 E．Burnet
26. 可诱导产生免疫耐受的免疫细胞是
    A．T 细胞　　　　　　　　B．树突状细胞　　　　　C．NK 细胞
    D．NKT 细胞　　　　　　　E．巨噬细胞
27. iTreg 分泌的主要抑制性细胞因子是
    A．IL-2　　　　　　　　　B．IL-4　　　　　　　　C．IL-6
    D．IL-8　　　　　　　　　E．IL-10
28. 患者，女，15 岁。4 h 前随学校到校外春游时，突发鼻痒、流涕、流泪等症状。引起该患者出现这些症状的免疫病理学机制是
    A．速发型超敏反应　　　　　　　　　　B．细胞毒型超敏反应
    C．免疫复合物型超敏反应　　　　　　　D．迟发型超敏反应
    E．固有免疫反应
29. X 连锁高 IgM 综合征患者 T 细胞表面最容易检出缺陷的免疫分子是
    A．CD3　　　　　　　　　B．CD4　　　　　　　　C．CD28
    D．CD40L　　　　　　　　E．CD95L
30. 下列疾病中，属于免疫监视功能异常的是
    A．类风湿关节炎　　　　　B．支原体肺炎　　　　　C．前列腺癌

D．过敏性鼻炎　　　　　　E．细菌性痢疾

【B型题】
（1～5题共用备选答案）
　　A．自然主动免疫　　　B．自然被动免疫　　　C．人工主动免疫
　　D．人工被动免疫　　　E．固有免疫
1．人感染支原体后获得的免疫属于
2．新生儿通过初乳获得的免疫属于
3．接种卡介苗获得的免疫属于
4．注射狂犬病免疫球蛋白获得的免疫属于
5．皮肤化脓性感染属于

（6～10题共用备选答案）
　　A．IgG　　　　　　　B．IgA　　　　　　　C．IgM
　　D．IgE　　　　　　　E．IgD
6．在病毒感染中首先产生的抗体是
7．人血清中含量最高的抗体是
8．介导速发型超敏反应的抗体是
9．成熟B细胞膜上特异的表型分子是
10．在黏膜表面以二聚体形式存在的抗体是

三、问答题

1．列表比较补体三条激活途径的作用特点。
2．简述青霉素过敏性休克的发生机制和防治原则。
3．简述中枢免疫耐受形成的机制。
4．列表比较αβT细胞和γδT细胞的主要特征及其分布和功能特性。

模拟试卷二

一、名词解释

1. 表位（epitope）
2. 细胞因子（cytokine，CK）
3. 模式识别受体（pattern recognition receptor，PRR）
4. MHC 限制性（MHC restriction）
5. 适应性免疫应答（adaptive immune response）
6. 调节性 T 细胞（Treg cell）
7. 免疫预防（immunoprophylaxis）
8. 免疫耐受（immunological tolerance）
9. 超敏反应（hypersensitivity）
10. 抗原提呈细胞（antigen presenting cell，APC）

二、选择题

【A 型题】

1. 机体免疫系统识别和清除突变细胞的功能称为
   A. 免疫防御　　　　　　B. 免疫缺陷　　　　　　C. 免疫监视
   D. 免疫自稳　　　　　　E. 免疫耐受
2. CD28 分子的配体是
   A. LFA-1　　　　　　　B. ICAM-1　　　　　　　C. MHC Ⅰ
   D. TCR　　　　　　　　E. B7
3. 人类淋巴细胞分化成熟的场所是
   A. 淋巴结和胸腺　　　　B. 淋巴结和骨髓　　　　C. 骨髓和脾
   D. 骨髓和胸腺　　　　　E. 淋巴结和脾
4. 某孕妇停经 60 天，血清抗风疹病毒 IgM（+），医生建议终止妊娠，因为可能导致胎儿畸形、流产等情况发生，其主要原因是
   A. 胎儿血 - 脑屏障尚未发育完善　　　　B. 血 - 胎屏障尚未发育完善
   C. 胎儿化学屏障尚未发育完善　　　　　D. 胎儿物理屏障尚未发育完善
   E. 胎儿微生物屏障尚未发育完善
5. 患儿，女，9 岁。因反复发作性哮喘，夜间加重，伴皮疹，就诊。粪便检查可见蛔

虫卵。该患儿血液中最可能出现异常增多的细胞是

A. 中性粒细胞　　　　B. 嗜酸性粒细胞　　　　C. T 细胞

D. 单核细胞　　　　　E. B 细胞

6. TLR4 同源二聚体识别的病原体相关模式分子是

A. 细菌甘露糖残基　　B. 细菌脂多糖　　　　　C. 细菌胞壁酰二肽

D. 病毒双链 RNA　　　E. 病毒单链 RNA

7. 属于内体膜型模式识别受体的是

A. RIG-I 样受体　　　B. 清道夫受体　　　　　C. NOD 样受体

D. TLR7 同源二聚体　 E. TLR5 同源二聚体

8. B1 细胞主要分布于

A. 血液　　　　　　　　　　　　　　B. 淋巴液

C. 淋巴结深皮质区　　　　　　　　　D. 胸/腹膜腔和肠道固有层淋巴组织

E. 外周免疫器官淋巴滤泡内

9. NK 细胞释放的能直接使靶细胞溶解破坏的生物分子是

A. 溶菌酶　　　　　　B. FasL　　　　　　　　C. TNF-α

D. 穿孔素　　　　　　E. IFN-γ

10. 对中性粒细胞具有趋化作用的细胞因子是

A. MIP-1α/β（CCL3/4）　B. MCP-1（CCL2）　　C. IL-8（CXCL8）

D. SLC1（CCL2）　　　　E. G-CSF

11. 选择素分子所识别的配体是

A. 与自身相同的分子　B. 整合素家族分子　　　C. IgSF 分子

D. 短肽序列　　　　　E. 寡糖基团

12. 免疫防御功能低下的机体易发生

A. 肿瘤　　　　　　　B. 超敏反应　　　　　　C. 移植排斥反应

D. 反复感染　　　　　E. 免疫增生病

13. 淋巴细胞归巢受体表达于

A. 血管内皮细胞表面　B. 抗原提呈细胞表面　　C. 红细胞表面

D. 血小板表面　　　　E. 淋巴细胞表面

14. LFA-1 的配体是

A. LFA-2　　　　　　B. L-选择素　　　　　　C. ICAM-1

D. VCAM-1　　　　　E. VLA-4

15. L-选择素主要分布于

A. 白细胞　　　　　　B. 血小板　　　　　　　C. 血管内皮细胞

D. 红细胞　　　　　　E. 表皮细胞

16. L-选择素、P-选择素和 E-选择素都能识别的配体是

A. CD15s　　　　　　B. CD34　　　　　　　　C. VCAM-1

D. ICAM-1　　　　　 E. ICAM-2

17. B 细胞表面最重要的表型标志分子是

A. mIg　　　　　　　B. FcγR　　　　　　　　C. CD40L

D. CD5　　　　　　　E. B7

18. 可在树突状细胞表面大量表达的分子是
    A. CD3　　　　　　　　　B. CD19　　　　　　　　　C. KIR
    D. MHC Ⅱ　　　　　　　　E. IL-2
19. 可负调控T细胞活化的分子对是
    A. CTLA-4/B7　　　　　　B. B7/CD28　　　　　　　C. LFA-1/ICAM-1
    D. CD2/LFA-3　　　　　　E. CD40L/CD40
20. 下列细胞中，具有免疫记忆功能的是
    A. 树突状细胞　　　　　　B. 中性粒细胞　　　　　　C. 淋巴细胞
    D. 肥大细胞　　　　　　　E. 巨噬细胞
21. 胸腺中阳性选择的结果是
    A. T细胞对自身抗原形成免疫耐受
    B. T细胞对"非己"抗原形成免疫耐受
    C. T细胞获得对抗原识别的MHC限制性
    D. B细胞对自身抗原形成免疫耐受
    E. B细胞对"非己"抗原形成免疫耐受
22. 患者，男，24岁。2周前左眼发生外伤，近3天右眼视力进行性下降，发生该症状最可能的免疫病理机制是
    A. 隐蔽抗原释放　　　　　B. 自身抗原改变　　　　　C. 分子模拟
    D. 淋巴细胞多克隆活化　　E. 表位扩展
23. 患者，女，34岁。鼻痒伴流涕，常于接触花粉后发作，流水样涕，伴打喷嚏。引起该症状最可能的免疫病理学机制是
    A. Ⅰ型超敏反应　　　　　B. Ⅱ型超敏反应　　　　　C. Ⅲ型超敏反应
    D. Ⅴ型超敏反应　　　　　E. 自身免疫反应
24. 患者，男，35岁。反复不明原因发热6个月，到本院就诊，检查发现HIV抗体呈阳性。该患者外周血中比例与绝对计数最可能明显下降的细胞是
    A. CD4$^+$细胞　　　　　　B. CD8$^+$细胞　　　　　　C. CD14$^+$细胞
    D. CD19$^+$细胞　　　　　E. CD56$^+$细胞
25. T细胞表面膜分子中胞质区含有ITIM的是
    A. CD28　　　　　　　　　B. ICOS　　　　　　　　　C. LFA-1
    D. LFA-2　　　　　　　　E. CTLA-4
26. IL-2受体的α链是
    A. CD3　　　　　　　　　B. CD4　　　　　　　　　C. CD8
    D. CD19　　　　　　　　E. CD25
27. 经典HLA Ⅰ类基因包括
    A. HLA-DR、DQ、DP　　　B. HLA-A、B、C　　　　　C. HLA-E、F、G
    D. HLA-DM、DO　　　　　E. HLA-H、B
28. 与HLA-B27抗原相关性最大的疾病是
    A. 肾小球肾炎　　　　　　B. 系统性红斑狼疮　　　　C. 甲状腺功能亢进
    D. 重症肌无力　　　　　　E. 强直性脊柱炎
29. 具有过敏毒素和趋化作用的补体裂解产物是

A. C2a B. C3a C. C4a
D. C5a E. C2b

30. 一般情况下，可诱导人体产生最佳免疫效果的抗原注入途径是
 A. 肌内注射 B. 皮内注射 C. 腹腔注射
 D. 静脉注射 E. 口服

【B 型题】

(1～5题共用备选答案)

A. NK 细胞 B. 肥大细胞 C. 树突状细胞
D. 浆细胞 E. 巨噬细胞

1. 一种兼备吞噬杀菌和外源性抗原加工提呈作用的免疫细胞是
2. 一种能够诱导初始 T 细胞活化的免疫细胞是
3. 一种可分泌抗体的免疫细胞是
4. 一种可通过非特异性细胞毒作用杀伤肿瘤细胞的免疫细胞是
5. 一种在速发型超敏反应中分泌组胺的免疫细胞是

(6～10题共用备选答案)

A. CD3 B. CD8 C. CD21
D. CD40 E. CD79

6. CTL 表达的膜分子
7. 成熟 T 细胞的表型标志
8. 参与组成 BCR 复合体的分子
9. B 细胞表达的共刺激分子
10. EB 病毒受体

三、问答题

1. 列表比较固有免疫应答和适应性免疫应答的主要特点。
2. 简述抗体的主要功能。
3. 简述 HLA 分子的主要生物学功能。
4. 试述巨噬细胞的主要生物学功能。